U0085414

人文叢書 社會類

2006驚濤駭浪的一年

陸以正 著

三民書局

國家圖書館出版品預行編目資料

2006驚濤駭浪的一年／陸以正著.－－初版一刷.－－
臺北市：三民，2007
面；　公分.－－(人文叢書.社會類4)

ISBN 978-957-14-4747-6　(平裝)

1. 論叢與雜著

078　　96006087

© 2006驚濤駭浪的一年

著 作 人	陸以正
責任編輯	蔡忠穎
美術設計	郭雅萍
校　　對	王良郁
發 行 人	劉振強
著作財產權人	三民書局股份有限公司
發 行 所	三民書局股份有限公司
	地址　臺北市復興北路386號
	電話　(02)25006600
	郵撥帳號　0009998-5
門 市 部	(復北店) 臺北市復興北路386號
	(重南店) 臺北市重慶南路一段61號
出版日期	初版一刷　2007年4月
編　　號	S 811360
基本定價	伍　元

行政院新聞局登記證局版臺業字第〇二〇〇號

有著作權・不准侵害

ISBN　978-957-14-4747-6　(平裝)

※本書如有缺頁、破損或裝訂錯誤，請寄回本公司更換。

http://www.sanmin.com.tw　三民網路書店

自序

一生雖然經歷過不知多少國家危難——從八年抗日、國共內戰、播遷來台、退出聯合國、以及美國南非等友邦與我斷交、轉而承認大陸等事件——但是記憶所及，在我有生之年，似乎從未像民國九十五年這樣，有過這麼密集地接二連三、排山倒海而來的變化，給所有台灣人民一種目不暇接，幾乎喘不過氣來的感覺。

更不可思議的是，就國際關係而言，這一年雖然並不寧靜：北韓試爆核子裝置成功，黎巴嫩南部有小規模的國際戰爭，伊朗發展核武遭安理會譴責，油價猛漲後又慢慢回跌，拉丁美洲繼續向左轉，美國在伊拉克陷入泥淖，大體上這一年的國際局勢還可說相當平靜。

只有在對外交通發達，每年有四分之一人口出國旅遊的台灣，才產生如許驚濤駭浪的「大新聞」。這些台灣人看來驚天動地的事，從SOGO禮券案，到紅衫軍圍城，到國務機要費案起訴，卻都統統只與國內政治有關。每天翻開報紙或打開電視，特號大字的標題令人目瞪口呆；昨天好像比去年更遙遠，明天又像明年一樣不可預測，每天都是一個驚嘆號。

我們奇怪：這些天翻地覆的新聞，外國人怎麼全然不知，也不在意呢？在資訊自由的二十一世紀初，台灣在物質上應有盡有，精神上反而成了一個「新聞孤島」，大家都變成了「玻璃娃娃」，戴著一頂塑膠頭盃，與外面的世界完全隔絕了。

退休後直到二〇〇四年，我在各報發表的投書和專欄，總共出版了五冊。去年受這麼多新聞所驅使，共寫了一百零八篇，較往年超過一半還多。承老友三民書局劉董事長振強不棄，仍同意替我出版。雖然把好幾篇應酬文章刪除掉，所餘仍有九十七篇。由於《中國時報》的專欄刊在國際新聞版，探討大陸國際關係的文章因此也歸入國際類，比例上國際與國內約略相當。並不意味我把大陸看作「外國」，這是要特別聲明的。

完全脫離藍綠觀點，平心靜氣回顧這刺激又混亂的一年，純粹客觀地說，仍有幾點趨勢值得注意：

第一，台灣政治兩極化現象較前更甚。台獨基本教義派已經綁架了綠色選民。這些人並非不知道第一家庭確實貪瀆成性，總統與他身邊的人謊話連篇，不可信任。但在政治掛帥前提下，支持民進黨人數未曾顯著減少，這是台灣的道德危機。

其次，在野各黨表面合作，骨子裡猜忌未消。由於宋楚瑜和李敖攪局，南北市長選舉有勝有負，難免使藍營群眾失望。馬英九作為國民黨主席的光環逐漸退色，更加強這些人的焦慮感，也使原本無人置疑的國民黨總統候選人提名，忽然有了變數。

第三，大陸對台灣內鬥置身事外，只透過華府向民進黨政府施壓，可說是最聰明的做法。陳水扁越來越不敢提制憲公投，蘇內閣乘機在對大陸政策上部份鬆綁，雖仍有變卦可能，至少給兩岸關係帶來點曙光。

最後，施明德領導的百萬人倒扁運動雖已煙消雲散，卻已在台灣社會造成前所未有的震撼。它是一場未成功的「不流血革命」，讓萬千從未走上街頭的婦女和年輕人忽然對政治有了覺醒，其影響要在幾年後才會呈現。

英國文豪狄更斯（Charles Dickens）名著《雙城記》（*A Tale of Two Cities*）第一章開首的幾句話，被後人引用了太多次數，難免陳腔濫調之譏，卻仍可作為台灣二〇〇六年的寫照。二百多年前，他寫道：「那是最好的時代，也是最壞的時代。那是智慧的年頭，也是愚蠢的年頭。那是信仰堅定的時期，也是疑慮叢生的時期。那是光明璀璨的季節，也是迷濛晦暗的季節。那是充滿希望的暖春，也是令人絕望的寒冬。」若拿它來形容台灣人去年如坐雲霄飛車的心情，或洗三溫暖的經驗，倒也頗為傳神。

讀者在翻閱本書時，回味狄更斯的千古名言，或許能增加對此時此地的瞭解。

民國九十六年三月二十日，台北

2006驚濤駭浪的一年

目次

一、驚濤駭浪的一年　二○○六十大新聞

（原刊九十五年十二月二十五日《中國時報》）

台灣有史以來，從傳統封閉性的手工業社會，進步到輕工業社會，迅速跳躍到「後工業社會」(post-industrial society) 的過程裡，雖說經歷過許多急驟變化，從未有過像過去一年裡，這麼激烈又動盪不安的衝擊。今年快過完了，回顧二○○六年裡發生的眾多事件，即使對成熟的歐美國家而言，都是百年罕見的經驗。以下只就個人觀感，選擇對台灣而言，最重要的十件政治、經濟、社會與國際新聞，希望讀者也能參加意見。

一、國務機要費偵結　扁嫂遭檢方起訴

不論最後判決如何，原本深綠的陳瑞仁檢察官公正地調查國務機要費案後，迅速對吳淑珍提起公訴，獲得全民讚揚。總統雖受憲法第五十二條保障，又聲請大法官釋憲以拖延時間，本案無疑是今年影響最深遠的政治事件，餘波蕩漾，恐將延伸到後年陳水扁任期屆滿為止。

二、響應施明德號召　百萬紅衫軍圍城

只有前民進黨主席出來號召，反貪腐運動才能在八天裡募集一億一千多萬元；在凱達格蘭大道靜坐的紅衫軍，才不會被誣賴為反對台灣自主的泛藍群眾。這麼多以婦女為主的中產階級份子靜坐四十幾天，令人敬佩。九一五與雙十圍城，在台灣民主發展史上，必將永垂不朽。

三、特別費引起風暴　馬英九意外受創

從去年八月當選國民黨主席開始，短短一年多裡，小馬哥從所向無敵的「馬英九旋風」，今日幾乎跌到谷底。交卸市長職務後，他至少不再有「人格分裂」的問題。作為泛藍群眾心目中二〇〇八年的共主人選，他必須改革積弊已深的國民黨，在台灣主權與兩岸政策間求取平衡，這些難題都在考驗他的智慧、氣魄與領導能力。

四、高雄市長選輸後　國民黨路線之爭

國民黨「本土派」立委，在黃俊英苦戰陳菊時，只有少數拔刀相助。選敗後卻出來一堆人，指責黨中央不瞭解南部民情。幕後有無高人指點，誰也不知道。這場「茶壺裡的風波」，是馬英九當前最嚴厲的考驗。稍有不慎，真可能影響到明年黨內提名總統候選人的微妙局勢。

五、阿扁控制民進黨　改革聲浪遭壓制

民進黨並不缺少有理想的幹部。但從七一五由吳乃德領銜的「親綠學者」宣言開始，林濁水、李文忠辭立委職的悲壯行動，到羅文嘉回台後噤若寒蟬的表現，證明半年多來，這些人只是螳臂當車，白白地犧牲了。陳水扁倚賴他手中掌握的政府資源，仍然肆無忌憚，為所欲為。

六、外匯存底破億元　大陸聲勢更顯赫

上月底大陸外匯存底破美金一億元，明年經濟成長率預測仍將超過百分之十。胡錦濤、溫家寶等四出訪問，到處搶石油、天然氣、銅、錫、鎢、鐵礦等「和平發展」必需的資源，在拉丁美洲與非洲斬獲尤多。美、俄、英、德等國為之側目，卻無從阻擋。

七、共和黨期中選敗　布希陷內外困境

共和黨輸掉期中選舉，喪失眾議院的控制，參議院要靠老天保佑。跨黨派《伊拉克研究報告》出爐，傳出自伊撤軍的可能，布希總統真正成了跛鴨。中南美洲急速向左轉；原本倚靠美國保護傘的東南亞，逐漸尋求在美中對峙之局改採中立，都是美國的隱憂。

八、民進黨弊案連綿　治安接連傳警報

從年初到年底，趙建銘和他一家、黃芳彥、馬永成、龔照勝、李進誠、顏萬進、甚至李碧君，都變成

全台灣家喻戶曉的名字；陳哲男初審判刑十二年。另一方面，治安持續敗壞，民不聊生。媒體充滿燒炭或跳河自殺的新聞，都是五十幾年來從未有過的現象。

九、台灣經濟續萎縮　外商來撿便宜貨

股市總值一年蒸發掉六千億元。外商看中台灣經濟基本面不差，在全球化美名下，外國銀行與國際私募基金 (private equity funds) 大舉入侵。渣打銀行 (Chartered Bank) 併購新竹商銀，凱雷集團 (The Carlyle Group) 繼投資台灣大哥大與東森媒體後，又要買日月光半導體公司。

十、李登輝與宋楚瑜　會淡出台灣政壇？

引起國人與媒體無限好奇的，是這兩位政壇老將，真甘心從此洗手，不問世事嗎？從這幾天的新聞看來，似仍有轉圜餘地。李前總統與阿扁早已恩斷義絕，但又表態支持謝長廷問鼎總統職務。連王宋馬四人會雖然破局，宋主席在連、王與親民黨內部敦勸下，會不會回心轉意，也很難說。

二、安南告別聯合國　痛批布希政策

（原刊九十五年十二月十八日《中國時報》）

擔任聯合國祕書長十年之久的安南（Kofi A. Annan）年底即將退休，把引導這個國際組織的重擔，交給南韓的潘基文。

聯合國祕書長雖然不代表任何國家，但《聯合國憲章》賦予他維護世界和平的重任，在國際法上具有特殊地位。聯合國成立六十一年來，安南只是第七任祕書長；持平而論，政績比前任，也是非洲籍、曾任埃及外長的布特羅斯蓋里（Boutros Boutros-Ghali）要強得多。

安南原籍迦納，出生庫馬西（Kumasi），畢業於美國明尼蘇達州聖保羅市 Macalester 學院，而他是在進入聯合國祕書處服務後，才在麻省理工學院進修並獲得碩士學位。安南今年六十八歲，也該退休了，但因為他的兒子涉入海珊（Saddam Hussein）時代聯合國「（伊拉克）石油換糧食計畫」醜聞，美國逼他下台，內心有些不平。

安南的臨別演說〔英文習慣稱為「天鵝之歌」（swan song）〕特別選在密蘇里州獨立市（Independence）杜魯門總統紀念館兼圖書館發表。六十年前，杜魯門總統在任時，邱吉爾曾在密蘇里州富爾頓市（Fulton）發表演說，首創「鐵幕」一詞，傳誦人口，當時還沒有杜氏紀念圖書館。安南選擇在那裡演說，隱含直追前人，把自己與邱翁相比之意。

這篇在十二月十一日發表，長達四千餘字的演說，全文可從該館或英國廣播公司（BBC）網站下載。演說提出安南所稱，他在十年祕書長任內學到的五點教訓：

・共同責任 (collective responsibility) — 國際安全是世界各國的共同責任，沒有一個國家能獨善其身。

・全球團結 (global solidarity) — 各國應彼此互謀福利；僅提供對外援助是不夠的，開放國內市場，完成世界貿易組織（WTO）杜哈回合談判，更為重要。

・人權法治 (the rule of law) — 各國不僅應在國內保障人權與法治，在國際上更應要求其他國家共同遵守。

・互相負責 (mutual accountability) — 各國政府的行為不但對國內民意負責，對國際社會也應負責。各種團體如企業、工會、大學、智庫等都應負起對其他國家的責任。

・多邊主義 (multilateralism) — 聯合國必須成為世界組織，聯合國安全理事會改組須符合今日世界現況；弱小國家應在國際金融組織如世界銀行、國際貨幣基金等有更大的發言權。

安南巧妙地並未點名美國，但在場聽講的人完全明白他的意思。他隱約地指責布希總統的單邊主義，如不顧聯合國反對而揮軍入侵伊拉克，將伊戰囚犯寄押海外基地以規避給予人權保障，在安理會與其他國際組織裡橫行霸道，拒不接受減少二氧化碳排放的限額制，以及遲不完成WTO杜哈回合談判等行為的不當。但如從字面上推敲，他並未逾越外交禮儀，直接批評美國元首。

演講後緊接就是與聽眾問答時間。網站上沒說主持人是誰，料想應為館長狄凡恩博士 (Michael Devine)。他首先發難問安南祕書長：為什麼特別選擇杜魯門紀念圖書館，發表如此針對美國外交政策的攻擊 (a fairly pointed attack on US foreign policy)？外交老手的安南完全否認他有此意，說此問與事實完全不符。(Nothing could be farther from the truth.) 他只是回顧歷史，希望美國能善盡合作者與領袖的責任而已。

繼而發問的是民主黨籍眾議員柯理福 (Rep. Emanuel Cleaver)，他是南部長大曾任市長的美國黑人，自然反對布希政策。他要知道安南如何評價美國跨黨派小組提出的《伊拉克研究報告》。安南說，他不敢妄自尊大，向美國政府或國會提什麼忠告。但純自個人立場而言，他認為小組做了件很有益的事，釐清了許多問題；伊拉克國內的派系衝突，才是焦點所在，先要各派系自行和解，共商憲法，共享權力與石油收入，國家才能穩定。

區域內鄰國的推誠合作也很重要，安南說他曾建議召開國際會議；並非開過一次就算了，而是一個常設性由各國政府授權的會議，問題發生時，可提交這個區域性會議商討真正解決之道。總之，要尋求基本解決伊拉克問題，必須和區內所有國家坦誠磋商並合作，包括伊朗與敘利亞在內。他只是沒有點出，這個建議對布希總統而言，根本行不通。

最後發問的是堪薩斯州的民主黨眾議員穆爾 (Dennis Moore)，他特別就伊斯蘭教什葉與遜尼兩派水火不相容的情形，追問如何能予化解。安南只好說，外人無從勉強把和平加在伊拉克人民身上，伊國人民必須自求和解。他話鋒一轉，承認除伊朗是由什葉派掌權外，五十餘年來，區內其餘國家都由遜尼派執政；他沒說這是問題難以解決的關鍵。

安南也指出許多人忽略了難民問題。逃到敘利亞的伊拉克難民總數已達七十五萬人，約旦也有數以千計的難民。他的臨別贈言是，今日世界各國已經沒有純屬內部的問題了，任何問題都有它的國際面，與其拖延時日，國際社會應該勇敢面對，尋求解決。

三、跨黨派《伊拉克報告》出爐　白宮進退兩難

（原刊九十五年十二月十一日《中國時報》）

美國「期中選舉」落敗的低氣壓尚未散盡，布希總統又面臨他六年任期裡最大的困擾。美國國會委任的跨黨派「伊拉克研究小組」(Iraq Study Group) 十二月六日公布了長達一百四十二頁的正式報告，在美國政壇掀起一陣波瀾，使白宮難以招架。

依照美國傳統，對外政策發生重大爭議時，常用的方式是，委請跨越黨派利益、在民間最負聲望的社會人士，組成專案小組研究，向國會與行政部門提出報告，以取得共識。這次的伊拉克研究小組，成員可謂一時之選。台灣媒體說小組召集人是老布希時代曾任財政部長與國務卿的貝克，只對了一半。因為另一位共同召集人是民主黨籍，連任眾議員達三十四年之久，主持眾院外交委員會（後改稱國際關係委員會），現為華府威爾遜國際事務中心 (Woodrow Wilson International Center) 所長的漢米爾頓。

小組其他成員也都是一時之選，包括前司法部長米塞 (Edwin Meese III)，前國務卿伊戈柏格 (Lawrence S. Eagleburger)，美國前聯邦最高法院大法官歐康諾女士 (Sandra Day O'Connor，美國歷史上第一位女大法官)，黑人領袖曾任柯林頓總統顧問的喬丹 (Vernon E. Jordan, Jr.)，前國防部長裴利 (William F. Perry)，前白宮幕僚長潘內塔 (Leon E. Panetta)，曾任維吉尼亞州長與參議員的羅布 (Charles S. Robb)，與另一位前參議員

辛普森 (Alan K. Simpson)。這麼多大牌明星聯名簽署的報告，公正性不容置疑，自然受到全國重視。

這本報告的建議，不可避免地與布希遵循的伊拉克政策有衝突之處。公布後各方見仁見智。極右派「新保守主義」理論大師、《旗幟週刊》(*The Weekly Standard*) 總編輯克里斯托 (William Kristol) 批評它是「變相的投降」(a disguised surrender)。而去年從支持伊戰改為反對，一度轟動全美的賓州民主黨籍眾議員穆塔 (John P. Murtha)，則認為這本報告「和現行對伊政策並無二致」。

小組既跨越兩黨，立場自然不能偏頗。因此一方面呼籲民主黨要忍耐一時，指出美國如現在匆忙撤離，只會造成伊拉克的「權力真空，人民更多的苦難，地區性不安定，對全球經濟造成威脅」。但在另一方面，報告書也針對布希的中東政策，提出具體建議：美國應試圖與伊朗和敘利亞接觸，並逐步撤回在伊拉克的駐軍。對布希總統而言，這兩項他都很難聽得進去。

白宮早就知道研究小組會採取這樣立場；布希的困境在於小組報告愈公正，他愈難違背不執行。國防部長倫斯斐辭職後，布希起用蓋茨 (Robert Gates) 繼任，就是因為蓋茨原為小組成員；蓋茨經參議院同意任命後，已不在小組名單上。布希要他改從國防部觀點，另擬一份評估伊拉克局勢的報告，以資平衡。

十一月底，布希特別飛去約旦，與伊拉克總理馬里奇 (Nuri Kamal al-Maliki) 會談。回華府後，十二月四日他在白宮接見伊拉克什葉派的哈金教長 (Abdul Aziz al-Hakim)，處處顯示他想造成現行對伊政策仍有成功希望的印象。他的政策目標，也就是小組研究報告引用布希自己的原文，要使伊拉克能「治理、持續、並捍衛自己」(govern itself, sustain itself, and defend itself)。

這三句簡短的詞語，說來容易，做起來困難。在輿論壓力下，白宮已被迫承認，伊拉克瀕臨「內戰邊緣」，令人想起美國當年反對捲入越南內戰人士的口號。布希與萊斯國務卿的「轉型外交」，要把中東各國從封建專制政體，改造成民主國家，前途更難預測。

伊拉克研究小組報告的內容，台灣媒體報導過於零星片段。在軍事方面主要有：一、伊拉克政府必須加緊訓練部隊，負起維安責任，不能永遠倚賴美軍支持；二、美軍明年起將逐步撤離，由現駐的十五個戰鬥旅總兵力約十五萬人，到後年春季只留七萬至八萬人；三、此後留駐伊拉克的美軍，主要將派到伊拉克部隊中 (embedded with Iraqi troops)，以訓練與觀察為主；四、伊拉克政府必須面對什葉派與遜尼派不聽指揮的民軍，採斷然措施；五、美軍特種部隊仍將留在伊拉克，專門對付「蓋達」(al Qaeda，即「基地」組織）恐怖份子。

白宮自然不完全同意小組的意見。布希在約旦首都阿曼就向馬里奇總理說，所謂「優雅地撤退 (graceful exit) 是不切實際的想法」。共和黨大老麥肯參議員 (John M. McCain) 也認為撤軍只會把局勢弄得一團糟。另一方面，新年後即將就任參議院軍事委員會主席的民主黨參議員李文 (Carl Levin) 則認為美國逐步撤軍可在四至六個月內完成，不必等到後年春天。

在外交方面，研究小組建議：一、經由外交手段與各友邦建立共識，爭取國際支持；二、與伊朗和敘利亞建立正面關係，包括要求伊朗停止供應伊拉克什葉派民兵武器與訓練，並要求敘利亞加強邊境巡邏，阻止武器、人員隨意進出伊拉克，以收釜底抽薪之效；三、促進以巴永久和平，根本解決阿拉伯國家對美國的不滿情緒。

實現這些措施的可能性，比軍事方面的建議更加渺茫。布希對研究小組雖不得不表示謝意，他更清楚理想與現實間的落差，這才是白宮進退兩難的原因。

四、綠營喘息 誰來揭竿

（原刊九十五年十二月十一日《聯合報》）

黃俊英總部雖聲稱將提出當選無效之訴，就眼前情勢而言，北高兩市選舉的結果，兩大黨暫時勉強可說平分秋色。在陳水扁操縱之下，被迫擁抱貪汙腐敗第一家庭的民進黨，獲得了暫時喘息的機會，消除了立即危機。而不可避免的結果是，台灣的政治惡鬥仍將繼續下去，永無寧日。

先看台北投票的影響：不久以前，大家還在猜測李登輝何時會出手干預，他將如何躲在幕後影響「後扁時代」的政局？無人預料到台聯膽敢背離這位曾經呼風喚雨的創辦人。城門失火，殃及池魚，難怪周玉蔻覺得像「在狂風暴雨中沒穿衣服走路」。阿輝伯自認仍可影響台灣政治的美夢，已經徹底粉碎了。

許多人為宋楚瑜惋惜；投他票的選民說，如無棄保效應，以宋的經驗能力，肯定會把台北整理得比現在好。話雖不錯，無奈台北選民早已決定，這次選舉是二〇〇八年大選的試金石和前哨戰，其他任何考慮，均屬次要。親民黨人雖曾激烈到要剃光頭，國民黨卻不肯惡聲以對。宋退出政壇的聲明，識與不識的人都為他扼腕。剩下十幾個月裡，國親兩黨在立法院能否繼續合作，就要看雙方的氣度與智慧了。

民進黨四大天王裡，最高興的是游錫堃和蘇貞昌，他們不必辭職。這也符合陳總統的算盤，讓他能繼續掌控黨政兩大系統，不必擔憂「造反派」出現。他也可以在游蘇間玩平衡的把戲，決定一年半後讓誰問鼎總統寶座。在綠營內部競爭中，呂秀蓮始終是局外人，她既不能多嘴，也缺少抬轎的轎夫，只能等待有朝一日，天上會掉下一件黃袍，讓她過幾天「武后癮」。

唯一栽了個大跟頭的天王是謝長廷。今後他將更形單影隻，面臨何去何從的困境。很多人不禁要問：謝長廷會是第一個揭竿起義，號召良心未泯的民進黨員，一起來推翻陳水扁的人嗎？

這要看民進黨其餘人的反應如何。所謂「獨派大老」一時還不會改變早已僵化的頭腦。吳乃德、范雲領銜要求陳水扁下台的綠色知識份子運動，由於張富忠、紀萬生參加了紅衫軍靜坐，被視為叛徒。謝長廷唯一的希望，恐怕要寄託在表面雖已解散，實際仍團結的新潮流系身上。但林濁水、李文忠、羅文嘉等，即使再添上言詞閃爍，永遠不讓人抓到把柄的沈富雄，能否感動年輕一輩的淺綠選民，仍有疑問。

幾天後吳淑珍被公訴案初次開庭，是另一個關鍵。她會不會因病請假，或陳瑞仁檢察官是否蒞庭執行職務，沒有那麼重要。只要總統夫人繼續當被告，從SOGO案、手表換鑽戒、關說金融人事，到黃芳彥匯巨款去新加坡，這個大糞坑必定越掏越臭。總有一天阿扁會醒悟，與其頑抗到底，等到卸任後鋃鐺入獄，不如先和呂副總統談好條件，給他全家特赦，好趁任期屆滿前移民到紐約或東京，拿搜刮來的人民血汗去當寓公，安享餘年。

五、民主路上　兩部老舊遊覽車

（原刊九十五年十二月六日《聯合報》）

接連幾天各報頭條的梅嶺大車禍新聞，怵目驚心，硬把「馬宋密會」的蕩漾餘波，擠到第四版或更後的版面去了。不知讀者可曾想到：原本好心要連絡感情的鼎金國小家長會長施明宗，身受重傷，幾乎家破人亡，他處境之困難，與國民黨主席多麼相像？被宋楚瑜指名叫罵的「害馬之群」，又與因循敷衍的交通部公路總局遊覽車機制，如何近似？

馬英九是個老實人，雖從政二、三十年，或因一帆風順，對政治險惡，人心叵測，反而沒有太多經驗。他相信別人都和他一樣奉公守法，用人從不懷疑，市府祕書室裡才會有余文那樣為圖省事，闖下滔天大禍的部屬。特別費案害得他的支持度直線下降，他仍不肯開除一個人，要等司法程序結束後再說。

他當選黨主席才十六個月，口袋裡本無親信，唯有尊重黨部裡比他資深的幹部。媒體批評「馬團隊」反應遲鈍，能力不足。其實他除曾任或現任市政府一級主管那一、二十個人外，哪裡有什麼團隊可言？反而在國民黨裡，有許多從不露面，卻不斷在幕後扯後腿，捅他一刀的神祕「高層」人士。讀者只要看報時稍微用點心，就會注意到從李登輝放出「呂王配」氣球開始，幾月來國民黨內包括本土派立委、部分中常委和黨部高層，不斷有人向外散布稀奇古怪的消息。某報的大字標題「國民黨高層：馬宋會確觸及退場機制」，坐實了馬竟然「夜奔敵營」，被拿來與許信良當年夜會李登輝相提並論，真令人嘆為觀止。這種令泛藍群眾如不發瘋，也會氣得大罵的事，溫文敦厚的馬英九仍只淡然回應說，他不會搞「密室政治」，彷彿只要問心無愧，就能安度這場風暴了。

此刻去追查那位楊建綱董事長與馬宋二位究竟有無深交，居中撮合的動機何在？只會捨本逐末，離題更遠。無可否認地，馬英九這次又挨了一悶棍，有苦難言。他是否中了宋楚瑜的圈套，三天後選票開出，便知分曉。替他著想，恐怕越辯白越會啟人疑竇，還不如做他自己，「謝謝指教」，一切聽其自然好些。

民進黨更糟糕，阿扁拿基本教義派與辜寬敏等「大老」，綁架了全黨。羅文嘉錯估形勢，落得與林濁水、李文忠同樣命運。四大天王齊集高雄時的尷尬嘴臉，說明他們只能作吳淑珍陪葬的兵馬俑，無從逃脫。不同的是民進黨這輛拼湊的遊覽車，已經撞倒石欄，飛滾下坡了。

除非最後幾天又冒出令人更難置信的事件，在北高兩市多數選民眼裡，星期六的選舉幾乎就是對陳水扁的公民投票；沒幾人理會誰當選台北市長，會比馬英九做得更好或更壞；高雄更加如此。電視裡候選人的辯論再精彩，各人的支持度幾無改變，就是最明確的證據。

百萬紅衫軍圍城，已把台灣人的「新公民意識」發揮到了極致。施明德「自囚」到底，恐怕也難再感動更多的人。台灣人民在走向民主的道路上，已經把政黨遠遠拋在後面，國民黨也好，民進黨也好，老舊的機器都有點像逾齡的遊覽車，遲早定被淘汰。

六、學美國司法制度　別畫虎不成反類犬

（原刊九十五年十二月四日《中國時報》）

我國司法制度過去走大陸法系路線。近年來司法院與行政院法務部不斷派員出國考察，覺得英美法系在保護人權的實踐上更具成效，有逐漸向後者傾斜的趨勢。諸如審判時把檢察官的座位從與法官並肩而坐，搬下來與被告及其律師並排；容許雙方相互詰問辯論等。法務部最近甚至擬引進陪審制度，都是進步改革的現象，有助於台灣民主化，國人應該鼓掌贊同。

但囫圇吞棗，容易造成混淆，法學專業人士有時也會被攪糊塗。最近事例如馬英九捲入特支費風暴後，他本人曾說「全案已進入司法程序」，只能靜待調查，所以不便發表談話云云。媒體報導或評論時，更認定侯寬仁檢察官正在進行調查，表示司法程序已經開始了，此點必須予以澄清。

在英美法系下，偵辦一件可能觸犯刑法的事實，並非司法程序的環節之一。任何刑案必須要等到正式起訴 (indictment) 之後，如陳瑞仁之起訴陳總統夫人，才算進入了刑事程序 (criminal procedure)。

美國凡觸犯聯邦刑法者，並非聯邦檢察官就可單獨決定起訴與否。檢察官必須向大陪審團 (Grand Jury) 提出事證，由大陪審團就事論事，投票表決應否起訴被告。大陪審團如懷疑檢察官的證據不足或不實，還可行使調查權，直接傳訊任何人作證。

所以嚴格而言，在調查與偵訊期間，司法程序尚未開始。被指責犯罪的人有權利在公眾前為自己的行為辯護。因為特別費案仍在調查中，尚未正式進入司法程序，從翁岳生到馬英九，都可以對外發表聲明；施茂林也有權向內閣提供有關適用法律的意見。只有在總統夫人已被起訴後，不論陳水扁本人，或總統府公共事務室都應尊重司法程序，不可再發表任何聲明為吳淑珍辯護，這點似乎也做到了。

美國的法律保障被告權利可稱無微不至，其淵源可追溯至希臘雅典時代。英國在「威廉征服者」(William the Conqueror) 時，一〇六六年就設置大陪審團，拉丁文稱為 Jure Grande。連法國一度都曾有過大陪審團制度，保護人民不受貪官汙吏陷害，隨便亂加莫須有的罪名。清教徒移民美洲大陸時，就有大陪審團。一七六五年英王喬治三世欲對殖民地徵收印花稅遭遇反抗，與次年欲以煽動民意罪起訴《波士頓日報》(*Boston Gazette*) 編輯時，都被大陪審團否決。

所以美國開國後，一七九一年通過的憲法第五修正案，明白規定偵辦觸犯聯邦法律的刑事案件時，檢察官應將嫌犯可能觸犯的罪行，交付獨立的大陪審團決定是否應提起公訴。至於聯邦下的五十個州，則因為司法各自獨立，由民選的地方檢察官 (District Attorneys) 行使檢察權，可參考本書第二十六篇〈明鏡高懸？美如何遴選檢察官與法官〉介紹。

聯邦大陪審團依據聯邦刑事訴訟法第六條甲項第一款設立，人數最少十六人，最多可達二十三人，互選領隊 (foreperson) 與副領隊各一人，團員任期十八個月，並得延期三次，每次六個月。選任大陪審團員的條件，與選擇審判特定案件，人數限定為十二人的陪審團 (trial jury) 差不多，都從公民名單等資料中依次遴選，但兩者功能完全不同。

大陪審團職責在監督檢察官的自由心證，組成時不知道任期內會遭遇到什麼案件。挑選審判特定刑案的陪審員時，檢辯雙方得交叉詰問候選人，發現有預存偏見時，得聲請取消此人資格。兩者共同享有的司法權力，就是檢察官提出事證後，是否起訴全由大陪審團票決；大陪審團認為情有可原時，有權不予起訴。同樣地，法官在審理刑案結束後，將案情與適用法律告知 (instruct) 陪審團，但被告是否有罪，只能由陪審團投票表決。法官即使不同意，只能宣告「審判無效」(mistrial)，從頭再來過。美國電影看得多的人，對此種方式應有深刻印象。

台灣應否釐清檢察部門的職責，嚴格劃分檢審兩者的界限，不再用「推檢交流」一類辭句混淆視聽，應由立法院討論。但最近又傳出引進陪審制度的聲音，據說建議中包括設立「同審官」，一審時由兩名同審官與三名法官坐在庭上共同審案。如果屬實，勢將成為舉世笑柄。

有趣的是，二〇〇四年八月二十八日中國人大常委會通過「關於完善施行人民陪審員制度的決定」，去年五月一日起正式實施。依照新華社說法，國民政府在大陸時期就曾制定過「陪審法」，只是從未實施。反而是紅軍在蘇區裡大搞人民公審，鬥爭地主惡霸。中共建國後，歷年來在憲法、民事與刑事訴訟法、法院組織法裡，都曾為陪審制預留地步。

依大陸宣傳機構自吹自擂的說法，新制下的「人民陪審員」由基層推薦，法院審查，全國人大任命，任期長達五年。人民陪審員對個案的犯罪事實和量刑，都可有自己的決定，庭訊時和法官並肩而坐，可以對被告發問，最後在合議庭討論時，也獨立行使表決權。

請問：這種辦法除了把審案的三位法官增為五位外，有何差別？英美法下陪審制度的主要功能，在於用一般平民的常識與人生經驗，去判斷無奇不有的案情，強調人情與理性，以彌補僵化了的法律之不足。

台灣要改革司法，必須瞭解問題核心所在，而非生吞活剝，畫虎不成反類犬。

七、特別費案　堅持是非黑白

（原刊九十五年十一月二十七日《聯合報》）

大家都說「特別費案」是馬英九從政以來最嚴酷的考驗，稍一不慎，可能毀掉他兩年後問鼎總統的機會，我同意。但是我還要加一句：這也是台灣民主化過程中最嚴重的隱藏危機；如果處理不當，斷送的不只是馬英九個人，而是「是與非、黑與白」的分別。

國民黨裡曾有為馬主席量身定做，修改「只要被起訴，即不得登記提名參選」的規定之聲，幸虧馬自己表示反對，才銷聲匿跡。但一波未平，一波又起，民進黨大寶蔡啟芳等，把過去二、三十年曾任五院院長以上職務的人，不管屬於國民黨、民進黨、或現無黨籍，統統以濫用特別費嫌疑按鈴告發，弄得天下大亂。

責任認定　解釋南轅北轍

從這幾天媒體報導看來，要偵辦這二十七人有無貪汙，最大的困難在於檢察官不知如何認定責任的歸屬。陳瑞仁與侯寬仁同在台北高檢署黑金查緝中心供職，兩人對特別費的解釋卻似乎有異。他們的上司也不敢表示意見。假如出自同一高檢署的兩份起訴書，對特別費的解釋卻南轅北轍，你要法院怎麼判決？

看來，這正是陳水扁的錦囊妙計：把特別費案擴及國民黨和民進黨現任與過去所有高級官員，使得社會沸騰，大家互相指責，黑白難分，民意莫衷一是。等大家都累得快癱瘓了，他再審度適當時機，提出大赦的建議，把他全家與馬英九統統都赦免。

只有安全「下莊」後，阿扁才能享用他和吳淑珍六年餘來從SOGO案到兩次金改，或因曖昧的政商關係，或因國家財富被廉價賣給財團，而得的可能是非法的財產，全搬到海外做寓公。陳致中與陳幸妤夫妻才能公開地在紐約、東京，甚或倫敦、巴黎，住高級豪宅，上法國餐廳，身穿貂皮大衣，手戴耀眼鑽戒，遠離台灣政治，不再受媒體的追蹤干擾。

勿掉陷坑 弄個水落石出

我要請問：不分族群，不問省籍，也不論藍綠，凡留在台灣的人，能忍受這種結局嗎？

要避免掉進阿扁設定的陷坑，唯有堅持是非黑白之一法。國人不必替馬英九擔心，反而該鼓勵檢察官徹底清查，弄個水落石出。他有沒有捐過六千五百萬元給各種慈善與學術團體，這幾天就會公布明細清單。如果特別費帳目真有不清不楚的地方，也是他和周美青的責任，別人幫不上忙，也不應該幫忙。

赦免主張 只會開脫扁家

今天所有在台灣的人只關心一件事：我們的民主改革還有沒有前途？其餘都不重要。民主政治必須以公平正義為基礎，標準一致，毋寬毋縱。翁岳生、施啟揚的特別費要查，呂秀蓮、連戰，乃至唐飛、游錫堃和謝長廷的都要查。蘇貞昌更要查，而且該從台北縣查到行政院，才能使人信服。

此時以「安定社會」為藉口，主張統予赦免，「與民生息」的人，對台灣未來的傷害勢將遠大於任何可能的貢獻。因為他們悲天憫人的情懷，實際只會替陳水扁一家製造免受法律審判的機會。

八、APEC高峰會　突顯台灣外交的無能

（原刊九十五年十一月二十七日《中國時報》）

在總統府指使下，外交部、新聞局與中央通訊社拙劣地拿我國「領袖代表」乘坐空軍一號專機赴越南出席APEC高峰會，以製造外交突破的假象，欺騙台灣民眾。哪知張忠謀在回國記者會上，不經意地一言拆穿，被媒體冷嘲熱諷了幾天。但就外交實務而言，真正的敗筆，卻是國安會與外交部不知利用我國現今能夠出席最高層級會議的難得機會，在對外保密前提下，及早安排與區內各國領袖祕密會晤深談。重宣傳而棄實質，這才是最令人痛心疾首的事。

我猜想此次隨行的記者團，可能以平時跑總統府或經濟部路線者居多。正因他們關心國家主權與尊嚴，但找不到適當題材，只好在細微末節，從張忠謀和誰走在一起，到張夫人的去油面紙上，大做文章。但有處世經驗的人都知道，一大夥人走在一起時，為避免旁人聽見隻字片語，不可能談正事。以致APEC部長級與領袖峰會期間，國內媒體並無片段報導其餘二十個經濟體領袖互動的鏡頭或專電。這豈單是觀眾與讀者的損失，更是造成台灣視野狹窄與資訊短缺的原因。

今年APEC首次在越南河內市開會，總統阮明哲出盡風頭，但承辦會議事務的越南外交部卻因英文人才不足，效率低落。我找高峰會最後公報，反要到加拿大外交部網站去下載。同樣地，各國領袖在大會內外的活動，APEC祕書處也付諸闕如，須到各國外交部網站去查閱。雖然費點事，卻可看出各國利用元首

出訪的機會，順便從事高峰外交的真正收穫。

相形之下，台灣最後繳出一張白卷，更顯得可悲。人人都知道，十餘年來，我國不論是總統本人、行政院正副院長或外交部長，絕無可能出席APEC會議。為國家利益著想，總統府早就該決定「領袖代表」人選，密令外交部進行會前安排。何以每年都要拖到最後一分鐘才宣布，最後照例將所有過錯都歸咎於中共打壓？治國如此不負責任，實在說不過去。

另一方面，APEC領袖峰會年年召開，行禮如儀，也已流於形式。高峰會的真正重點在於各國元首共聚一堂，私底下一對一的談話，遠較公開演講或通過的正式文告重要。以今年在十一月十九日發表的「河內宣言」為例，本屆主題「步向永續發展與繁榮的動力國際社會」（Towards a Dynamic Community for Sustainable Development and Prosperity），共分三大段。從推動自由貿易與投資，反恐以保障全球安全，到營造更堅強和諧的國際社會，一片老生常談，看了使人只想打瞌睡。

部長級會議提出的FTAAP（意指一項包括亞太全區，亦即太平洋四周的美國、加拿大、墨西哥、澳洲、紐西蘭，乃至祕魯都在內的自由貿易協定），台灣各報曾有簡短介紹。初看似乎很有意義，如能通過，對始終被排除在外的我國，自然是天上掉下來的禮物。但最終恐怕也只是虛晃一招，難成事實。

辜濂松出席的ABAC（亞太經濟合作會議企業諮詢委員會）早已做過詳細研究，提出長達四十一頁的分析報告，內容尚稱公正。問題是東南亞國家協會（ASEAN）不可能放棄業已開動，而迅將實現的「東協十加三」自由貿易區。在亞洲各國眼裡，FTAAP只是區外各國想分一杯羹的花樣，豈但ASEAN各國不會讓步，中國大陸也不會贊同。

說來說去，APEC的真正價值仍在於提供這二十一個經濟體領袖從事「元首外交」的機會。以美國為例，共和黨在期中選舉失利後，布希總統這次行程的安排，可視為修補個人權力形象的代表作。他乘坐空軍一號專機從華府啟程，飛越北極，而以莫斯科為第一站，與俄羅斯總統普丁在後者黑海旁的別墅裡度過一天。兩人也許什麼都沒有談，卻留給世人兩個核武大國領袖祕密會談的印象。從俄國到越南途中他不停北京，反而在新加坡蜻蜓點水地降落。新加坡總統納丹 (S. R. Nathan) 不在國內，反正內閣制下掌權的是李顯龍總理，由他接待晚宴。

抵達河內後，布希自然先與地主國元首阮明哲單獨會見。越戰結束至今三十一年，兩國恢復外交關係也已十一年。六年前柯林頓初訪河內後，布希接任，繼續發展雙邊關係，簽署了貿易、民航、合作禁毒與紡織品等相關協定，而這是布希第一次來到越南。我的觀察是，美國不計前嫌，如此與越南修好，隱然仍有圍堵大陸的企圖，北京也不會毫無感覺。

APEC會期中，各國領袖彼此單獨會晤，加強雙邊關係，不露痕跡地討論外界無從猜測的議題，才是重點。唯一超強的美國，見什麼人或不見什麼人，舉世矚目。布希約見的各國領袖主要有澳洲總理霍華德、南韓總統盧武鉉、日本首相安倍晉三與俄國總統普丁。峰會結束後，他續往印尼訪問，可見美國積極爭取伊斯蘭教國家的努力。

在河內，布希當然要見胡錦濤。兩人密談前先舉行只有五分鐘的記者會。胡錦濤說，今年兩人已是第四次會晤，此外通過四次熱線電話，更交換過「無數次函件」；兩人都沒提到台灣。布希故意說希望中國幫助解決北韓與伊朗問題，也意在言外地稱讚大陸經濟從「儲蓄者轉換成消費者的努力」。外電說布希曾勸胡錦濤與達賴喇嘛溝通，官方自然未提一字。

扁政府什麼時候才能讓外交回歸外交部掌管呢？我實在不敢樂觀。

九、馬不能辭　更應反攻

（原刊九十五年十一月二十一日《聯合報》）

國民黨主席馬英九上週末石破天驚的兩項舉動：自動捐出八年市長任內不必報銷的特支費總數一千五百萬元，與主動要求非黨籍公正人士占半數以上的國民黨廉能委員會調查他有無貪瀆情事，有效地回應了民進黨立委對他的惡意攻訐。

雖然李敖、施明德和少數電視名嘴認為馬英九不如宣布辭去任期只剩下一個多月的台北市長職務，更可彰顯他的坦蕩情懷，恕我老實說，這樣做不但毫無必要，而且只會掉進政敵為他設置好的陷坑。

馬如自動辭職，只會使特別費與國務機要費兩者間的分界線更加模糊，讓陳水扁總統更容易在未來的審判中指鹿為馬，輕易脫身。這場由陳瑞仁檢察官親自出庭提告，徐千惠為受命法官的司法大戲，將給一般平民上一堂何謂公平正義的公民課。單為這一點，馬英九也不能糊裡糊塗地先行辭職，把原本就混淆不清的法律解釋，變成陳水扁貪瀆的護身符了。

北高選戰已進入最後衝刺階段，馬英九更必須堅守崗位。他如現在請辭，依法應由行政院派員代理。儘管任期只剩下二、三十天，民進黨反正豁出去了，代市長仍可將市府搞得天翻地覆。外界再怎麼責罵，執政黨臉皮已練就刀槍不入的功夫，使人民無可奈何，它鞏固政權的目的就達成了。

本週五立法院就第三次罷免案的投票，自林濁水、李文忠寧肯辭職，也不願同流合汙後，已經註定過不了關。國民黨向來被人批評不懂創造議題，整天被民進黨牽著鼻子走，只會挨打而不知如何還手。此次應該懂得「最好的防禦就是攻擊」的道理，把握住國人同聲憤慨的情緒，趁機提出倒閣。

三次罷免案投票受挫的那一刻，國民黨應立即以「執政黨違法袒護貪瀆」為理由，提出不信任案。親民黨全體與無黨籍聯盟大部分立法委員肯定會舉雙手贊同。不信任案交付程序委員會審查，恰值北高兩市投票前兩星期的肉搏戰時期，對民進黨選情肯定會產生巨大的殺傷力。

倒閣另一個好處，是逼使蘇貞昌乃至其餘天王們表態。民進黨立委早已透露，陳水扁不敢解散立法院，只會更換閣揆。久經政治歷練的王金平不可能出任只剩一年多些的短命行政院長。阿扁無法再讓游錫堃出線，謝長廷困於選戰，呂秀蓮在旁無法插嘴。陳總統無論提名陳唐山或蔡英文，都難以服眾，到時藍營正可坐山觀虎鬥，看民進黨從內訌逐步走向分崩離析。

馬英九身經這次莫名其妙的炮火洗禮後，應已領悟政黨政治的本質，與律師在法庭上的辯論完全不可同日而語。政黨有不同意見時，本就該訴諸民意解決。民進黨不懂治國，卻把政績不彰，台灣淪於空轉的原因，都歸罪於「政黨惡鬥」，拿來欺騙選民。我期望馬主席這次能反守為攻，扭轉大局，為國民黨打場漂亮的選戰，也對民進黨「以其人之道，還治其人之身」。

十、大陸對非洲「微笑攻勢」所向無敵

（原刊九十五年十一月二十日《中國時報》）

美國也好，台灣也好，眼看中共憑藉「和平崛起」、外匯存底即將突破一兆美元的聲勢，向第三世界各國頻頻示好，積極滲透，束手無策，不知如何應付。本月在北京舉行的「中非合作論壇高峰會議」，便是最好的例證。

這個論壇過去並無領袖級會議。二〇〇二年在大陸建議下，首次在北京開部長級會議。二〇〇四年在非洲聯盟(African Union，簡稱ＡＵ)所在地衣索比亞 (Ethiopia) 首都阿迪斯阿貝巴 (Addis Ababa) 再度集會。今年在中共全程招待並負擔各國代表團往返頭等機票的引誘下，非洲各國元首或內閣總理趨之若鶩，幾乎全員到齊，只有極少例外。

非洲實際共五十四國，但孤零零的薩哈拉威阿拉伯民主共和國 (Saharaui Arab Democratic Republic，原為Spanish Sahara)，因為摩洛哥國王哈珊 (Moulay Hassan II) 堅持那原是摩洛哥領土，害得原有邦交的幾個鄰國相繼撤銷承認，現已成為真正的「國際孤兒」。所以ＡＵ會員只有五十三個，其中四十八國領袖都接受邀請，到北京捧場。僅與台灣仍維持邦交的五國缺席。外交部究竟花費多少力氣才阻擋住這五國領袖去北京朝聖，我不忍想像。

這屆大張旗鼓的「中非合作論壇」分兩部分召開，十一月三日先舉行部長級會議；四日開始才是高峰會，胡錦濤致開幕詞。然後在會中宣布：減免所有與大陸有邦交國家截至去年底尚未償還、包括本息在內的所有債務，震驚世界。當天並制訂通過「二〇〇七～二〇〇九年北京行動計畫」。到五日閉幕，由胡錦濤、衣索比亞總理梅萊斯（Meles Zenawi），與埃及總統穆巴拉克（Hosni Mubarak）分別宣讀大會通過的「北京峰會宣言」。非洲有許多法語系國家，為何沒請一位法語系元首參與宣讀，令我有點不解。

大陸早已學會了外交是高度的藝術，此次發揮得恰到好處。細讀胡錦濤的開幕詞與大會宣言，表面上冠冕堂皇，實際用意卻在與先進國家畫清界線，強調「南南夥伴」（South-South Partnership）關係，無異為自己鞏固在第三世界的老大哥地位。雖然不曾明言，南方各國既然都是黑人或黃種人，北方則都是白人，等於把俄國都擠到西方國家那一邊去了。

不只胡錦濤的演說，「峰會宣言」的字裡行間，更充分反映出亞非國家多年來受壓抑卻不便明言的種族平等思想。它強調多邊主義與「國際關係民主化」；尊重和維護世界的「多樣性」，各國「不分大小貧富強弱」應彼此尊重；對「不同文明和發展模式」應該相互借鑒，和諧共存；要求WTO「重啟『杜哈回合』談判」；在改革聯合國方面，應該先「充分發揮聯合國大會的職能」，然後才「優先增加非洲國家在安理會和其他各機構的代表性和充分參與」。明眼人一望即知，都是在討好非洲國家，順便把美、俄、乃至日本都打了一悶棍。

胡錦濤的開幕詞，提出八項政策措施：

㈠到二〇〇九年，對非洲國家的援助比二〇〇六年的水準增加一倍。

㈡今後三年內，向非洲國家提供三十億美元的優惠貸款，和二十億美元的優惠出口買方信貸。

㈢設立中非發展基金，鼓勵企業到非洲投資，基金總額逐步達到五十億美元。

㈣協助非洲聯盟在阿迪斯阿貝巴興建全新的會議中心。

㈤有外交關係的重債窮國 (heavily indebted countries) 和最不發達國家 (least developed countries) 積欠中國，應於二〇〇五年底到期的政府無息貸款本息全部予以減免。

㈥進一步向非洲開放大陸市場，把有邦交關係的最不發達國家輸往大陸產品的零關稅待遇受惠稅目，提高到四百四十多個。

㈦三年內在非洲國家建立三到五個「境外經濟貿易合作區」(有似加工區)。

㈧三年內為非洲培訓一萬五千名各類人才。向非洲派遣一百名高級農業技術專家，主持農技示範中心。援助建設三十座醫院，並提供三億元人民幣無償援款，協助防治瘧疾，提供藥品，並設置三十個抗瘧中心。派遣三百青年志工。援助建設一百所農村學校。每年提供非洲留學生名額，由三千人次，到二〇〇九年提高到四千人次。

世界各國對外援助無不從本國利益出發，中共自然也不例外。如此慷慨的承諾，動機何在？除爭取第三世界領導地位外，還有搶奪資源的考慮。西方國家指責中共提供對外援助時，毫不顧忌受援國在維護人權的惡劣紀錄。北京卻以「不干涉他國內政，互相尊重主權」作答。被非洲各國鄙視的辛巴威總統穆加貝 (Robert Mugabe)，這次也靦顏參加中非峰會。

人權紀錄欠佳，但盛產石油的國家如蘇丹總統巴希爾 (Omar el-Bashir) 和安哥拉總統杜桑多斯 (José Eduardo dos Santos)，這次都是座上嘉賓。再加上奈及利亞，三個國家總共供應了大陸每年進口石油量的三分之一。難怪北京不在意它們是否尊重民主、自由或人權了。

十一、馬英九學到什麼教訓？

（原刊九十五年十一月十七日《聯合報》）

市長特別費報銷風波，這件事本質沒有什麼了不起，但民進黨趁勢追擊，媒體為表示對藍綠一視同仁，也會窮追不捨，今後一個多月裡，仍會被炒作不休。

這場風暴將延續多久，無人可以預測。平心而論，馬英九和他的團隊在政治判斷、危機處理與把握民意趨向各個層面，不可諱言地犯了許多錯誤。

首先，馬英九必須在「法律人」與「政治人物」兩個基本不相容的角色裡，選擇其一。他不能再做「不沾鍋」了。交卸市長職務後衝突雖將略微緩和，仍不會完全消失。關鍵時刻，更需要勇敢面對。

民進黨開始攻擊特別費時，馬不瞭解問題的嚴重性，仍依原定行程去巴黎訪問，雖然坐失良機，於情尚有可原。到余文的荒唐行徑曝光後，他或因早上已經答覆過記者詢問，傍晚只派市府祕書長李述德主持公開記者會，並參加各電視台政論節目說明，則是很大的失策。李和他一樣，是個誠實守法的公務員，但缺乏說服力，不但沒有加分，反而把事態越搞越大了。

馬英九更需要醒悟：別人可以那樣做而不受批評，他卻是最大在野黨的領袖，兩年後將問鼎總統寶座，接受檢查的標準，自然應遠高於別人。為了迎戰民進黨不斷的詰問，馬主席必須及早處理他們夫婦存款增加的速度，兩女在美讀書的費用，和父親逝世後喪葬補助費等等問題，公布所有帳目細節，坦然面對國人。

除這些迫在眉睫的問題急待處理外，馬英九還有許多做事作風與方法，需要修正。隨便舉幾個例：他團隊中人的「同質性」太高，以致難作純粹公正客觀的判斷。他過分倚賴中央黨部與立院黨團的幹部，以致推動改革時，常受官僚惰性所阻。他日程排得太滿，反而沒有時間或精力，去思考當前或未來的重大問題。

最重要的，自然是下月九日北高兩市投票，只有兩地都勝選，這場風浪才有希望逐漸平息。如果只贏了台北卻輸掉高雄，黨內檢討之聲不會消滅。萬一兩地俱輸，批評聲浪勢將高漲到難以忍受的地步，馬英九不可不防。

十二、特赦扁：特赦全家？可能嗎？

（原刊九十五年十一月十四日《聯合報》）

前總統府祕書長陳師孟呼籲阿扁「暫時引退」受審，待判決無罪後再行復位。如果多年前我在廬山採訪過的他的祖父陳布雷先生在世，一定會用他的浙江慈谿口音，斥責這個比喻「不倫不類」。撇開陳師孟家世不談，持平觀察他善意多於惡意的建議，儘管用心良苦，措詞委婉，但這個結怎麼說都難順利解開。

事實上，從李遠哲、陳師孟，到昨天的林濁水、李文忠，這些人進言方式雖有不同，但恐怕都很難撼動陳總統堅拒下台的決心。關鍵在於，陳水扁恐怕還擔心著下台後終需面對司法訴究甚至身繫囹圄。因而，高志明最近提到的特赦之說，似有為阿扁找到下台階的可能。不過仔細研究，其中還是有難以解決的困境。

先從法理說起，所有特赦的主張，都根據水門事件發生後，尼克森以特赦交換自動辭職為前例。為此我特別找出一九七四年九月八日，福特總統特赦尼克森的宣告。該宣告主要敘述如下：

「根據眾議院多項決議，該院司法委員會就應否對尼克森提出彈劾，調查已逾八個月。委員會舉行之公聽會與討論，在電視廣播及平面媒體已引起全民廣泛注意，使委員會就彈劾條款投票時，對尼克森不利。

「由於渠辭職前之某些作為或不作為，尼克森可能因所犯罪行，面臨起訴並受審判。應否起訴之權，操於大陪審團與指定檢察官之手。如遭起訴，我國憲法保證，人人均應享有由不偏不倚之陪審團給予公平審判之權利。

「咸信如有審判尼克森之必要時，司法程序非等待一年以上，無法公正開始。於此同時，全國上下最近數週來恢復之平靜氣氛，又將被破壞無遺。瞻望可能發展，此一審判勢將拖延經年累月，因而引發之激烈爭辯，徒使一位已辭卸美國最高選舉公職，接受史無前例懲罰之人，再度蒙受處罰與羞辱。

「基於上述，余茲以美國總統之身分，根據憲法第二十條第二款賦予本人頒布特赦之權，業於眾人之前，給予尼克森完全、自由與絕對之特赦。其範圍自一九六九年一月二十日起，至一九七四年八月九日為止，無論尼克森已犯、或可能違犯、或參與共犯之罪行，均在特赦之列。」

最值得注意的是：福特把尼克森前後六年總統任內，所有因其「作為或不作為」可能犯下的罪行，不論外界知或不知，一概予以赦免。如對照我國赦免法，這是不可能的事。赦免法只規定已受罪刑宣告者，其宣告為無效；未受罪刑宣告者，其追訴權消滅；沒有提到尚未發覺的罪行。老百姓都相信，阿扁夫婦貪腐的案件，絕不止國務機要費與SOGO那兩樁。如果將「已犯、或可能違犯、或參與共犯之罪行」概予赦免，輿論能否接受，民意會不會沸騰，還在未定之天。

就人情而言，國人或可容忍特赦陳水扁，但有多少人贊成把吳淑珍一併特赦？邱毅這幾天大爆陳幸妤和陳致中的海外存款，雖然疑點很多，但萬一他們真的觸犯貪汙治罪條例第十五條：「明知因犯第四條至第六條之罪所得之財物，故為收受、搬運、隱匿、寄藏或故買者，處一年以上、七年以下之有期徒刑。」是否也要特赦阿扁的子女呢？

趙建銘的問題更棘手。如果趙建銘也在特赦之列，豈但紅衫軍與國親不可能同意，到時民進黨內打落水狗的人恐怕也不在少數。如果吳淑珍堅持全家包括女婿都應特赦，阿扁不敢違拗，代誌大條，神仙也幫不上忙了。

十三、美民主黨期中勝選　國民黨應知效法

（原刊九十五年十一月十三日《中國時報》）

各報連日有關美國選舉的標題，都用民主黨「大勝」，共和黨「慘敗」來形容。其實兩星期前，本欄（見本書第十七篇）就指出：期中選舉的傳統，是執政黨總會輸，平均在眾議院會減少二十四席，參議院會損失四席。今年共和黨損失的席次，並未超過歷來的平均數，若合符節。至於真正的大敗，還要讓給柯林頓在一九九四年那次，民主黨在眾議院損失達五十三席，也失掉在參議院長達四十年的多數，那才算是打破歷史紀錄的敗仗。

雖然執政黨每遇期中選舉，多少總會輸掉些席次，今年共和黨與布希總統落敗的原因複雜萬端，可分對外與對內兩部分來檢討。

美國在伊拉克陷入泥淖，自然是最主要的因素。民意認為副總統錢尼與國防部長倫斯斐等代表的「鷹派」，亦即「新保守主義」者，要負最大的責任。副總統是人民選出來的，與布希同進退，地位不容更動；而投票前兩週，五角大廈許多將領公開出面反對倫斯斐，所以他為表示負責，立即請辭。布希既不硬拗，也不拖延，照准後即提名前中情局局長、現為德州農工大學校長的蓋茨繼任，這就是真正民主的好處。

台灣媒體不斷揣測：這次期中選舉的結果，就美國對台政策而言，有些什麼影響？動機雖無可厚非，

難免落於過分主觀。華府的外交路線向來由兩黨共同策畫、制定並執行，即所謂 bipartisan foreign policy，無所謂共和黨或民主黨的外交政策。任何推測無非大驚小怪或者自我陶醉，不值得過分重視。

如果去問加州選出、明年將擔任眾院議長的裴洛西 (Nancy Pelosi)，我想她也尚無定見。正如現任民主黨全國委員會 (DNC) 主席、前佛蒙特州長狄恩 (Howard Dean) 在倫斯斐辭職後特別發表的聲明，「本黨團結一致，隨時準備與共和黨合作，求取真能解決美國在伊拉克面對挑戰的解決之道」，等於沒說一樣。

倒是為民主黨此次選戰操盤的狄恩，勝選後發表的長篇聲明，題作〈這是怎麼發生的?〉(How Did This Happen?) 一文，對台灣同樣在野的國民黨，應該有些啟發作用。

過去的民主黨，以紐約、芝加哥、舊金山等大城市根深柢固的黨組織、南方各州保守份子、黑人民權團體與全國總工會 (AFL-CIO) 等為骨幹。這些組成份子的意識形態全不一致，有時甚至互相牴觸。老百姓對民主黨的印象也因人而異，尤其中西部樸實無華的農人，認為民主黨政府只會大把花錢 (big spender)，不斷擴充政府功能 (big government)，拿納稅人的血汗錢去補助像未婚生子的黑人婦女等的無底洞。所以雷根總統登高一呼，保守主義蔚為風氣，三、四十年來主宰政壇。其間雖有柯林頓替民主黨奪回過白宮，但這種印象並非一夜間就可改變。

這些年來，民主黨潰不成軍，原有權力基礎四分五裂。黑人團體原居最大少數族群的地位，被中南美大批湧入的西班牙人後裔取代；許多白人雖不好意思公開討論，心中也憂慮種族平衡被破壞了。總工會、南方棉農及紡織工業受全球化衝擊，轉而反對開放市場，成為樹立關稅壁壘的急先鋒。大城市的高級知識份子，則看不慣布希從反對同性婚姻，到阻止幹細胞研究的保守立場。所以狄恩這篇文章坦承，DNC 近幾年來致力於重建一個「真正的全國性政黨」(a truly national party)；言外之意，就是要通盤改造各州黨部，以便與共和黨競爭。

狄恩列舉在堪薩斯、明尼蘇達、俄亥俄、南達科塔、新罕布夏與印第安那各州，由黨中央派出的工作人員深入民間，直接訪問以前被忽略的中間選民，並利用網路與簡訊等新通訊方法，建立聯繫管道的個例。他說，從去年十一月底起，DNC跳過各州原有民主黨老舊組織，收穫豐盛。言外之意，顯示他不再倚靠各州陳舊腐敗的民主黨機器，採取了二十一世紀無遠弗屆的通訊方式，已經建立起一個嶄新而由中央放射到地方的組織形態。

美國傳統上，政黨只是架「選舉機器」(an election machine)，選後幾乎停止運作，要等到下次選舉前一年或七、八個月，才重新開動。在「冬眠」期間，各州選出的黨籍州長或參眾議員就代表該黨。這種制度的好處是地方黨部並無實際政治力量，不會像台灣各黨那樣，地方黨部主委常和地區立委意見相左，互爭領導權，產生嚴重摩擦。壞處則是選舉時失去地方有力人士的支持。李登輝時期遷就地方勢力，沾染上黑金，國民黨至今猶受其害，應該覺醒了。

狄恩形容DNC過去一年的努力時說：「這是近三十年來，在全國性選舉過後，本黨竟然沒有就此分崩離析的首次經驗。」他保證今後這個具有機動性的黨部組織，會繼續運作，監督執政的共和黨任何貪汙與持續領導無方之處。

在野黨籌募經費總比執政黨困難，狄恩想出了個「民主公債」(Democracy Bond)的點子，號召熱心黨員每月認購所得的千分之幾，集腋成裘。這些新鮮主意，國民黨都可效法，才能擺脫舊時受黑金與地方控制的形象，給國人一個全然不同的觀感。

十四、重生 民進黨別寄望四天王

（原刊九十五年十一月八日《聯合報》）

許多人說民進黨被阿扁綁得牢牢地，只能作他陪葬的兵馬俑，我卻不作如是想，理由可分正反兩面來解釋。

先從反面說起，這兩天最好玩的新聞，是周玉蔻刊登半頁大的「堅決三罷陳水扁」廣告，並大罵台灣團結聯盟背棄李登輝的理念。如把這事與李前總統上星期的公開信「再挺腐化的民進黨，台灣將萬劫不復」連結在一起看，所傳遞的訊息異常清楚。原來李登輝已不再是台獨基本教義派的神主牌了；台聯因承擔不了綠營選民壓力，態度修正了一百八十度，不敢再支持第三次罷免案了。

由此可見，過去幾週大家都高估了李登輝的影響力。任憑周玉蔻在她的部落格裡給謝長廷起了十個外號，從「謝說謊」到「謝心虛」，似乎沒有任何效果。謝陣營既未理睬，民進黨也沒受什麼影響，李登輝和他的台聯黨反而快要泡沫化了。

從正面看，儘管四大天王都心口不一地宣稱效忠阿扁，民進黨裡仍有不同的聲音傳出。有些良知的資深立委如林濁水、李文忠、郭正亮等說話時雖然字斟句酌，逼得聽眾去捉摸其中涵義，明眼人都知道他們只在等別人先開第一槍。堤岸一旦崩潰，洪流就會沖垮陳水扁細心構築的防火牆。

民國八十七年以前，我因連續駐外三十五年，對國內政局並無深刻瞭解。近幾月來，親身經歷台灣波瀾壯闊的政治大動盪，改變了許多過去的觀感。從七一五親綠學者宣言，施明德領導的紅衫軍靜坐，有大批前民進黨人參與的「新公民運動」，到「綠六組」青年黨工聲明，乃至檢察官陳瑞仁的表現，使我對剛滿二十歲的這個政黨，必須刮目相看。

我一直十分同意馬英九的話：民進黨對台灣民主化曾有巨大貢獻。但現在更加瞭解，這個黨並非李登輝從口袋裡掏出來的玩具，曾有許多年輕有理想的人，為種種不同的動機—從國民黨執政時期的黑暗，到追求一個理想的民主社會—奉獻過青春血汗。況且台灣要走向真正民主，防杜像陳水扁那樣的變相獨裁，需要兩個大黨在立法院裡互相制衡。台灣不能沒有民進黨，正如不能沒有國民黨，其理相同。

民進黨要浴火重生，不能寄望於呂、游、蘇、謝這班人。他們一個是現任副總統，其餘三位都曾任或現任行政院長，吃香喝辣多年，已經被腐化了。他們腦中所想的只有自己能否殺出重圍，搶到二〇〇八年總統選舉的提名，全不在意兩岸關係、民主改革或國家前途。

今天民進黨又將召開擴大中執會。只要多幾個像高雄縣選出的年輕女立委林岱樺那樣的人，敢於公開呼籲阿扁考慮自動請辭，感動雖緘默多日，良知未泯，仍在天人交戰的同伴，這個黨仍有恢復在選民心目中地位的希望。

十五、從美國相關法律　追擊「卡西迪」謎團

（原刊九十五年十一月六日《中國時報》）

近來由於總統府搬出設在華府的卡西迪公司，作為拒絕檢調追查國務機要費單據顯有偽造文書之嫌的防火牆，引起朝野關注，媒體也有很多零星報導。但因《美國成文法典》(*United States Code*) 卷帙浩繁，反而說不清楚。本文旨在根據有關法律與美國政府最新公布的資料，說明台灣在美雇用公關公司的實際情況，希望國人從而瞭解卓榮泰的謊言，為什麼站不住腳。

世界各國都雇用公關公司在美為其本國利益活動，台灣在做，中國大陸也在做，不足為奇。美國有兩項法律規範這種行為：其一是早在一九三八年，為防阻納粹德國在美活動而通過，其後歷經修訂的「外國代理人登記法」(Foreign Agents Registration Act of 1938, as amended，見 22 *US Code* §621)；其二則是一九四六年通過的「聯邦遊說登記法」，後因該法漏洞太多，一九九五年另通過「遊說公開法」(Lobbying Disclosure Act of 1995，見 2 *US Code* §1605)，將前法作廢。

這兩種法的立法原意，是不論外國或美國的公私機構或人士，有權雇用公司或個人為其在華府活動。活動的本身並不違法，但人民有知道的權利，以免國會議員或政府官員徇私舞弊，甚或影響美國利益。所謂「外國代理人」一詞，不以代理政府機構為限，重點在他代表國外任何機構或個人的工作，是否意圖影

響美國行政或立法機關的作為或不作為。

我在駐美大使館服務十五年七個月，雖然掛了個公使銜參事名義，但主要工作在駐紐約新聞處。我的前任倪源卿，在董顯光大使任內就登記為外國代理人，我蕭規曹隨，照樣登記不誤。登記後每六個月一次，須將紐約新聞處所有中外雇員與經費收支、活動情形、邀訪人名以及對外分發的新聞稿、書刊、錄音帶、影片等，檢附原件，詳細列表呈送司法部。司法部的主管單位說來不好聽，是反間諜司的外國代理人登記科(Foreign Agent Registration Unit, Counterespionage Division)。我據實登記了三十次，幸好從未遭受複查。

遊說公開法則規定，凡從事向國會兩院議員遊說工作的公司或個人，均須向參眾兩院祕書長分別登記，也是每半年呈送報表一次。台灣在美雇用的公關公司既代理外國機構又從事遊說，因而須依這兩項法律同時向三方面登記。這三個單位收到的報表與附件，依法對外公開，任何人均得前往司法部或參眾兩院瀏覽，毫無機密可言。總統府拿「國家機密」來嚇唬國人，只能騙騙小孩子。

在台灣的人可從美國司法部網站 (http://www.usdoj.gov/criminal/fara/)，下載剛在十月六日公布的二〇〇五年下半年台灣雇用的代理人資料。自然也能在該科檔案中，查閱去年上半年以及更前申報的舊卷。細閱去年全年兩份資料，內容有幾點值得有心人進一步去探索。

去年上半年台灣雇用的美國代理人共十九家，下半年增為二十三家。其中受駐美代表處與各地辦事處雇用的共十家，國貿局與外貿協會各有兩家，海基會一家，民進黨與親綠的春雨文教基金會共兩家，國親駐美代表處一家。其餘的雇用人很含糊，只說是「台灣」或「台灣政府」，未指明哪個機關。依金額來分，以 Barbour, Griffith & Rogers, LLC（簡稱BGR）為最高，就是邱義仁去簽約聘用的那家，半年經費三十九萬零一百五十八美元，全年應約八十萬美元。其實它是家歷史悠久的法律事務所，兼營公關。創辦人之一

的羅傑斯 (William Rogers) 曾在尼克森時代任國務卿，五年前逝世，但該所在共和黨內應該還有些許影響力。

卡西迪與福特公司 (Ford & Associates) 申報的都在同一地址，可見至少是同根生。卡西迪去年下半年費用二十五萬六千美元，福特為二十六萬九千九百八十美元，兩家全年合計應在一百零五萬三千美元左右。卡西迪報表上說，所收費用係福特公司轉付，兩家向司法部申報的雇用人都是不清不楚的TSI (Taiwan Studies Institute)，而我在台灣卻找不到這個機構。

李登輝創辦，現任院長為劉泰英的「台灣綜合研究院」，英文稱 Taiwan Research Institute；張榮發基金會支持，現由田弘茂任院長的「國策研究院」，英文名則是 Institute for National Policy Research；兩者和TSI都不相符。難怪李紀珠指責卡西迪申報不實，要求美政府徹查，究竟TSI是什麼東西，卡西迪有無故意填報錯誤譯名，誤導司法部之嫌。

卡西迪是家大公司，客戶上百；福特則看來像是家一人公司。但這位福特 (Carl W. Ford, Jr.) 先生，出身美國中央情報局，曾任參議員葛倫 (John Glenn) 外交助理，參議院外交委員會亞洲問題專家，國防部主管國際安全事務的副助理部長，及國務院情報局助理國務卿，亦即局長一職。他三年前退休後，自營公關公司，倚仗過去人脈度日，想來退休生活頗為舒適。

由以上分析可見，美國法律雖嚴，聰明人仍有方法走漏洞，逃避嚴格審查。台灣媒體駐華府記者群都是資深媒體人，希望有人去司法部外國代理人科詳閱過去兩、三年卡西迪申報的內容，對費用來源與雇用人地址全名提出疑問，看他們怎麼回答。

十六、回憶我國加入AMMPE的歷史

（原刊「世界女記者與作家協會」中華民國分會二十週年紀念特刊）

民國七十二年至七十九年間，我在中美洲瓜地馬拉擔任駐使，台灣在那段時期裡成長迅速，受到普世尊敬，因此工作雖然忙碌，心情卻很愉快。民國七十五年初，世界女記者與作家協會在瓜國舉行理事年會。開這種國際會議不容易，瓜國預定將出任年會主席的桑康妮夫人(Connie Sanchez-Latour)來和我商量，希望中華民國能加入做會員，這點沒有問題；她繼而表示，下屆理事會最好能在台北召開，我答應向國內請示。

那時預算充裕，找錢不是問題，外交部立即同意。找人呢？我建議邀請我的兩位好友－國際筆會中華民國分會會長殷張蘭熙和《英文中國郵報》社長黃余夢燕－來瓜地馬拉出席年會，代表我國加入，成為正式會員，同時接受次年作為地主國的決議。若從代表性著眼，她們一位是筆會會長，另一位是台北報業中獨一無二的女社長，可說不作第三人想。

兩位女士的英文名字剛好都叫Nancy，與我都有許多年的友誼：蘭熙的先生殷之浩經營大陸工程公司，她則以全副精神替中華民國筆會做事。我被她逼著，公餘之暇曾譯過好幾篇如陳若曦、趙淑敏、蕭颯等名家的短篇小說成英文，登在筆會出版的*The Chinese PEN*英文季刊上。夢燕姊在重慶時代畢業於政大新聞學院，在哥大新聞研究所也比我早好些年。她和黃遹霈兄在台北創立*China Post*苦苦撐持時，我在新聞局擔任國際處長，往來頻繁。我派駐紐約十六年間，她凡來美東，都住在我家。

查閱民國七十年的日記，她們兩位在那年二月春節剛過，就趕來瓜地馬拉。余夢燕年初三抵達，把行李交給大使館總務同仁，就和我從機場趕去桑康妮家，參加晚宴，並與上屆會長加拿大籍的華比瑞夫人 (Pierrette Walsh) 與其他幹部見面。第二天年初四，張蘭熙也到了，為免接送費時，兩位都住在大使官舍裡。

她們開會時，我自己公務繁忙，不便也無須參加。討論些什麼，我也從不過問，只記得有天余夢燕回來說，東非的肯亞也在爭取做下屆地主國，我立即去電外交部請示，部裡回電說，在台開會沒有問題；只因那時考慮與沙烏地阿拉伯的邦交親密，以色列如派人出席，恐難發給簽證。這點後來如何解決，我實在不記得了。

AMMPE/AMPEG 的年會到二月十五日結束，瓜國總統賽瑞索 (Vinicio Cerezo) 親臨致詞，完全沒唸稿子，卻講得生動有力，博得滿場掌聲。那天晚上，我們夫婦在官舍以布斐餐宴請出席各國女作家與女記者代表，和她們國家的大使夫婦，有八十幾位賓客參加。

那幾天裡，大使館特別忙碌，趁著春節期間，我們在官舍舉辦中國傳統過年禮俗的表演，總統、副總統夫人和外交團各國夫人都來觀賞，稱讚備至。我們夫婦仍抽空陪兩位 Nancy 去參觀了瓜國總統府，遊了安地瓜古城；她倆買了好幾箱瓜國土產，高高興興地回台北。

屈指一算，二十年竟已過去。夢燕早已謝世；蘭熙似在美西，據說因患阿滋海默症，與外界不通往來。我懷念這兩位朋友之心，卻並未與時俱減，只有更加深切。

十七、美國期中選舉　布希內外交迫

（原刊九十五年十月三十日《中國時報》）

離美國期中選舉只剩八天了。估計共和黨與民主黨為此次選舉總共砸下二十六億美元；當選參議員者每票平均須費五十九美元，眾議員每票也要花上三十五美元。但這麼多錢花下去，有無效果？布希執政六年來毀譽參半，民調顯示共和黨難免受創，問題只在會折損多少席。

查閱美國學者對今年期中選舉的預測，都認為開票結果，對執政的共和黨會相當不利。愛阿華大學劉邁可 (Michael S. Lewis-Beck) 與紐約亨特學院華裔田查理（譯音 Charles Tien）的研究論文算是最保守的，他們兩人估計民主黨在眾議院會增加八席，參議院則可望多三席，但在國會仍居少數。印第安那州立大學的克萊默 (Carl Klamer) 與布侃南 (Stan Buchanon) 預測民主黨在眾議院可能驟增二十二席之多，但他倆看參議院，也認為是五五波。

對民主黨前景極樂觀的有喬治亞州艾默瑞大學 (Emory University) 的亞艾倫 (Alan Abramowitz)，他預言民主黨在眾議院會增加二十九席，但也承認參議院沒多少把握，因為參院每次只改選三分之一，而今年應改選的三十三席中，屬於共和黨的只有十五席，民主黨要搶到其中六席才會變天，不大容易。比較持平的是紐約州立大學（SUNY）在水牛城 (Buffalo) 分校的肯貝爾 (James E. Campbell)，他說民主黨如在眾議院增加不滿十三席，就算共和黨贏；若多於十六席，執政黨就會輸掉眾院。

統計數字顯示自一九五〇年以來，每逢期中選舉，執政黨平均在眾議院會減少二十四席，在參議院也會損失四席。輸得最慘的是柯林頓任內一九九四年的期中選舉，受柳斯基（Monica Lewinsky）醜聞案的影響，那年共和黨在眾議院一舉增加了五十三席，在參議院也奪回失去了四十年的多數。

面對如此洩氣的預測，白宮只求少輸就算贏。在內政議題上，布希本人四處巡迴演講，連蘿拉夫人也僕僕風塵，像訪問賽珍珠基金會，表示對美亞混血兒的關心。布希自己則主打經濟牌。他說六年來雖經過九一一事件、阿富汗與伊拉克兩次戰役以及卡翠娜風災的損失，拜二〇〇三年他主催的減稅法案之賜，美國經濟仍欣欣向榮，就業人數與平均所得都有增加。民主黨則反駁：減稅只便宜了有錢人，經濟成長的增加率微不足道，即使其它時期成長率，也比布希所舉數字高。

共和黨的選戰策略，以中西部性格保守的老百姓，和電視福音傳道派牧師（TV evangelical missionaries）的追隨者為主要對象。二十六日布希簽署了國會通過的「安全藩籬法」（Secure Fence Act），撥款在美墨邊境構築高牆，防阻墨西哥人偷渡來美打工，安定白人恐懼西裔人口大量增加，危及種族平衡的心理，同時也討好了全國總工會（AFL-CIO），說穿了仍是競選招數。

布希最常打的是愛國牌，每次講話必定推崇駐防伊拉克的三軍官兵，暗示政敵們一再要求訂定自伊撤軍日程，無異在扯這些以身許國軍人的後腿。副總統錢尼和國防部長倫斯斐在各地站台時，也以支持駐防伊拉克的軍人為訴求重點。

但伊拉克情勢是把雙刃利劍，一不小心就會傷到自己。新聞報導指出，遜尼與什葉兩派的民軍，已使該國「接近內戰邊緣」。而每天每月公布的美軍傷亡數字，令人觸目驚心。所以在對外關係上，白宮不無轉移焦點，想拿北韓試爆核子裝置的舊聞，促使媒體把注意力轉向遠東的意思。萊斯國務卿月中遠東之行，其實也在「出口轉內銷」，成為共和黨的選戰策略。

萊斯以六天時間訪問了日、韓、中、俄四國。十月十八日的第一站，自然是堅強盟邦的日本。美日在東亞利益無論對北韓、中國大陸或俄國都完全一致，互相倚靠。萊斯與首相安倍晉三和外相麻生太郎會談之融洽，不在話下。

十九日她到南韓，俄國總理佛拉德考夫 (Michael Fradkov) 前腳剛走。她見了總統盧武鉉與從紐約趕回來的外長潘基文。美韓兩國雖締有同盟協防條約，但五十幾年來，雙方基本立場產生很大歧異，南韓想效法東西德合併的方式，花錢把北朝鮮「買」下來，即金大中、盧泰愚倡導的「陽光政策」。萊斯顯然和他們談得不甚愉快，這口氣直憋到返美後，二十六日在右派智庫傳統基金會 (Heritage Foundation) 演講時，才略為透露了一些。

二十一日她到北京，見了胡錦濤和李肇基，大陸領導人最會演戲，自然滿面笑容，賓主盡歡；但在實質問題上，中共態度仍未超越十月十四日安理會通過的第一七一八號決議案範圍。那個決議案實在是頭「沒有牙齒的老虎」，用詞看來強硬，要求所有會員國做這做那，並設立專案小組，追蹤執行有關事宜。實則主旨仍回到用外交手段解決爭端，以恢復六邊會談為最終目標。

她也見了剛訪問平壤回來的國務委員唐家璇，唐老實告訴她說，金正日並未承諾不再舉行二次核試，也無意恢復六方會談，證明南韓給她的消息過分樂觀。

莫斯科是最後一站，她雖被邀到普丁總統鄉間寓所作客，但俄外長拉福若夫 (Sergei Lavrov) 向她說，俄國已在北韓問題投票時支持了美國，在伊朗問題上恕難改變力主以外交方式解決，反對制裁的立場。總之，萊斯的四國行成就有限，對共和黨期中選舉並無多少加分作用。

十八、耀武揚威　驕横的楊甦棣

完全違反外交常規與禮儀

（原刊九十五年十月二十七日《聯合報》）

只要稍懂外交的人，看見昨天電視上AIT台北辦事處處長楊甦棣（Stephen M. Young）在記者會的言行，都詫異萬狀。他還算是個職業外交官，怎麼可以絲毫不顧規範平等主權國家間交往的最低外交禮儀？他對代表全國民意的立法院喊話，更違反最基本的外交規則，即「外交官不得干涉駐在國內政」。美國的制度是三權鼎立，國會尤受人尊崇。試想二十七年前，參眾兩院擬訂「台灣關係法」時，我國駐華府代表處膽敢公開發表談話，呼籲兩院在一九七九年春季會期裡，必須通過該案嗎？沒有。

這些年來，美國國會討論與台灣有重大關係的議案，如准許李前總統訪問康乃爾大學，或提高給予我駐美人員禮遇時，我國的駐美代表處和各地辦事處私下活動遊說是另一碼事，曾經公開呼籲參議院或眾議院，或者參議員與眾議員個人，及早通過這類議案嗎？絕對沒有過。

任何國家的駐美使節，都不可公開批評美國國會。如有這種情事發生，國務院會毫不留情地以「逾越外交官可接受的行為」為理由，要求派遣國政府召回該人，此後永遠不會再接受他派駐美國。

楊甦棣雖然說，他要立法院通過軍購案，「不是為了美國，而是為了台灣」。但這種話只宜私下向政治領袖講；他忽略了外交上私人談話與公開發表討論內容，純屬兩事；跨越了這條界線，他就已違反了外交常規。

歷數從李登輝到宋楚瑜，馬英九到陳水扁，以及一連串政府官員姓名，來表示他與這些人熟悉程度，在台灣老百姓前耀武揚威，教訓立委，楊甦棣已嚴重踰越他應遵守的分寸。這種事即使發生在中南美的小國，都會掀起政治風暴，台灣是具有自尊心、已開發的民主國家，不能忍受這樣的外國代表。

楊昨天還表示立院「應該要有一點禮貌」，已經從王世堅罵到李敖，也間接批評了全體立委。這與他雙十節後，被問到典禮中宋楚瑜率領親民黨立委向儀仗隊相反方向走時，回答記者說「你們該去問他呀」，同樣不適合外交官要謹言慎行的教條。是誰養成他這種驕橫之氣，民進黨政府要負部分責任。

為賣弄他懂得中文，他昨天還提出所謂「楊氏三和」，即「和平、合法、合憲」。且不提此「和」非那「合」，他表現的頤指氣使，儼若上級訓斥下屬般的口氣與用詞，尤其警告立法院必須在本會期內通過軍購案，無論用什麼尺度去衡量，都是對駐在國朝野的冒犯，甚至可謂侮辱，難怪昨晚所有政論節目裡，一片撻伐之聲。

十九、炮火洗禮 馬英九的震撼教育

（原刊九十五年十月二十四日《聯合報》）

英文裡有個片語「炮火下的洗禮」(baptism of fire)，源自新兵初上戰場，生平頭一次親歷敵方猛烈炮火射擊，生死僅一線之隔，對人所造成的影響。少數會被嚇得屁滾尿流，甚至精神失常被送回後方治療。其餘在經歷這場震撼教育後，會自然而然地調整心態，幾天後，從呼嘯聲就能知道炮彈大概會落在哪裡，一夕間變成了老兵。

從去年八月當選國民黨主席起，馬英九成為媒體寵兒，到年底縣市長選舉大勝，那陣旋風的威力達於極點，所至之處，無人敢擋。但一年蜜月期剛滿，他頭頂的光環已大幅褪色，眼看國民黨北高市長選情直直下跌，許多名嘴與泛藍熱心人士指責他魄力不足，要他為年底敗選負責的呼聲竟已從各個角落裡冒出來。

馬英九目前的困境，其實一點也不奇怪，因為它正是每位領袖必經的成長過程，英文片語作「成長的痛楚」(growing pains)。要度過這段時期，他必須使國人瞭解，他不僅是張「乖乖牌」，如到關鍵時刻，他有能力與決心做出正確的決斷。

馬市長雖然從政三十年，從總統祕書、法規會主委、法務部長到台北市長，他的個性與所扮演的角色把他塑造成一個奉公守法的「循吏」，他自己也珍視這頂「法律人」的方帽子。但政治人物有時必須權衡得失，分辨大是大非，而不拘泥於細微末節。蔣中正曾任用過不知多少在政治上反對他的人，如胡漢民、閻錫山、李宗仁、李濟琛、白崇禧之流，對他的威望與權力絲毫無損；這是馬主席該思考的第一點。

其次，以馬今日的共主身分，若必須對北高兩市候選人作必要調整，以確保泛藍不致分裂，拔除民進黨南部最大的票倉，南北都穩操勝算，就不必怕人責備他昨非而今是。民主政治的最高目的就在透過選舉贏得政權，不應拘泥於「遊戲規則」，而把勝利拱手讓人。

又如所謂國民黨本土派的奇怪主張，要馬英九少去南部助選，免得惹火深綠選民，更是荒唐透頂。馬英九應力排眾議拿出魄力，做幾件對泛藍整體有利的興革，而非讓地方舊勢力牽著鼻子走，鞏固他們勾結官商，玩那套綁標拿回扣的老把戲，才配談改造國民黨，團結反對貪腐的泛藍以及新公民運動群眾。

最後，官僚政治不僅存在於政府機關，各級黨部裡的官僚氣息往往更重到令人窒息的程度。馬接任主席後，中常委改由黨代表直選，常會也移師中南部各縣市舉行，都值得讚賞。但外界注意到，常會逐漸變成了演講會，有分量的常委發表意見後，主席往往裁示，把問題交有關單位議處；以致兩蔣時代中常會的龐大權力，漸漸被主席聽取中央黨部各單位主管報告工作的「中山會報」取而代之。兩位蔣公地下有知，不知作何感想。

總而言之，馬英九今天民調雖然低於百分之五十，不值得憂慮，因為他任事風格確實有引人懷疑的地方。另一方面，泛綠也不必高興得太早，等馬經歷完他的成長過程，變得更成熟更有政治智慧，只要他登高一呼，全國都響應那時，才是解決藍綠紛爭的最後一刻。

二十、安理會選舉僵局 突顯聯合國改組困境

（原刊九十五年十月二十三日《中國時報》）

週餘以來，聯合國暫時成為各方注意的焦點。因為激烈反美的委內瑞拉與對美友好的瓜地馬拉，爭奪應歸拉丁美洲與加勒比海集團的第二個非常任理事席位，投票幾十輪，僵持不得解決。台灣報紙因為瓜國與我有外交關係，近來國際新聞不多，競相大幅報導。可惜受了美國傳播媒體的影響，只看見表面上反美與親美之爭，因而忽略了更基本的問題－聯合國究將何去何從？

第一次世界大戰結束後，美國威爾遜總統倡議國際社會應該有個超國家的組織，以免人類再受戰禍之苦。國際聯盟雖然在日內瓦成立，美國卻因國內孤立主義高張，反而置身事外。國聯在日本強占東三省，義大利侵略阿比西尼亞（今改稱衣索比亞）時，無力阻擋。希特勒威脅捷克，第二次世界大戰爆發，國聯正式壽終正寢，總共只有二十年歷史。

二戰結束前，同盟國在舊金山開會，擬定《聯合國憲章》(*United Nations Charter*)，為避免重蹈當年《國聯盟約》(*Covenant of the League of Nations*)的覆轍，在第五章特設安全理事會，賦予維護國際和平，對侵略者實施經濟制裁或動武，與推薦聯合國祕書長人選的大權。如果把聯合國大會比作一家公司的股東大會，那麼安理會就相當於董事會，祕書長是總經理，大家自然都想搶做董事。

安理會由十五國代表組成，五席常任理事國外，另十席為非常任理事國，由聯合國大會選出，任期兩年，依照慣例不得連任。這十個席次分配給非洲、亞洲、拉丁美洲與西歐各兩席，阿拉伯國家與東歐各一席，每年改選半數。習慣上候選人早就由各個區域集團自行推定，區外國家樂得做現成人情。

今年十月十八日初次投票時，另外四席都順利產生：南非取代坦尚尼亞，印尼接替日本，義大利代替了希臘，比利時接下丹麥的席次。只有拉丁美洲與加勒比海這一席，已經投過三十五次票，委內瑞拉與瓜地馬拉仍然相持不下，而且都不肯退讓。

選舉安理會非常任理事國是件大事，並非各國常駐紐約代表個人隨便就能決定。早在半年甚或一年前，候選國就會透過外交途徑，商請友好國家支持。常駐代表只能遵奉指示投票，立場甚難改變。瓜地馬拉雖然一路領先，最高時曾得到一百一十票。但聯合國會員有一百九十二國，本屆有一百九十一國出席，三分之二的當選門檻仍需一百二十八票。委內瑞拉得票最低時只七十三票，僅在第十五次投票時與瓜國平手，雙方都得到九十三票；但隨即下降，上星期第三十五次投票時，比率是一〇三對八十一。二十五日還要舉行第三十六次投票，看來也不會有結果。

這場纏鬥，起自極度左傾的委國總統查維茲（Hugo Chavez）是布希的死對頭。他在聯大演講時，公開叫布希「魔鬼」（西班牙語 diábolo），還戲劇性地照天主教規矩在胸前畫個十字，表示講了個髒字後的懺悔。他又叫布希「老闆」（西語 dueño），間接地罵盡了所有支持美國的國家。照目前形勢看來，委內瑞拉雖有亞非集團與拉美集團的部分票，以及阿拉伯集團的幕後支持，仍難敵美國強大的壓力，後天投票幾可鐵定不會有結果。到時各國鑑於一九七八年共產國家支持的古巴，與美國支持的哥倫比亞競逐非常任理事國，投票一百五十四次，僵局仍無法解決，最後協商推由墨西哥出任的先例，這回可能也會產生一個中立的黑馬。

目前傳說有多明尼加共和國、烏拉圭與哥斯大黎加，還要看事態如何演變，才有定論。

安理會選舉的僵局，突顯出聯合國結構的基本問題，也即理想與現實存在巨大的差距。首先，五個常任理事國所代表的是一九四五年二戰終結時的世界秩序。經過了六十一年，除中、美、俄三國在人口、土地與經濟潛力仍居領袖地位外，英、法的國力早已無法與德國或日本相比，其發展潛力甚至不如印度或巴西。「五強」卻依舊坐享否決權，怎麼說都不合理。

其次，安南祕書長提議的組織改造，只把安理會從十五席增為二十五席，卻不敢觸碰區分常任與非常任理事國的核心問題。如要取消否決權，五強都會反對。如新增者都只是非常任理事國，那麼席次愈多，愈會鬧得不可開交。這次如委內瑞拉當選，安理會勢必變成「吵架委員會」。難怪有學者問：增加十國後，安理會運作就會比現在更有效嗎？到那時，要執行《憲章》原定維持和平的重責大任，只會更加困難，甚至造成癱瘓，到最後重蹈國聯覆轍。

聯合國大會的問題更加無解：三億人口的唯一超強美國，與不滿三萬人的帛琉同樣只有一票，其實不盡合理。如倣照國際貨幣基金與世界銀行的辦法，改依各國經濟現況與綜合國力，訂定應繳納會費多寡，並依之分配在聯合國的投票權，則又顯然不符民主原則。今日聯合國面對的問題，是自從「九一一恐怖攻擊事件」發生後，國際法亟需修正，恐怖份子既無國界，也不代表某個國家，如何應付這些史無前例的敵人，確保和平，以現行觀念與組織，顯然有困難。

正因為美國曾不惜繞過安理會，片面採取行動，出兵阿富汗與伊拉克，雖然備受各國責難，聯合國才能存在這麼久，已超過國際聯盟三倍年齡。今日不完美的世界裡，這種無解的矛盾，恐怕還會持續下去。

二十一、安理會「制裁」北韓　日本嫌不夠嚴厲

（原刊九十五年十月十六日《中國時報》）

金正日試爆核子裝置，要使美國不能輕視北韓，結果惹毛了許多別的國家。聯合國安全理事會前晚以十五對零票一致通過決議案，援引《聯合國憲章》第七章第四十一條，對北韓實施新的制裁。

細讀長達十七段的制裁內容，嚴格而言，不能算太嚴厲；美國只得到精神勝利，波頓大使 (John Bolton) 極力主張的海上攔截所有進出北韓的貨輪，被灌水後完全變了樣。國際貿易與旅行的限制，只及於核武原料與涉及核試的官員。老實說，決議案只為敷衍華府，對平壤沒有太大影響。

但日本卻跳出來大表不滿。首相安倍晉三立即下令，停止所有與北韓的雙邊貿易，並禁止北韓貨輪進出日本港口，使十六艘北韓輪船必須中止裝卸貨物，立即離港。昨天他又在東京表示，日本還在考慮其他更嚴厲的措施，本週內將陸續宣布。日本有美國的核子「保護傘」，軍力遠強於北韓。金正日膽子再大，也不會瘋到要用核子彈去攻擊日本。安倍為何採取如此手段，彷彿大禍將臨的樣子呢？

這問題要從日本國內政治觀點去看。小泉純一郎擔任首相的八年裡，故意不理會中共與南韓的抗議，堅持參拜東京靖國神社，用意非常清楚，就是要喚醒所謂「大和民族魂」，為修改麥克阿瑟元帥代為起草的「和平憲法」預作準備，其最終目的就是要恢復軍國主義，與中國大陸一爭短長。

美國有些右派政治觀察家認為，布希總統六年任期裡，坐視中共崛起，束手無策，美國對亞洲政策一無是處。唯一可資稱道的，是與日本的同盟關係更加親密了，並舉日本海上自衛隊已派軍艦到伊拉克外海助陣，作為證明。

但如從日本自私的國家利益出發，也可說小泉利用了布希，去對抗崛起的中國大陸，希望美國圍堵住中共，讓日本達成第二次世界大戰未能做到的「東亞霸主」美夢。這兩種南轅北轍的看法，見仁見智，要看今後幾年東亞局勢如何發展，只有歷史能做出最後判斷。

小泉交棒給安倍晉三，後者並非不認同前任的大政方針，只因上任伊始，急求表現成績，所以把修復與中、韓關係列為施政首要目標。安倍蜻蜓點水式去北京與首爾的訪問，明眼人一望即知，其中必有暗盤交易，與東京故意放出的煙幕彈，說安倍如何有自主性，完全不符。

是什麼暗盤呢？說穿了一錢不值。就是安倍含含糊糊地為日本二戰前的侵略行為，說兩句不著邊際的「遺憾」一類的話。但私下向北京與首爾解釋，為了給小泉「留點面子」，他作為新任首相，可以祕密承諾，他自己不會再去靖國神社參拜，但要求不得對外宣布。這種說詞，西方人不會懂，東方人卻心領神會。相信胡錦濤與盧武鉉是在權衡得失後，才接受了這份拿面子換裡子，兩不吃虧的交易。

安倍下一步怎麼走，才是他真正的困難。他雖是第一位戰後出生的首相，但歷經「終戰」六十一年的和平歲月，日本社會結構變遷之大，無人敢預測修憲能否得到多數民眾的支持。

日本雖在急速高齡化，但最新統計顯示，六十四歲以下的人仍占總人口四分之三左右，亦即這些人對二次大戰毫無印象。日本女性早已走出家庭，每年離婚人數約為當年結婚人數三分之一。三、四十歲以下不論男女，有很大比率不想結婚生子，只盡情享受生活，買名牌衣飾，出國旅遊，把賺來的錢花光，以致國內儲蓄率大幅減低，影響經濟成長率。

年輕一代的人，會贊成日本重回軍國主義嗎？右派政治領袖從中曾根康弘、森喜朗到石原慎太郎，嘴巴雖叫得震天價響，卻都在等候別人出來提議修憲，因為他們沒有膽量挑戰修憲的高門檻。日本憲法第二章第九條，明白規定放棄戰爭作為對外手段，不得建立海陸空軍。這一條雖已被歷任政府用偷跑方式繞過，變得有名無實，究竟條文依舊存在，礙手礙腳。

日本如要修憲，門檻之高與台灣相同。李登輝主導修改中華民國憲法時，可能就把日本憲法有關條文照抄了一遍。依據日本憲法第九章第九十六條，修憲案必須經國會參眾兩院各三分之二以上議員表決通過，然後交付全國選民複決。如經國會同意，複決案的投票也可與全國性選舉合併辦理。兩年前陳水扁的「選舉綁公投」，即抄襲這點而來。複決時須有具投票權國民半數以上投票，而贊成票又超過半數時，修憲案才正式通過。

和許多瞭解日本政情的朋友談天，都認為日本老一輩與年輕人之間，確實有「代溝」存在。右派政客不敢提議修憲，因為萬一通不過，以後就永無機會了。安倍需要更多時間，去培養民意支持度，還要國際環境恰好配合。到時日本選民是否同意，仍有待證明。

日本也不可能發展核武，不但國內輿論不容，也確實無此必要。由此可見，日本政客為北韓核試而大聲叫囂，醉翁之意不在酒，另有目的。

安倍面臨的處境，沒有解套之法。任何要使日本成為「正常國家」的企圖，不但將破壞國內繁榮與和平，也必將引起包括中國大陸與南韓在內各鄰邦的強烈反對。小泉八年來沒有做到的事，即使再給安倍八年，他恐怕也做不到。

二十二、倒扁總部應再發動募捐！

（原刊九十五年十月十二日《聯合報》）

全民參與的百萬人倒扁運動，已經持續了三十三天，遠超過初起時最樂觀的估計。但陳總統至今仍厚著臉皮，拒絕履行他自己作過的「退出政壇」承諾。這次台灣歷史上空前的民主浪潮，不能就此停止，必須持續到人民既能選出一位總統，就該有罷免他的權利為止。

人人都看得見，民進黨九一六從中南部動員死忠的台獨基本教義派北上，製造挺扁氣氛，警方估計人數不過七萬人，遠不及九一五紅衫軍的三十二萬。只那一天，民進黨就花費了新台幣千萬元以上。相形之下，倒扁總部八天就募集的一億一千多萬元，居然撐持一個多月，真是政治史上的奇蹟。

照目前情勢看來，明天立法院為二次罷免投票，民進黨有足夠委員倒戈的機會不大，總部要言出必行，在各地發動罷免所有不參加投票的綠營委員，即使時間會拖長到三個多月，也義無反顧。儘管總部所有人員都是義務職，沒人支領一分錢薪水，要維持凱達格蘭大道一片紅潮的氣勢，仍然需要錢。我要大聲疾呼，請施明德與倒扁總部再發動一次募捐！

這次募捐，和八月十四日到二十二日的「每人百元」運動不同。首先，不可限制捐款數額，如有人願意捐一千、一萬或十萬元，悉聽尊便。捐助也應不限於金錢，實物包括礦泉水、乾糧、紅衣、絲帶、睡袋、毛毯等等，皆所歡迎。總部這一個多月來對開支控管嚴密，大公無私的精神，眾所共見，無人懷疑。所有捐助的金錢和物資都給收據，以昭大信。

其次，為預防內政部或中選會刁難，可由律師團想好名目，務必符合現行法律規範，謀定而後動。如果已有個施明德基金會最好，就用基金會的名義募捐。試問福爾摩沙基金會這些年來，為阿扁收了多少政治獻金？綠營要查，大家一起來查，看誰比較乾淨，誰最骯髒？

美國對政治捐獻管理雖然嚴密，也准許在競選募款之外，設立所謂「政治行動委員會」(Political Action Committees)，純為與競選無關的目的而成立。為倒扁而創設這類機構，可以參考美國的先例。

最後，這次募捐不必設定終止日期。唯一的「退場機制」，是達成倒扁運動目標的那一天。公投罷免也好，陳水扁主動辭職也好，等他下台，全國人民一起來慶祝。

二十三、金正日「核爆」豪賭　牽動亞洲大局

（原刊九十五年十月十日《中國時報》）

在台灣的人，以為全世界都聽到我們倒扁的聲音了，其實未必盡然。從歐美到亞非，週餘以來，世人注目的是十月三日平壤宣布將試爆核彈的新聞。台灣也沒有人知道，我們的雙十節，恰巧是朝鮮人民勞動黨（北韓共產黨的正式名稱）創黨紀念日。果然昨天北朝鮮「中央通訊社」（KCNA）宣布，已經成功引爆了一顆核彈，全世界報紙今天滿版都是美、中、日、韓的反應，台北「天下圍攻」的新聞，肯定被擠到報屁股去，甚或不見一字。

金正日雖是個神祕人物，連他早年究竟在哪裡受教育，各方資料人言言殊。但這位堪與卡斯楚並肩起坐，東方碩果僅存的共產黨大獨裁者，除母語外還能操俄語與英語。尤其他國際知識之豐富，對世界局勢瞭解之深刻，比我們的陳總統要強千百倍。

他敢如此大膽，是看準了：㈠美國期中選舉在即，不會對北韓動武，鷹派人士主張的海上封鎖也無可能；㈡南韓態度猶豫，還在做南北和解的夢；㈢日本反對只是虛張聲勢，安倍晉三上任伊始，急於修補與中、韓兩國的關係，拿不出有效對付平壤的方策；㈣六邊談判中，發言權最薄弱的俄國，在遠東仍有一定力量；㈤中共只是在嘴頭上敷衍美國，甚至在聯合國安理會可能支持美國所提決議草案；但私下卻聽任他

橫衝直撞。他果真闖出大禍時，北京到緊要關頭，仍會暗中袒護他，否則他就會投奔到俄國懷抱裡去。

北韓為什麼選在此時試爆核彈呢？華府透露的幕後消息說：在萊斯國務卿主持下，美國原擬定有一套誘使北韓接受美、日、韓聯合援助的大計畫，準備七月中親來遠東一趟。這項計畫先由大陸副總理回良玉在七月十日至十五日訪問北韓時，告訴了金正日，其中包括美國願意簽署正式結束韓戰的協定，以取代五十三年前的板門店臨時停戰協議；美、日、韓三方將聯合提供大量經濟援助，包括糧食、石油、醫藥與機器零件等。如此慷慨的條件，只需北韓放棄發展核武計畫，作為交換。回良玉那次也會見了北韓總理朴鳳村和外長白南舜，但重點自然在身兼勞動黨總書記與國防委員會委員長的「最高領袖」一個人。

但國際局勢的發展，打亂了萊斯原來的計畫。七月初黎巴嫩南部忽然發生戰爭，以色列與真主黨雙方各有勝負，聯合國擴充臨時駐黎部隊（UNIFIL）遭遇困難，萊斯亞洲行計畫被迫取消，將注意力轉移到中東。隨後安理會七月十五日全體無異議通過第一六九五號決議案，譴責北韓發射飛彈，他因此決定要做孤注一擲的豪賭，冠冕堂皇的理由是：北朝鮮既是獨立主權國家，為了鞏固國防，他有權發展核子武器，有印度與巴基斯坦之例在先，誰也管不著。

上週《華盛頓郵報》有則報導，簡直像是電影情節，卻是千真萬確的事。它說去年九月北京六邊會談達成初步協議之前四天，美國財政部宣布將澳門一家叫做 Banco Delta Asia 的小銀行，列入為恐怖份子洗錢嫌疑名單。這家銀行資產才二千多萬美元，當時並未受到注意；後來才發覺它的幕後老闆竟是北韓。而且除北韓走私、販毒、印假美鈔等等非法收入，都以它為洗錢管道外，連金正日家屬的國外存戶都由它管理。被美國財政部列入黑名單後，該銀行幾乎關門大吉。這件事說明了北韓為何先同意六邊會談似乎和解的聲明，而後又撕毀協議的真正原因。

金正日衝冠一怒究竟為何，沒人知道。他可能為澳門那家小銀行的垮台，有口難言而生氣。也有可能認為美國的援助方案內容含糊，要想多勒索點財物。他更可能看見安倍晉三到北京作上任後首次「正式訪問」，盧武鉉也將接踵前往大陸，十三日開始「工作訪問」。於是決定大鬧一場，使鄰近各國不能小看北韓。

比較最可信的理論是：金正日知道大陸、日本與南韓三方相互關係如當真改善，對北朝鮮地位有損無益。他要做出一件石破天驚的舉動，使大陸無法扔掉他這個燙手山芋。正如當年他的父親金日成，把毛澤東拖進韓戰的無底洞一樣。一九五〇到五三年間，大陸由彭德懷率領的「中國人民志願軍」，在人員、武器、與財政支援各方面損失多到無法計算，卻像啞巴吃黃連，有苦說不出，還必須繼續支持北朝鮮的政權，道理相同。

從威脅到真正「核爆」，果然有效。李肇星昨天先與萊斯國務卿通電話，然後與在紐約忙於競選聯合國祕書長的南韓外長潘基文連繫。直到傍晚，大陸外交部才發布短短百餘字的正式聲明，說北朝鮮已「悍然實施核試驗，中國政府對此表示堅決反對」。然而最嚴重的責難，仍只限於「中方強烈要求朝方信守無核化承諾，停止一切可能導致局勢進一步惡化的行動」，重回六方會談，如此而已。

老實說，這篇聲明有點「高高舉起，輕輕放下」的味道。不管北京把話說得如何嚴厲，骨子裡仍會繼續玩兩面手法。俄國也同樣地會口頭譴責，實際保持曖昧。安理會再全票通過任何決議案，仍舊是沒有牙齒的紙老虎。即使採取溫和制裁，對北朝鮮本就孤立的經濟，損害仍然有限。如此不痛不癢，正中金正日的下懷，這齣戲還會繼續唱下去。

二十四、SOGO案荒唐結案：一堆法該修了

（原刊九十五年十月五日《聯合報》）

哭笑不得之餘，我們只能借一句大陸常用詞來形容：台北地檢署曾益盛檢察官一夕成名，變成了台灣司法的「反面教員」。

此時，反對黨該把握機會，在民進黨急欲通過總預算之際，針對SOGO案荒唐透頂的偵查結案報告，立即提出一堆修法案，作為「包裹交易」。下星期如民進黨立委再阻撓二次罷免案，儘可讓施明德與百萬人倒扁運動去個別罷免這些自願為阿扁陪葬的兵馬俑，不勞國親費神。

隨手拈來，至少有下面幾種法律只要些微修正，就可大快民心：

第一，在「公務員服務法」裡，增加一條：「公務員不得接受餽贈。有婚喪喜慶時，收取每一親友餽贈現金或禮品之總值，不得超過新台幣五千元；超過者應於事後一個月內列表申報，並將超過價值之禮品或等價，同時繳交國庫。」美國規定公職人員收受禮物，其價值不得超過五十美元，超過時應將禮品逕交政府。我們這樣做，已經比美國寬厚許多了。

SOGO案偵查結案書裡，對吳淑珍厚顏收受極端貴重的禮物，不置一詞，彷彿黃芳彥一送就是十萬八萬元禮券，是理所當然的事。所以前條增修文字裡，應該增加一款：「本條規定亦適用於公務員之配偶、

直系親屬，及三親等內之姻親。」以杜絕趙建銘生子或馬永成結婚時，財團金主一出手就是幾百萬元厚禮的惡習。

第二，趕快通過「政治獻金法」，政治捐獻的數額每家公司行號不得超過新台幣五十萬元，個人每人不得超過新台幣十萬元。美國的二〇〇二年選舉改革法，規定公司行號每家捐獻不得超過五千美元，個人則為二千美元，這樣的限額也比美國寬鬆許多。但為杜絕黑金集團遊走法律邊緣，應嚴加限制，凡在同一集團內的公司，包括持股超過百分之五十的子公司在內，總捐獻額不得超過新台幣一百萬元。其餘持股額低於一半的關係企業，總捐獻額也以一百萬元為限。

接受政治捐獻的時間也應有所限制。美國規定在政黨全國代表大會提名總統候選人前的三十天內，個別競選人才能接受捐獻；真正選舉前六十天內，從總統到國會議員的候選人才可接受捐獻。如有這樣規定，沈富雄帶陳由豪到官邸送錢給吳淑珍，絕對是違法的。國親版的政治獻金法應規定總統選舉最多只能在選前六個月內募款，民意代表與縣市長三個月，鄉鎮長以下則以一個月為限。

第三，「貪汙治罪條例」必須修改，例如在第二條「依據法令從事公務之人員」下，可加「與其關係人」五字。而所謂「關係人」，界定為指「公職人員之配偶或其共同生活之家屬，及三親等內之親屬」。如果有這麼一條，吳淑珍、陳幸妤、趙建銘乃至三個「金孫」滿月所收的禮物，甚至趙玉柱和趙建勳也難逃法網，這些人所收的贓款都屬於貪汙所得。阿扁雖有刑事豁免權，他的親屬一個也逃不掉。只要皇帝娘坐牢，他想不辭職也難。

國親兩黨與無黨籍聯盟有的是法律人才，應讓選民看看反對黨並非只知抗爭，徒然消耗國力，在適當時刻也會提出解決根本問題的積極做法，以息民怨。

二十五、四個懷疑：美已把話說盡

（原刊九十五年十月三日《聯合報》）

上星期美國務院發言人兩次就陳總統修憲談話回答台灣記者的提問，先是副發言人凱西九月二十五日的發言，內容嚴厲，措詞已至外交禮儀所能容忍的極限。二十八日，發言人麥考馬克又簡單答覆了一次詢問。國內許多評論家或因不理解國務院作業程序，或不熟諳外交辭令，解讀難免有點偏差。

首先，美國與世界各國的關係複雜萬分，發言人即使有三頭六臂，也難掌握所有細微末節。因此每天早晨，各地域局都要就當天最重要的新聞，預測下午記者會上可能提出的問題，擬就答案，經主管的助理國務卿認可後，送交發言人辦公室；特別重要的發言，有時尚須經副國務卿核可。發言人本身階級相當於副助理國務卿，他所說的每一句話，都有根據，代表美國立場，所以並非「小官說重話」可比。

其次，凱西二十五日的談話，雖只短短幾句，初聽似乎了無新意，其實在外交辭令底下，隱藏了非常嚴重的警告。我真認為這是六年來美國對台灣最嚴重的說話，因為它除了「不支持台灣獨立」、「反對兩岸任何一方片面改變現狀」等老生常談外，新加了四項對阿扁個人能力的懷疑。

什麼懷疑呢？英文原文是："The fulfillment of President Chen's commitments is a test of his leadership as well as his ability to protect Taiwan's interests, its relations with others, and to maintain peace and stability in the

Taiwan Straits.”

為傳神起見，我把它翻譯得詳盡一些：「陳總統能否實踐他的承諾，是對他的一種測試：㈠他的領導能力，㈡他有無保護台灣利益的能力，㈢他維持台灣和其他地區關係的能力，與㈣他維護台海和平及安定的能力。」

過去即使在公投或廢統爭議時，美國也從未針對阿扁個人有過這麼嚴厲的質疑。凱西的結論很簡單，美國記得阿扁「一再重複作出的承諾」，也「期待他會遵守這些諾言」，毫無討價還價的餘地。

最後，九月二十八日麥考馬克回答記者詢問時，答覆雖比較簡短，卻使用同樣嚴肅的辭句，印證了凱西三天前的警告。他說：美國「嚴肅地看待陳總統一再作出的，決不讓憲法改革觸及台灣現狀的承諾，其中包括對領土的界說」。(We take seriously President Chen’s repeated commitments not to permit the constitutional reform process to touch on Taiwan’s status, including territorial definition.)

麥考馬克把凱西已經講過的話濃縮成：「陳總統能否實踐他的諾言，將是他的領導能力，可信任度，與政治家風範的測試。」(President Chen’s fulfillment of his commitments will be a test of leadership, dependability and statesmanship.) 外交發言裡要「測試」(test) 他國元首的領導能力，等於說不大信任此人的領導，已把話說到盡頭，跡近侮辱了。

二十六、明鏡高懸？美如何遴選檢察官與法官

（原刊九十五年十月二日《中國時報》）

倒扁運動至今，媒體意外地捧紅了一位很少露面，從不對外發言的人－陳瑞仁檢察官。倒不是因為他把爆料天王邱毅趕出黑金檢察中心的大門，而是等著看：他究竟會不會起訴吳淑珍？什麼時候起訴？連打電話給叩應節目的民眾個個都在給他加油打氣。前幾天他名義上調回台北地檢署，以便結案，這種「如大旱之望雲霓」的氣氛更加濃厚。

徒用「司法要爭氣」那種空口說白話，恐怕不足改變台灣司法敗壞的積弊。人人都知道，我國司法之墮落非昨天才開始。國民黨時代已有，只是現在較前更惡劣千百倍。問題在於增修憲法時的大漏洞，與司法人事制度之不完備，當權者又弄權耍賴，才落到今天這個地步。

在「一條鞭」的檢察系統裡，只要檢察總長由司法部長提名，而檢察總長掌握各級檢察官調動升遷的生殺大權，自然會有極少數馬屁精專門「逢迎上意」，在分案時把府院各方特別關注的大案子，交給比較聽話的檢察官承辦。無須上級耳提面命，承辦人心裡早已明白，只要大事化小，小事化無，包管青雲直上，短期內就可傲視同儕。

承辦台開案的許永欽，和了一堆稀泥，馬上升任新竹主任檢察官。而高雄地檢署承辦高捷案的幾位，

因追查案情逼得張志榮吐露實情後，難免影響「南陳北謝」選情，在民進黨執政期內，大概無望調升。

立法院雖然修了法，仿照美國制度，檢察總長任命須經國會同意。但謝文定的提名四月十日未能通過，至今已將半年。阿扁拿出監察委員提名未過關的賴皮老招，寧可讓早欲退休的吳文昭拖延下去，硬不肯再提名別人。和這種不尊重國會的人談制度，無異對牛彈琴，更可證明制度雖然重要，領導人的道德操守比什麼都要緊。

美國的司法制度真比台灣好嗎？早年在美讀書時，感覺他們的司法制度過分複雜，聯邦與五十個州各有各的法律與司法系統；休說新來移民不懂，一般留學生也搞不清楚。再回紐約服務十六年，也奉命打過官司後，才瞭解它的歷史背景。

當年僅東北部十三個州組成聯邦，各州都不肯放棄制定法律與司法主權，因而直到今天，美國的檢察與司法系統仍維持「雙軌制」：聯邦與各州各有自己的檢察與司法機關，各管各的事，說得好點是互不侵犯，說得壞點則是疊床架屋，有點浪費。首先，美國雖有司法部 (Department of Justice)，但無我們觀念裡「司法部長」一職，其首長 Attorney General 名實相符，就是他國的檢察總長。他是內閣裡唯一不被稱為 Mr. Secretary 的人，管不到民刑訴訟，只能管聯邦檢察系統。

他底下除副部長外，還有一位 Solicitor General，很難譯成中文，姑稱之為「聯邦總律師」，代表聯邦政府出庭最高法院的訴訟；但遇極端重要大案，仍由他的長官出庭。人民違反聯邦法律者，由司法部所屬聯邦檢察官 (Federal Prosecutors) 偵辦。

何謂觸犯聯邦罪行呢？只有跨州罪案，或違反聯邦法律案件才算。

違反聯邦法律的訴訟案件，由三級制的聯邦巡迴法院 (Circuit Courts)、上訴法院 (Appeal Courts) 與最高

法院 (Supreme Court) 審理。凡違反各州法律的民刑案件，則由各城市居民投票選舉出來的地方檢察官（District Attorney，簡稱DA）偵查起訴，完全不歸華府的司法部管轄。民事自訴與刑事訴訟則由各州的三級法院自行審理，更與聯邦政府無涉。

美國各州法院的名稱與等級非常不統一。以紐約州為例，第一審法院竟叫做 Supreme Court of New York。第二、三審則分成三級，初級叫 Lower Appellate Court，中級叫 Appellate Division，最高級稱為 Court of Appeals。在別州也有逕稱某某州 Supreme Court 的。如此錯綜複雜，難怪使外國人頭昏腦脹，不知到哪裡去告狀，到何處出庭。

美國開國時，大致師法母國，英國的「皇家檢察系統」(Crown Prosecution Service)，事權比美國集中些。但英國沒有最高法院，而由貴族院 (House of Lords) 全體會議行使第三審職權，至今未改，食古不化，有些荒唐。

本文用意在說明，外國的月亮不一定更圓或者更亮。英美都沒有司法官考試制度，檢察官或法官的任用升遷也缺乏一定標準。美國要被提名擔任聯邦上訴法官者，多少曾對執政黨有過點貢獻。但因整個社會重視廉潔與操守，共同遵守高道德標準，小醜聞雖然難免，卻從未發生過像台灣現在這種「十目所視，十手所指」都集中在一家人身上的政治危機。

報端常有人引述尼克森犯下的「星期六大屠殺」(Saturday Night Massacre) 作為比較。七九年前我都在紐約，那天晚上，尼氏先後命司法部長李察遜 (Elliot Richardson) 與副部長羅寇豪斯 (William Rucklehaus) 解除特別檢察官考克斯 (Archibald Cox) 的職務；兩人寧可辭職，不願接受亂命，最後聯邦總律師波克 (Robert Bork) 以代理部長身分照辦。

當時離水門事件發生已過了一年多，其後尼克森又拖延了八個多月，才被迫辭職。有人嘆息台灣少一個高華德參議員，其實高華德只告訴他國會必將通過彈劾案，尼克森為避免更大的羞辱，才自動辭職。

從水門事件發生到尼克森辭職，歷時一年九個月又十八天。要把現任總統拉下馬，施明德與紅衫軍必須堅持不懈，每一位有良知的台灣人更應不分藍綠，加入反貪腐運動。

二十七、「不結盟運動」高峰會　罵布希成時尚

（原刊九十五年九月二十五日《中國時報》）

會員國有一百十八個之多，外加觀察員十五國的「不結盟運動」(Non-Aligned Movement，簡稱NAM)，上星期在古巴首都哈瓦那舉行三年一度的第十四屆高峰會議。不但台灣媒體鮮少報導，即有也語焉不詳；連被當作攻擊對象的美國，不論平面或電子媒體，大多也只把委內瑞拉總統查維茲在病榻旁晤見古巴強人卡斯楚作為重點，對NAM高峰會則一筆帶過了事。

NAM的前身是赫赫有名的「萬隆會議」(Bandung Conference)，一九五五年在印尼舉行時，雖只有二十九個國家，但出席者有中共周恩來、印尼蘇卡諾、印度尼赫魯、埃及納塞、迦納恩克魯瑪與越南胡志明；這些「魔頭」群聚一堂，自然引得全球注目。

對中國大陸而言，萬隆是中共步上世界舞台的處女秀。很少人記得會中對中共政策曾有不少批評，若非周恩來的柔軟身段與外交手腕，改變了與會各國對北京的觀感，這五十一年的歷史可能需要重寫。今日聯合國裡聲勢浩大的「亞非集團」(Afro-Asian bloc)，實際從萬隆會議演變而來。但自從「中國崛起論」後，大陸反甘於退居NAM觀察員的地位，為什麼呢？

首先，冷戰早已結束，由過去美蘇兩極對峙，轉變成獨一超強或多元化的世界，只看你怎麼解釋。其

次，是亞非集團在聯合國內已經不再是狹義的區域性組織，變成西方國家擋也擋不住的龐大壓路機，所向無敵，NAM無從與它競爭。真正而難以直說的原因，則是中共以大國自居，把對美關係看得比什麼都重要，沒有為參加NAM而去惹火華府的必要。

萬隆會議雖轟動一時，並未建立永久組織。到一九六一年，南斯拉夫狄托元帥 (Josip Tito) 因為與蘇聯交惡，邀請二十五個國家在貝爾格拉德集會，才算粗具規模。此後每三年舉行高峰會成為慣例：埃及的納塞與尚比亞總統卡翁達 (Kenneth Kaunda) 各主辦過一次。一九七三年世界首次發生石油危機，少數產油國家忽然貧兒暴富。大多數亞非國家則抱怨油價飛漲，美元與黃金準備脫鉤，通貨膨脹加速，使窮國愈窮，成為那屆高峰會的主題。

斯里蘭卡辦過一屆後，一九七九年由古巴接手。卡斯楚竭力想使NAM轉變成國際共產主義「沉默的夥伴」(silent partner)，呼應當時「反對美帝」的聲浪。他說服了「六日戰爭」後對美國支持猶太人建國強烈不滿的阿拉伯國家。譴責以色列久占鄰國土地不還，支援巴勒斯坦獨立運動，因而成為NAM基本主張之一。

那次高峰會通過的「哈瓦那宣言」(The Havana Declaration of 1979)，將NAM性質界定為「捍衛不結盟各國獨立、主權、領土與安全」，共同「抵抗帝國主義、殖民主義、新殖民主義、種族隔離、包括猶太復國主義的種族主義，以及所有形式的侵略、占領、干涉內政、或霸權，並一致反對大國操縱與玩弄集團政治」。可說是不結盟運動的高潮期。此後印度、辛巴威、南斯拉夫、印尼、哥倫比亞、南非、馬來西亞都輪流主辦過。今年又回到古巴，但當選NAM主席的卡斯楚年逾八十，臥病在床，由身兼副總統與國防部長兩職的胞弟勞爾代表主持。後者既無他哥哥的口才，更缺少魅力，會中兩次簡短的演說絲毫未引起共鳴，出席各國上自元首，下至外交部長，私底下都表示失望。

沒有常設的祕書處，僅由主辦國臨時湊合對付一下，NAM組織之鬆散可想。今年由古巴外交部承辦祕書工作，更是亂成一團。會員國與觀察員究竟有多少國家出席，有幾位元首、總理或部長級人物親自前來？祕書處網站上根本找不到詳細名單，媒體也只好含糊其詞。高峰會在九月十六與十七兩天舉行，之前四天則是外長級的預備會。

本屆高峰會也不能說毫無成就，印度總理辛赫與巴基斯坦總統穆夏拉夫兩人趁這次會面之便，同意恢復自七月孟買炸彈攻擊事件後中斷的喀什米爾的和平談判。但除此之外，瀰漫會場內外的是一片反美聲浪，布希總統尤為眾矢之的。雖然有馬來西亞、智利、祕魯、印度、巴基斯坦與哥倫比亞等溫和點的聲音替他緩頰，仍然擋不住一波接一波的撻伐之聲。

若干對西方國家的批評並非全無道理，大部分出席者認為「已開發國家」應該為舉世貧窮付出更多援助，修改它們無形的非關稅障礙 (non-tariff barriers)，與放棄操縱包括聯合國在內的各種國際組織。罵得最厲害的有北韓的第二號人物金永南、伊朗總統阿瑪迪尼杰、玻利維亞總統莫拉瑞斯和委內瑞拉總統查維茲。其中尤以查維茲罵得淋漓痛快，贏得不少掌聲。

查維茲在高峰會後急忙趕回本國，接待順道來訪的阿瑪迪尼杰。這兩國與其它激進國家正在遊說拉丁美洲與亞非集團各國，支持委內瑞拉競選聯合國安全理事會非常任理事國的席次。美國雖動員友邦極力反對，恐怕寡不敵眾。委內瑞拉如真擠進了安理會，明年以後西方國家更難援用《聯合國憲章》第七章規定，去制裁布希所謂的「流氓國家」了。

二十八、李登輝　一石三鳥！

倒陳水扁　打馬英九　毀民進黨

（原刊九十五年九月二十一日《聯合報》）

國人等候了許久，老謀深算的李前總統似乎終於要出手了。這手「一石三鳥」之計，表面上冠冕堂皇，號稱為化解僵持的政治亂局，凝聚各方共識，要找出讓阿扁自動退場的機制；實則要把阻擋他「東山再起」的三大障礙都一一排除。如果讓他得逞，台灣又會退回七、八年前他一手遮天，先用興票案粉碎宋楚瑜的總統夢，繼而幾乎消滅掉國民黨與連戰前途的「李登輝時代」。

他這塊石頭瞄準的第一隻鳥，自然是陳水扁。李還坐在國民黨主席寶座上時，就祕密培植在野的民進黨，原想等徹底摧毀九十幾年老店的國民黨後，他自己可搖身變成台灣主體的領導人，繼續掌控政局。哪知二〇〇〇年選後，群情激憤，包圍玉山官邸，逼得他來不及布置，必須提前離開國民黨，隨後又被撤銷黨籍，真是「駝子摔一跤，兩頭不著地」，情何以堪。

因緣際會當上總統的陳水扁，不知感激幕後的牽線人，反而罵他「老番顛」，甚至說出前任十二年都做不到的事，他也無法做到。現在阿扁一家人貪汙腐敗，把國家與民進黨都帶到不可收拾的地步，此刻李登輝以前任總統地位，站在「道德」制高點，出來收拾殘局；解鈴還須繫鈴人，誰云不宜？

他瞄準的第二隻鳥，就是馬英九。眼看施明德發動的百萬人倒扁靜坐，真正感動了台灣人民的心弦，已成自動自發的全民運動；而民進黨被阿扁綁架，只能作陪葬的兵馬俑。台灣像這樣亂下去，不論馬英九被媒體描繪得如何優柔寡斷，魄力不足，缺乏領導氣質，二〇〇八年他還有贏的可能，而那是李登輝絕對無法容忍的事。

他的如意算盤是讓隱藏的「馬王之爭」，從幕後燒到幕前，逼使最大在野黨分裂，從而完成他「有志未成」的千秋大業。

他瞄準的第三隻鳥才是奄奄一息的民進黨。他瞭解民進黨內還有許多明星立委看他是「過氣人物」，不肯捧他為太上皇，也不認同他那種玩弄黑金，只講利害的骯髒手段。他用六年時間一手養成的台聯黨卻不太爭氣。唯有徹底瓦解民進黨，使那些無恥到家只認得權勢的人，都來攀龍附鳳，台聯才能壯大。到那時，基本教義派所謂大老們從辜寬敏以次，肯定會來三呼萬歲，更不在話下了。

面對如此毒辣的詭計，泛藍領袖會不會上當呢？我真的很懷疑。國民黨榮譽主席連戰與親民黨主席宋楚瑜，對李登輝的心思看得遠比你我更清楚。王金平院長幾十年累積的政治智慧，也不是那麼容易就會改變的。指望這三位拋棄服膺終生的信念，攜手參與早被泛藍群眾唾棄老人孤注一擲的撲克牌戲，說來容易，實際困難重重。

他的錦囊妙計，到頭來恐怕是扔出了石頭，卻砸到自己的腳。

二十九、九月天　泛藍還不走群眾前面！

（原刊九十五年九月十九日《聯合報》）

做民眾運動領袖，必須能從大處著眼，抓緊社會動脈，明察人民意向；在五色繽紛互相衝突的主張裡，作出正確選擇；一旦決定，便義無反顧，堅持到底。這就是施明德以垂老有病之軀，能號召百萬人上街頭的原因。

做領袖的更要能知人善用，不可事必躬親，必須充分授權。但不論組織如何龐大或鬆散，面對的問題如何複雜，對走得太遠太快的人，要拉他回來，免得危及根本；對遲疑不決者，更要以身作則，走在前頭。范可欽點子雖多，並非他的每個主意，都適合百萬人倒扁運動的需要。要大家穿紅色衣服上街，拇指向下比手勢表示倒扁，確曾顯露一絲天才的火花。但要到中南部去「遍地開花」，或糾集百萬輛車繞行全台，未免顯露好大喜功的毛病，不知自己陣營仍是一盤散沙。幸虧施明德不贊同，否則真可能拖垮十天來凝聚的民氣。

無論從什麼角度觀察，民進黨面臨台灣空前未有的全民運動，已經慌了手腳。九一六那天，所謂「四大天王」只到了一位，除少數幾個不知羞恥為何事的民意代表外，稍微愛惜羽毛的民進黨人物躲的躲，出國的出國，不見有我還敬重的那幾位的影蹤。老百姓都看得出來，民進黨愈挺阿扁，年底北高兩市市長與議員選舉就會輸得愈慘。球已經不在阿扁或游錫堃手中，泛藍發球的時機已經到了。

立法院今天開議，謠言滿天飛，難辨真假。其實如仔細思索檢討，一部分是無稽之談，另一些則是綠營故意放出來，企圖混淆視聽，阻擋國親兩黨動作的策略。

先拿如果藍營倒閣，阿扁會提名王金平為行政院長之說為例。民進黨的用意，利用外間盛傳王馬不和的情結，要嚇阻國民黨別跟親民黨合作。一旦倒閣案提出，陳水扁別無選擇；他不敢解散國會，因為民進黨會選得很慘。只能換掉行政院長。試想在目前政治情勢下，誰和阿扁合作，等於甘心情願陪他殉葬。從九月到後年三月，只剩一年半了，以王金平從政幾十年的經驗，他肯去當這麼短命，吃力又不討好的閣揆嗎？站在國會議長立場，他講話必須保持中立，媒體誤認為他真有此想，錯不在他。

陳總統早就要換掉蘇貞昌了，任憑電火球如何小心翼翼，都保不住他這頂烏紗帽。理由很簡單，基本教義派大老們對他開放大陸人民來台，一萬個不放心。游錫堃也不必高興，阿扁心目中接任閣揆的，應是忠心耿耿的陳唐山。張牙舞爪的呂副總統更沒有希望，只能等待阿扁無路可走，來和她商量特赦條件時，她手裡才有張王牌可用。

此時此刻，泛藍應該把握時機，從聽憑黨員以個人身分支持百萬人倒扁的幕後挺身而出，承接這個以中產階級家庭婦女為主，自動自發和平地反貪腐的公民運動。九月尚餘的這些日子裡，國民黨和親民黨如不走在群眾前面，就會落在後頭。百萬人的義憤與怒吼，必將逼使陳水扁下台，遲疑不決或舉棋不定，注定會被歷史遠遠拋在後面。

三十、美「新保守主義者」真支持台獨嗎？

（原刊九十五年九月十八日《中國時報》）

上週我曾撰文（見下篇）提醒國人，要注意民進黨拿國家經費，派游錫堃之類的人去美國遊說，推銷台獨主張。受限於篇幅關係，未能暢所欲言，因而藉今天的專欄，想解釋我近年觀察「美、中、台」三角關係中一項小小的憂慮，作為學術性公開討論的起點。

從一九八〇年雷根當選總統至今，美國國內政治始終是保守主義當道，其間民主黨雖然執政八年，但柯林頓並未推翻雷根的基本哲學，與英國布萊爾的新工黨不敢否定柴契爾夫人大手筆的改革，有點相似。到小布希第一任開始，夾著「再生基督徒」(born-again Christian)的熱忱，認真要推行許多崇高理想，旁有副總統錢尼、國防部長倫斯斐、與前副國務卿伍塞維茲等人輔佐。因緣際會，「新保守主義者」(new conservatives，簡稱 neocons)一夕間成為天之驕子，在政學兩界大紅特紅，令人側目。

要注意的是這批人與尼克森到雷根時代喧赫一時的舊保守主義者不同。當年保守派大將如《國家評論》主編白克萊(William F. Buckley, Jr.)、曾高舉保守主義大纛競選總統的布坎南(Patrick Buchanan)和《紐約時報》專欄作家賽斐爾(William Safire)等人，雖然和老布希交情不錯，現在卻不願趨炎附勢去白宮走動。美國人才輩出，長江後浪推前浪，這也是正常現象。但深入一點看，真正的原因是他們並不完全認同 neocons

過去的歷史與現在的全部主張。

討論新舊保守主義的異同，一本書還講不完。簡言之，舊保守主義者主張「小而美」的政府，最愛刪減社會福利預算；在外交政策上比較務實，寧可支持親美而獨裁的政權如沙烏地阿拉伯與約旦。而 neocons 在對外關係上屬於鷹派，對阿富汗與伊拉克用兵就是他們竭力鼓吹的結果。他們認為要實現理想，美國應不惜單獨行動 (unilateralism)，推行「轉型外交」。在意識形態上，他們既反對共產主義，也反對所謂「伊斯蘭法西斯主義」(Islamofascism)。

新保守派的理論大師有歐文・克里斯托 (Irving Kristol) 和他的兒子威廉・克里斯托 (William Kristol)、波德豪瑞茲 (Norman Podhoretz)、施妃麗 (Phyllis Schlafly) 等人。他們控制的喉舌如《評論雜誌》(*Commentary*)、《旗幟週刊》(*The Weekly Standard*)、和《國家利益》(*National Interest*) 等，影響力遠較其發行量為大。

在網路上的幾十個 neocons 網站，最受人注意的是「新美國世紀計畫」(Project for the New American Century，簡稱PNAC)，因為他們不承認二十一世紀會變成「中國世紀」或「亞洲世紀」，而該是一個嶄新的美國世紀，才合他們的意。本來還有一個「新保守主義名人堂」(Neoconservative Hall of Fame)，被罵後取消了。

舊保守派不大認同 neocons 卻不便直言的原因，是新保守派中的理論家很多原為左傾人士；認識共產黨真面目後，從政治光譜上的極左，一變而成極右。這批人並不認同打破與大陸交往禁忌的尼克森與季辛吉，反而恭維力主圍堵的邱吉爾與杜勒斯。他們主張外交要用強硬手段，敵我間必須劃清陣線；聯合國只會和稀泥，不但無用反而礙事，所以美國必須支持如以色列和台灣等遭受孤立的民主國家。

華府右派智庫裡，與新保守派關係特別密切的有美國企業研究所（American Enterprise Institute，簡稱AEI）、布萊德雷基金會 (Bradley Foundation)、捍衛民主基金會 (Foundation for the Defense of Democracy)、赫德遜研究所 (Hudson Institute) 等，都致力宣揚新保守主義。

注意美國輿情的人會記得：五年前海南島軍機互撞事件，給 neocons 很大的刺激，反對中共政權因而成為他們的主要信條。許多怪主意如台灣應發展射程可達上海的中程飛彈，作為嚇阻大陸來攻的手段；要台灣派遣海軍陸戰隊一個師支援伊拉克美軍等，都是先從 neocons 刊物裡放出來試測民意反應的氣球。雖無一件成功，其別有用心之處不可輕視。

平心而論，中間偏右的智庫如傳統基金會 (Heritage Foundation)、戰略與國際研究中心 (CSIS) 等，雖曾受布萊德雷基金會大量捐助，對台灣內部的藍綠對立問題尚無偏頗。主要原因是 neocons 裡缺少真正研究台海問題的專家學者。唯一例外是從國務院退休的譚慎格 (John Tkacik)，此人屢次撰文攻擊藍營，與民進黨一個鼻子出氣，但學術地位不高，未受輿論重視。

美國思想自由，新保守派裡因盲目反對中共而力挺台獨的，只是極少數。居上位者尤須兼顧各種自相矛盾的國家利益。我深信布希總統本人，以及副總統、國務卿和國防部長等，都不會被威廉・克里斯托之流的理論大師牽著鼻子走。國務院有點頭腦的中層官員，也不會接受 neocons 過度簡化的「反對中共，就該支持台灣獨立」的幼稚邏輯。

週末「百萬人圍城」獲得舉世矚目，民進黨黔驢技窮，游錫堃會不會拉美國新保守主義者來替阿扁護航，仍值得國人注視。

三十一、「游」說華府　老美挺扁？

（原刊九十五年九月十三日《聯合報》）

前幾天參加一場學術座談，頗有幾位我敬重的學人擔憂，覺得美政府內部有少數人士，老是有意無意地支持民進黨與陳水扁總統，骨子裡純自美國狹窄的國家利益出發，值得擔憂。我早就有此感觸，而且國人對游錫堃此刻趕去華府訪問的意義，似乎毫無警覺，正好趁倒扁運動如火如荼時提出來討論一下。

布希總統重用的所謂「新保守派」份子裡，有少數人對台灣的認識確實很膚淺。再加上民進黨政府六年來花費大筆金錢，透過華府的「台灣人公共事務協會」等所謂民間機構，用合法手段捐助國會議員競選經費，然後派邱義仁、蔡英文、吳釗燮等人拿國家經費坐頭等艙飛美，由駐美代表處人員陪同拜訪國會議員遊說，長年累積下來，這種「下蠱」工作不能說沒有收穫，至少在中間執行階層，多少影響了美國對台灣內部政局的觀感。

這並非說新保守派的領導人物，如副總統錢尼、國防部長倫斯斐，或從副國防部長轉任世界銀行總裁的伍佛維茨等也同樣被蒙蔽。他們的注意力集中在伊拉克與反恐戰爭等中心議題上，對台海問題認為並非急務，留給底下人去傷腦筋。在國務院內部，原本負責大中華地區的副國務卿佐立克，雖然在馬英九訪美時大方地接見晤談，仍視大陸為他工作的主要對象。佐立克轉往民間任職後，對華政策由助卿希爾擔綱；

希爾對日、韓的認識遠較對中國為深，注意力集中於「朝核」問題，在台海兩岸事務上只好信任舊有班底，這就是今天的情況。

台灣朝野對美國過度尊重，對AIT駐台代表有時未免看得太高。前任的包道格儘管恃才傲物，但忠實執行國務院訓令，雖被林重謨罵作「惡狗」，始終不渝。二〇〇四年，三一九靜坐無法收拾時，他拜訪連戰與宋楚瑜兩位主席，轉達阿扁同意組織真相調查委員會的承諾，僵局才得化解；三二七那天馬英九曾否下令清場，其實無關緊要。陳水扁說話等於放屁，風去無蹤，再加民進黨政府全面抵制，真相至今不明。包道格卻覺得他當時只是傳話，並未說他替阿扁保證實踐，使國親如啞巴吃黃連，有苦說不出，這筆帳至今仍然算不清楚。

在民進黨眼裡，這卻是美國暗中支持台獨的鐵證。包走後換了楊甦棣，更使阿扁十分高興。楊五年前以副處長資格離台時，阿扁親自頒贈大綬景星勳章，老實說以楊那時只是無邦交國家小小一個代表處參事的職務，確已破壞各國的外交慣例。難怪楊會對蘇煥智說，他懷疑在酷熱天氣下，倒扁靜坐能支持多久。AIT台北辦事處連日發給國務院的電報裡，有無修正這種冷酷且未盡客觀的看法，外人無法得知。這就是有些學者懷疑美國能否保持中立態度的原因。

台灣人應該用所有方法，透過各種管道，把這場不問藍綠，只問黑白壯舉的真正意義，傳達給各自的美國友好。連戰主席下月去芝加哥大學開董事會時，也應順道去趟華府，作點「消毒」工作，讓絕大多數美國人明瞭真相。

三十二、英國「不沾鍋」首相　面臨逼宮

（原刊九十五年九月十二日《中國時報》）

台灣有個抵死不肯下台的陳水扁。無獨有偶，英國首相布萊爾 (Anthony Charles Lynton Blair) 也被他的繼承人討厭得不得了，想盡辦法催促他早點說出何時讓位。

兩人相似之處還有一個，就是被手下人的醜聞拖累。今年初，原任副首相柏斯考 (John Prescott) 與女祕書的曖昧關係曝光；隨後因健保與醫院基金虧損累累，衛生大臣派翠西亞．休伊特 (Patricia Hewitt) 被批瀆職。五月四日，全英地方議會改選結果，工黨大敗，總共喪失了三百十七個地方議員的席次，有十八個郡議會被保守黨攻下。第二天，布萊爾宣布政府改組，換掉了內政與外交兩位大臣，暫時停止了失血現象。

更好玩的是，英國媒體從前已把他叫做「不沾鍋」(Teflon Tony)，現在更認為布萊爾慣於扭曲事實，只強調正面而掩飾負面，因而創造出個新詞 "spin doctor"。spin 原意為旋轉或打陀螺，引申解釋為「扭曲」，雖有二十年歷史，最近特別流行，幾成外界對唐寧街十號首相官邸發布公報的專用詞，可見選民對布萊爾過於粉飾太平的印象，幾乎已成定論。

但布萊爾與陳水扁相似之處到此為止。在台灣，高檢署業已證實陳水扁、吳淑珍兩人在國務機要費案中具有「重要關係人」身分，離改列為被告只有一線之隔。但在英國，同樣律師出身的布萊爾與他家人可

沒觸犯任何法律，更從未被指有涉及貪腐情事，他與陳水扁實有天淵之別。

到目前為止，所有對布萊爾的批評都侷限於他九年多來領導「新工黨」(the new Labour Party)的政績。有人對他的霸道作風不甚滿意，譏為「大總統主義」(presidentialism)，也有少數仍迷戀大英帝國光輝的老派人物，認為他過於逢迎布希總統，有失英國應有的尊嚴。布萊爾也曾開自己玩笑說，他甚至在美國本身尚未決定政策走向前，就先表示支持。南非前總統曼德拉曾經形容布萊爾是「美國的外交部長」，引得哄堂大笑。

自從去年七月恐怖份子在倫敦地鐵引爆炸彈後，工黨政府提出數項反恐法案，對涉嫌份子的基本人權增列若干嚴格限制。這些人都是土生土長、有英國國籍的巴基斯坦人或阿拉伯人後裔。自由派的人權機構對此頗有微辭，稱之為「極權主義」，依法提出違憲之訴，在兼具最高法院資格的上議院辯論中還贏過一場勝利。

更使布萊爾難堪的，是政府原擬對伊斯蘭教長在講道時任何公然推崇恐怖主義的言論，視為違反「二○○一年反恐及國家安全法」行為，修正案在下議院卻以三票之差未能通過。另一項准許將恐怖嫌犯拘留偵訊時間延長至九十天的修正案也慘遭滑鐵盧，有四十九名工黨議員倒戈。執政黨如此丟臉，大家自然責怪身為首相的布萊爾領導無方。

英國傳統的兩黨政治早已變質，過去保守黨是右派，工黨則是左派；自由黨崛起後，三足鼎立。保守黨鐵娘子柴契爾夫人執政十八年，顛覆了許多社會主義圖騰，把收歸國有後效率低落的企業還給民間經營，聲望如日中天。布萊爾的策略是偷偷把工黨往中間地帶移動，「新工黨」與早年艾德禮(Clement Richard Attlee)的信念已經相差十萬八千里。

一九九四年原任工黨領袖史密斯 (John Smith) 突然去世，時在影子內閣掌管內政事務的布萊爾脫穎而出，當選黨魁。一九九七年工黨在大選中獲勝後，布萊爾順利成為一百八十餘年來英國最年輕的首相，時僅四十三歲。這九年多來，布萊爾確實也有不少貢獻。他力主權力下放，使蘇格蘭與威爾斯兩個族群都成立各自的議會。他把大倫敦市長職務改成民選，從而在上議院裡一下砍掉九十二名世襲貴族議員。他更投資四百二十億英鎊，大力推動教育與健保改革。但無情的選民仍然對他不盡滿意，批評聲浪日高，導致目前的困境。

英國國會下議院原則上每五年改選一次，但其間下院可隨時倒閣。上次大選是去年五月，布萊爾領導的新工黨雖有損傷，仍然第三度獲勝；照常理說，他可以拖到二〇一〇年再下台。問題在於黨內各派系認為他該為從伊拉克戰爭到今年五月地方選舉的大敗負責。工黨目前心存恐懼，深怕明年五月蘇格蘭與威爾斯議會改選再落敗，保守黨趁機倒閣，肯定會失去政權。

為期工黨能繼續執政，十五名初出茅廬的所謂「後排議員」(backbenchers)，上星期聯名寫信給首相，措詞雖然很有禮貌，卻呼籲布萊爾早點下台，使工黨能準備應付明年的選舉。該函公開後，其中七位立即辭去在內閣中所擔任的助理部長 (junior minister) 一類的職務，造成震撼。他們官位雖然不高，這次集體行動的象徵意義卻使布萊爾有些尷尬。依照英國傳統，財政大臣向來是繼承首相職務的備位人選。現任財相布朗 (Gordon Brown) 也自認非他莫屬。《週日泰晤士報》透露，布朗曾在公開信發表前一日，在家中密會起草該函的助理國防次長華生 (Tom Watson)，引起紛紛議論。

布萊爾本人堅稱他願在一年內離職，即準備留任到明年九月，週末他又飛到以色列去拼外交。這場逼宮戲還有得唱，甚至布朗如因此為人詬病，另外殺出一位程咬金繼任工黨領袖，也未可知。

三十三、倒扁臨界點的四把鑰匙

（原刊九十五年九月十日《聯合報》）

昨天早晨傾盆大雨後，以施明德個人堅毅的意志力為支柱，百萬人反貪倒扁運動正式揭幕。電視螢幕上一片紅色的鏡頭，以及真正靜下來時的沉默，沒有人能否認它的震撼力量。

現場雖有零星衝突，秩序大致良好。這場純粹自動自發的民眾運動，面對空前集結嚴陣以待的上萬軍警，何時能夠結束和怎樣結束的問號，緊緊牽扯台灣二千三百萬人的心弦，各國也在屏息觀察，等待答案。

台灣有史以來，從來沒有一樁新聞，曾吸引國外這麼多的注意；老實說，大家也不見得希望以後會再有這類震動國際視聽，影響台灣形象的事件發生。各家媒體所作民調，認為阿扁會因此下台的只有百分之六左右，但贊同百萬人倒扁運動的比例卻高達百分之六十幾，表示願意參與靜坐者也超過百分之十。如此自相矛盾的結果所顯示的，是「知其不可為而為之」的心情，要讓陳水扁和貪腐集團瞭解民眾的悲憤。接下來的問題只剩：在兩邊都不肯退讓的僵局下，如何收場？

我相信施明德和他感召的群眾會不論成敗，一直坐下去。這情景有點像核子反應爐裡，阻擋反應的重鉛條被抽出後，儲存的濃縮鈾份子開始互相撞擊，一旦達到所謂「臨界點」，就會釋放出驚人的能量。但開啟核子反應的那把鑰匙，卻不一定在倒扁總部人們的手裡，可能要到場外去尋找。

馬英九昨天在各大報刊登的半版廣告「還台灣一個乾淨的未來」，文字雖然感人，更重要的是它透露出來的訊息，立法院復會後藍營肯定會再度提出罷免案。那時民進黨籍大半立委還會遵守黨紀，逗留議場外高喊沒人相信的鬼話嗎？只要跑掉幾票，其餘人就會一哄而散，這是第一把鑰匙。

第二把鑰匙握在呂副總統手裡。憲法明定總統如因故「出缺」，第一順位繼任人就是她，不容任何人質疑。連日報端出現有關阿扁如請假三個月出國，算不算出缺的疑問，一見而知是親呂人士放出來測驗反應的氣球。倒扁運動靜坐得越久，呂秀蓮以「悲天憫人」的胸懷，出而倡議陳水扁請長假、出國或辭職，以之交換特赦的機會就越大。

第三把鑰匙其實藏在行政院長蘇貞昌的皮包裡，但是他最不願意讓別人知道。這也難怪，阿扁提名他坐上閣揆寶座，其實有點心不甘情不願。在挺扁表現上，蘇院長躲躲閃閃，遠不如游主席那樣奮不顧身。因為他怕泛藍如提出倒閣案，阿扁寧願換掉他，免得解散國會，影響眾多民進黨委員的前途。他如果搶在圖窮匕見之前，率先表態促阿扁下台，既能贏得拯救民進黨的美名，又可奠定二〇〇八候選人的基礎，一石二鳥，何樂不為？

最後那把鑰匙也最難預測，因為它握在老謀深算的李登輝手中。我相信李前總統目前客氣地拒不表態，絕非袒護陳水扁，而是在等待時機，看準風向後才出手。台聯在立法院人數雖然不多，一旦李登輝開了金口，說阿扁非下台不可，肯定是壓垮駱駝的最後一根稻草。大家只能屏息等待臨界點那一刻。

三十四、中東各地治絲益棼　布希四面楚歌

（原刊九十五年九月四日《中國時報》）

當總統不容易，世界唯一超強的美國總統尤其難為。兩年多前布希連任就職時，意氣風發，以傳播美式民主，拯救苦難世人為己任。他甚至倡言「轉型外交」，寧可犧牲與沙烏地阿拉伯、埃及、科威特等國的傳統友好關係，要將整個中東地區改造成民主的榜樣。如今布希卻陷入四面楚歌，動輒得咎的困境，真是始料所未及。

在美國內政方面，「期中選舉」在即，人民對長期反恐怖主義戰爭進展的緩慢漸感不耐，民主黨趁機無所不用其極地攻訐布希個人。九月一日的最新民意調查顯示，美國人對布希政績的滿意度（job approval rating）跌到了百分之四十，不滿意者則有百分之五十八；雖然比阿扁好一倍多，白宮幕僚仍然擔心不已。

世界動亂的焦點在中東，而該區受人矚目的三地—伊拉克、伊朗和黎巴嫩南部—傳來的訊息帶給布希的只有頭疼。

先談伊拉克。美國國會去年通過決議案，要求五角大廈每年四季，亦即每三個月一次，須向國會提出書面報告，檢討伊拉克的「安全與穩定情況」(measuring security and stability in Iraq)。雖然國防部長倫斯斐的鷹派立場並未絲毫改變，九月一日的最新報告卻令人沮喪。這份長達六十三頁的文件承認，過去三個月

來，不提美軍，僅伊拉克軍民的死傷人數比去年增加了百分之五十，尤以七月份最為嚴重，每天因反美或反政府的各種武裝活動招致的傷亡人數超過一百五十人。報告結論坦言，伊拉克已經接近「內戰的邊緣」。料想國會九月復會後，議員們肯定炮聲隆隆，增加布希的困擾。

在伊朗問題上，美國更是正面受敵人蔑視，背後又被友邦耍兩面手法，虛與委蛇。國務卿萊斯費盡心血，三個月前獲得歐洲主要國家同意，由六國外長正式向伊朗政教合一政府提出的以重大經濟利益，交換德黑蘭放棄用重水反應器提煉可作核彈原料的鈾元素計畫，而原定八月三十一日為伊朗是否接受的最後期限。這一天過去了，不但伊朗最高精神領袖哈米尼 (Seyyed Ali Khamenei) 不發一語，位居第二伊朗總統阿瑪迪尼杰反而大放厥詞，揚言伊朗絕不放棄自主研究核能的權利，分明是看透了歐洲與美國表面和諧，骨子裡各有盤算，所以不甩美國。

這幾天來，歐洲各國紛紛打退堂鼓。今年下半年芬蘭輪值歐洲聯盟主席，歐盟二十五國外長週末在赫爾辛基密商後，由芬蘭外長托米歐加 (Erkki Tuomioja) 向記者說，此時如對伊朗實施經濟制裁，「時地都不適宜」(this is not the time or place)，令華府錯愕。

歐盟主張繼續用外交手段與伊朗交涉，易言之，就是能拖則拖。當初是由聯合國安全理事會五強加上德國共同在五月底向伊朗提出「胡蘿蔔加棍棒」方案的，現在卻都在設法抽身。有說法稱，這六國的外長定九月六日將再於維也納會商，另一說則是由德國作東道主，九月七日在柏林開會。

俄羅斯參與歐美對付伊朗的陣營，本來就心不甘情不願，正好趁機放出些冷言冷語。俄國首席副總理兼國防部長伊范諾夫 (Sergei Ivanov) 說，伊朗問題沒有什麼急迫性 (not acute)。外長拉福若夫 (Sergey Lavrov) 則指出，制裁的效果有限，他贊同繼續與伊朗從事外交談判。

事實上，美國原來對伊朗的強硬態度，受歐洲盟國影響，很長一段時間都忍住脾氣，不好意思發作。現在卻是不敢發作，因為布希總統已經被伊拉克的泥淖困住，不能再掉進更大、更深的陷阱裡去了。

黎巴嫩從首都貝魯特到以色列邊界，長期被黎國伊斯蘭什葉派政軍組織「真主黨」(Hezbollah) 形同軍閥割據的地區，自八月十七日接受聯合國安理會第一七〇一號決議案停火以來，三方都有違反停火協議的行為。真主黨至今仍不肯釋放越境偷襲而俘虜來的兩名以色列士兵，要以國先釋放大量囚犯再談。黎巴嫩政府軍雖然開進南部地區，卻對真主黨藏匿的武器與人員視如不見。以色列則仍派機越境空中偵察，遇有可疑車輛，不管三七二十一，照樣掃射轟炸。

聯合國祕書長安南只起勁地向會員國募款，救濟黎南家園殘破的無辜平民。他在號召各國提供「聯合國駐黎巴嫩臨時部隊」(UNIFIL) 一事上，卻受歐盟影響，不敢接受亞洲國家如巴基斯坦和印尼等有穆斯林人口者提供部隊的意向。第一七〇一號決議案原本要求迅速組成一萬五千人的部隊，而迄今只有法國增派二百人，連原有共二千一百人；此外，義大利答應派遣三千官兵，算是很大的突破，但距一萬五千的目標還差一大半。安南卻提前宣布，由法國擔任指揮官，到明年二月，再移交給義大利繼任。

這種心理，說穿了還是種族歧視，把世界其餘地區看作「白種人的負擔」(the white man's burden)。安南的第二個五年任期今年底屆滿，繼任者不可能又是非洲籍，亞洲或東歐都有人躍躍欲試。如此重要的職位一向由安理會五強在幕後操縱，月底聯合國大會開幕後，競逐才真正開始。美國也只能看著中東的爛攤子嘆氣，無計可施。

三十五、馬英九，成功不必在我

反貪腐關鍵時刻　泛藍應有的襟懷

昨天下午，施明德先生在背景可以遙見總統府的凱達格蘭大道舉行臨時性記者會，他那番話中表現出來的堅毅不屈，「雖千萬人吾往矣」的精神，感動了許多人。更重要的是，他呼籲九月九日起參加靜坐倒扁的人士，不要帶中華民國國旗，不要帶任何政黨、團體或個人的標幟進場，為這次全民運動劃清了範圍，杜絕了深綠人士扭曲抹黑、抹紅，或者抹藍的口實。

對有些眷村裡成長的泛藍子弟而言，或許不盡贊同施明德的主張。他們會覺得，倒扁目標之一既然是維護中華民國，為何不准參加者帶國旗進場？原想帶寫有自己姓名旗幟參加的市議員候選人，以及各色各樣的想搭便車的團體，更有如啞子吃黃連，有苦說不出。

但對耗費了相當時間與精神，去郵局或銀行匯一百元台幣的那一百多萬人而言，施明德昨天的宣示，絕對有其正當性與必要性。這些人大部分只是普通老百姓，不見得特別認同或傾向國民黨、親民黨、新黨、或民主行動聯盟。他們中間有些人可能六年來兩次總統選舉時，都把票投給了陳水扁。到後年三月選總統時，如果民進黨真已洗心革面，而提出的候選人形象又足夠清新的話，說不定仍會回歸綠營，也很難說。

（原刊九十五年八月二十九日《聯合報》）

這正是民主政治的寶貴之處，泛藍黨派不必喪氣，應該好好省思，如何提出有內容有保證的治國方略，兩年後給人民一個真正的選擇。但那是孟子「七年之疾，求三年之艾」，緩不濟急的中長期工作。當前更緊急的課題，是如何適應即將開始的這場政治風暴，因為形勢已經非常清楚，以國人對施明德個性的瞭解，他坐下去之後，九月所餘三星期裡，台灣會發生什麼樣的變化，無人膽敢預測。阿扁大言不慚的「台灣怎麼做，世界都在看」真的會成為事實，但全非如他想像的那麼美好。等各國媒體雲集，深入挖掘總統「一妻、二祕、三師、四親家」的貪腐醜聞，變成國際間最大的笑話後，局勢肯定會到達不可收拾的地步。

許多資深媒體人早就說過，國親不可只在旁邊數饅頭，等阿扁拖垮了民進黨後，坐享其成。施明德昨天話鋒一轉，嚴詞批判馬英九，確實打到了國民黨主席兼台北市長的罩門。中央黨部勢須會商應付的方針，這也是對馬英九政治智慧最嚴酷的考驗。不可否認地，這是個無解的難題。他已經沒有任何可以迴旋的空間。等一翻兩瞪眼的攤牌時刻到臨，他也不能躲避黨主席該負的政治責任，或市長該負責維護治安的法律責任。

此時此刻環境下，沒有一位諸葛亮，能拿出什麼錦囊妙計，解開已經形成的死結。替馬英九著想，他最好的辦法就是遵循一己良知，做出對台灣民主最有利的決定。假如有人危言聳聽，大驚小怪地預言，陳水扁如真被迫下台，施明德會變成民眾擁戴的新英雄。施還沒有太老，兩年後他如果出來競選總統，泛藍恐怕無人能敵，這種話絕不能聽，聽了會害死人。

國家領導人要有能力，有學問，更要有氣度。在關鍵時刻，泛藍應該有「成功不必在我」的襟懷，不可打個人名利的小算盤。民主政治的精神就在於公平競爭，泛藍此刻接受施明德的意見，不去搶百萬人倒扁的鋒頭，但從旁全力支持，兩年後人民不會忘記誰才是最有治國能力的黨與個人。

三十六、從專業觀點評陳總統出訪南太平洋

（原刊九十五年八月二十八日《中國時報》）

為躲避施明德號召的百萬人靜坐倒扁運動，阿扁將乘坐空軍一號總統專機，去南太平洋的帛琉與諾魯兩友邦訪問。總統府高層放出空氣說，這次出訪可能還會順道去無邦交的第三國，意在顯示陳總統不但不會辭職下台，還要做完一年多任期的決心。

從外交專業觀點來看，台灣手中即使真握有王牌，也不該像府中高層這樣，先把消息透露給中國大陸知道。我實在不懂，為什麼總統身邊的幕僚，竟然都被倒扁聲浪沖昏了腦袋，連外行都瞭解的簡單道理都不顧了。

國人對位處南太平洋的十四個島國可能所知不多。其中承認大陸的有八國：庫克群島 (Cook Islands)、斐濟 (Fiji)、密克羅尼西亞聯邦 (Federated States of Micronesia)、紐伊 (Niue)、巴布亞新幾內亞 (Papua-New Guinea)、薩摩亞 (Samoa)、東加 (Tonga)、與萬那杜 (Vanuatu)。與台灣有邦交者有六國：吉里巴斯 (Kiribati)、馬紹爾群島 (Marshall Islands)、諾魯 (Nauru)、帛琉 (Palau)、吐瓦魯 (Tuvalu) 與索羅門群島 (Solomon Islands)。八比六的比例雖然還不太難看，其實面積較大，人口較多，經濟較可自立的國家都在中國大陸那邊。在台灣這邊較有份量的只有索羅門，面積二萬七千五百五十六平方公里，人口五十三萬八千人。

兩個多月前，索羅門爆發種族衝突，若干世代旅居首都荷尼阿拉 (Honiara) 的中國大陸僑民店舖與住家被洗劫一空。澳洲外長唐納 (Alexander Downer) 趁機指責台灣以金錢外交干擾索國內政，其實是冤枉的。外交部立即邀請今年五月再度當選的蘇嘉瓦瑞總理 (Manasseh Sogavare) 夫婦第三度來訪，八月十一日抵台，停留六天，總算否定了唐納的片面之詞。

國內媒體由於全神貫注在倒扁運動上，對他來訪甚少報導。我也是經過總統府前，看見索羅門國旗與青天白日滿地紅並掛飄揚，才知道有這麼回事。

澳洲為什麼對台灣有偏見呢？因為它把南太平洋視作澳洲與紐西蘭的勢力範圍，反對台灣海峽兩岸為外交競爭而對各島國提供經濟發展援助。唐納又不敢得罪大陸，只好罵台灣出氣。

澳洲經營南太平洋區域組織很早，在一九七一年就發起在紐西蘭威靈頓市，舉行第一屆「南太平洋論壇」(South Pacific Forum)，以加強區內各國經貿關係為詞，開始區域整合工作。創始會員連澳紐只有七國，最後才發展到十六國。一九七七年先合資設立一家航運公司，租用舊船開闢各島與澳紐間航線，現在換成三輛貨櫃車可直接駛上駛下的現代化貨櫃輪；此後又設立了漁業公司，開發區內豐富的漁業資源。

三十幾年下來，陸續增設了區域觀光組織 (SPTO)、環保委員會 (SPREP)，也開辦了南太平洋大學 (USP)，可謂麻雀雖小，五臟俱全。永久祕書處在斐濟首都蘇瓦 (Suva)，祕書長歐文 (Gregory Lawrence Urwin)，自然是澳洲籍，職員七十餘人。推動貿易的機構設在澳洲雪梨與紐西蘭的奧克蘭。論壇在北京專門設有貿易代表處，東京則設有「南太平洋中心」。

論壇與重要國家有所謂「對話夥伴」(Dialogue Partner)，邀請它們參與各種會議。除美、英、法、日、歐洲聯盟等外，中共也在其列。台灣自然擠不進去，差可慰藉的是，我國在論壇中兩個無邦交國都有代表處，在斐濟是冠以國名的「中華民國商務代表團」，在巴布亞新幾內亞的也一樣，只在國名下加了個括弧（台灣），以資識別。

阿扁出訪目的地選定論壇中最小的兩個國家帛琉與諾魯，我真不懂內藏什麼玄機。帛琉才兩萬一千人，面積四百五十六平方公里，每人年平均國內生產毛額只一百三十三美元。諾魯更小，只有一萬三千人，面積二十一平方公里，人均GDP僅四十六美元。是不是變來變去的諾魯窮得過不了今年，又想投靠北京去了？外交部當然不肯說，大家只能胡亂猜測，其結果比祕而不宣更糟糕。

至於可能以加油為名，「順道」走訪的國家呢？巴布亞新幾內亞處處須仰澳洲鼻息，沒有可能，因此只剩下一個斐濟。但總統府「高層人士」一個多星期前「不小心」向媒體透露後，我敢打賭：北京外交部美洲太平洋司官員肯定會電令設在南太平洋各國的大使館提高警戒，嚴重告誡駐在國政府，不得接受「台灣領導人」藉任何名義停留，否則將被視為對大陸極端不友好的行為。

這次出訪使用空軍一號總統座機，阿扁或許認為可顯示他堅忍不屈的意志，卻給了大陸派駐各地大使最好的說詞。美國雖然會容許專機在關島加油，那八個無邦交國受到大陸排山倒海的壓力後，正好藉詞推托，婉轉有禮地說，抱歉得很，你乘坐的並非民航機，而是代表國家主權的軍機。在雙方並無正式邦交情形下，敝國委實難以接受，等以後有機會時再說吧。到時扁政府上下照例會怪罪大陸「打壓」，隻字不提府內是哪個「大嘴巴」闖的禍。

三十七、艾琳達為見曼德拉 曾嗆我…

（原刊九十五年八月二十一日《聯合報》）

看見電視上艾琳達女士跳出來責難前夫施明德，讓我想起當年他們還是夫婦時，來南非求見曼德拉總統的往事。

南非首次民選總統後，民進黨由施主席夫婦率領的代表團來訪，指定要請見曼德拉。他們先到大使館拜會，基於禮貌，我自然邀請全團在官舍晚餐，這也是我初次與他們和其餘團員見面，尤其艾琳達女士給我的印象特別深刻。

這位以純粹美國白人，肯下嫁台灣曾坐牢多年的「政治犯」，自然有點霹靂火脾氣。我從事外交多年，這類人見過不少，也沒在意她質問我：「台灣的『曼德拉』來了，南非的『施明德』豈可不見他？」

我耐心地回答說，大使館已經有正式照會給南非外交部，請求安排時間，由我帶領代表團全體，到總統府去拜會。問題在於南非那時剛改朝換代，各國政要爭先恐後地來斐京訪問，人人都要求見曼德拉總統，同他合影，以便回國後為自己宣傳造勢。

曼德拉上任之初，的確忙得不亦樂乎，以致各國新任大使抵達任所後，都要等候兩、三個月之久，才能見總統呈遞國書。白人統治時期，在斐京除四個無人承認的土人「家邦」外，只有二十七個外國使館，如今突然暴增兩三倍，連像樣些的辦公室與館舍價格，都飛漲了幾倍。

南非外交部被迫採取包裹方式，要湊足五、六位大使後，才安排呈遞國書的日期。每位大使覲見的時間相差只半小時，從此永遠決定他在外交團內的排名順序，大使們都有怨言。因為我是外交團團長，新任大使在呈遞國書前，依照外交慣例不得公開活動，但可以來拜會團長，我常聽他們的抱怨，這是實情，並無虛假。

但艾琳達就是不相信。這還不要緊，她繼而大罵我國政府，指責台灣提供大量貸款給南非蓋監獄之用，專門用來囚禁黑人。她完全不知道，南非比台灣有錢，五年前我初到任時，還自作聰明，找中國輸出入銀行提供了五千萬美元的循環額度，專供南非進口商採購我國產品之用。四年後貸款契約期滿，查詢時才知道南非商人嫌輸銀手續太煩瑣，要填太多表格，這筆貸款竟然從未動用過。

我告訴艾琳達說，台斐間並無任何借貸關係，她卻怪我隱瞞真相，不肯承認。最後我實在忍不住了，告訴她說，如果她查出台灣曾貸款給南非建造監獄，我可以負責聲明，所有貸款本息都白送給她！這場辯論中，施主席始終沒開過口或替她幫腔。晚宴因而遲延了一小時開始，席間氣氛也有點尷尬。

過了幾天，偶與同事談及，情治機構的人員表示一直懷疑她為美國中央情報局工作。我聽了大笑，告訴他們說，我與中情局有許多年各為其主，合作無間的經驗，CIA人員的素質非常優秀，要求比國務院對正式外交官還高，不可能有像艾琳達這樣自命前進，其實茫然無知的情報員。我旅美前後十七年，見過不少這類頭腦不清，其實很幼稚的美國人，她就是典型的這類糊塗人物。

三十八、以黎邊境勉強停火 前途吉凶未卜

（原刊九十五年八月二十一日《中國時報》）

激戰三十五天，以色列把無辜的黎巴嫩從利塔尼河 (Litani River) 以南，過去政令從未貫徹的大片地區，炸得只剩斷垣殘壁，滿目瘡痍後，迫於世界輿論和美國幕後壓力，終於上星期接受聯合國安理會八月十一日第五五一一次會通過的第一七〇一號決議案，從十七日起停火。

黎巴嫩政府同時也宣布，黎國軍隊將首次進駐南部過去被什葉派伊斯蘭教義的真主黨 (Hezbollah) 形同割據的真空地帶。內閣總理席尼奧拉 (Fouad Siniora) 堅定地向全國人民電視廣播說：「今後我國將只有一個中央政府，治權將回歸統一。黎巴嫩從此以後，不會再有兩個政權並存，除黎國國軍以外，也不會再有其它武裝力量了。」

話說得雖然漂亮，世人仍舊半信半疑。因為三十幾年來，安理會通過保障黎巴嫩領土與主權完整的決議案，已有七次之多。近六年裡，安理會主席發表過五次嚴正聲明，要求鄰近國家尊重黎國主權，無人理會。兩年前通過的第一五五九號決議案，措詞最為嚴厲，仍被以色列與黎巴嫩互指對方撕毀協議在先，變成了廢紙。這次洋洋灑灑，僅敘述案由的前言 (preamble) 就有十段，規定異常詳細的決議本文 (operating paragraphs) 共十九段，經安理會十五個會員國無異議一致通過的第一七〇一號案的命運，憑什麼會被雙方認真執行呢？

十七與十八日兩天，大批政府軍乘坐數以百計的軍用車輛，大張旗鼓地進入被真主黨盤據幾乎二十年，政令從未達到的黎南地區；另批黎軍則由海軍艦艇載送到南區唯一對外通航的泰爾港 (Tyre) 登陸。至此黎國政府承諾派遣一萬五千官兵進駐的諾言，表面上確實做到了。

隨軍採訪的外籍戰地記者卻報導說，黎軍並未認真解除真主黨游擊隊武裝，更無意進入民居，搜索任何埋藏的武器。這樣做可解釋為要避免發生衝突，影響停火協議，也可說無異養癰貽患，留下未來重啟戰端的禍苗。

深知內情的觀察家則認為，這些什葉派青年早被灌輸痛恨猶太人的思想。他們成長在本鄉本土，放下武器與家人並肩耕作，外人無法分辨誰是游擊隊，誰是真正的老百姓，這才是問題所在。

停火生效後，檢討開戰月餘的經驗，最讓以色列驚訝的是過去低估了真主黨的實力，包括武裝力量與民眾支持度兩個層面。在最後二十四小時裡，真主黨居然還能發射二百多枚飛彈，襲擊以國北部領土，傷亡雖然不大，足見敘利亞與伊朗提供武器數量眾多，消耗不盡。

黎巴嫩境內雖然基督教各派系（天主教、基督教、東正教與其它小教會）與伊斯蘭三派（什葉、遜尼與德魯茲）約各占一半，究竟百分之九十五是阿拉伯人。

真主黨非常在意人民對它的支持度，在停火前已經組織了包括建築師、土木技師、測量員與承包商的志工隊，調查被以色列炮火摧毀的民房，承諾為受害人全部重建。十七日起絡繹返回家園的黎巴嫩人，房屋全毀者每家立可領取一萬二千美元，作為過渡時期生活補助費，連外國記者都稱讚它的工作效率。

這麼多的錢來自何處？敘利亞是窮國，答案只有坐擁石油收入的伊朗。相形之下，安南祕書長邀請各國代表開會，為黎巴嫩戰後重建計畫募捐，富有各國豈但推三阻四，即使答允捐款者，還不知哪年哪月才兌現諾言。以色列當然一毛不拔，美國要請國會撥款，也不是兩、三天就辦得到的，只能坐視真主黨在爭取黎巴嫩民眾支持心理戰上，又下一城。

要各國加派部隊，充實「聯合國在黎巴嫩臨時部隊」（UNIFIL是UN Interim Force in Lebanon 的簡寫，表示與「聯合國維和部隊」(UN Peacekeeping Force) 有別），更是急驚風遇到慢郎中。安理會決議案授權將UNIFIL兵力從現有兩千多人增至一萬五千人，與黎政府軍進駐南部的人數相同。

截至目前，只有已派出一千九百人的法國，答應增加兩百人，前天先遣部隊從 Tyre 象徵性地登陸。此外義大利承諾出兵三千，但沒說何年何月抵達。亞洲的印尼、孟加拉和馬來西亞據說願意派軍，但訓練、運送與補給等問題，八字還沒有一撇。

出兵各國顧慮的焦點，是如遇武裝衝突時的「應戰規則」(rules of engagement)。溫和派主張引用《聯合國憲章》第六章「和平解決爭端」條文。但UNIFIL如遭受攻擊，不論對手是真主黨或以軍，豈可綑手綑腳地不准還手？因此強硬派如美國者，力主應援用「對付破壞和平與侵略行為」第七章。但一牽涉到這一章，須先經安理會授權，又成另一僵局。

真主黨與以色列雙方爾虞我詐，都抱怨對方破壞第一七〇一號決議案。以色列責備真主黨至今不肯交還越境擄獲，因而開啟戰端的兩名以軍士兵，更氣伊朗與敘利亞不斷供應金錢武器給真主黨。

後者則責難以軍十八日使用直升機在以羅馬時代廢墟著稱的 Ballbeck 附近侵犯黎巴嫩領土；以方辯說是為截斷敘利亞偷運武器之路。正如本欄七月初有篇標題形容，這都是「解不開的死結，算不清的爛帳」。安理會第一七〇一號決議案能否使黎巴嫩政府恢復南部領土的主權，真主黨會不會放棄武裝，前途吉凶還是未知數。

三十九、末代共黨強人　卡斯楚長日將盡

（原刊九十五年八月十四日《中國時報》）

昨天是從一九五九年起領導古巴共產黨政府的菲德爾・卡斯楚 (Fidel Alejandro Castro Rúz) 的八十歲生日，本來應有盛大慶祝，但哈瓦那已經宣布將延期到十二月舉行了。

卡斯楚最後一次公開露面是七月二十六日的事。七月三十一日，古巴政府發布新聞，說他因腸胃道出血動手術，需要時間休養，因而暫時停止總統兼內閣總理的職務，由其弟現任國防部長的勞爾・卡斯楚 (Raúl Castro) 等六人代行。消息傳出，邁阿密大批古巴流亡人士蜂擁上街，燃放鞭炮慶祝，因為大家心知肚明，世界上最後一位國際共產主義強人，已經快走到生命盡頭，來日無多了。

美國人也同樣振奮，古巴離佛羅里達州東岸只區區九十英里，卻在過去四十七年中成為華盛頓的股旁之刺，眼中之釘。甘迺迪總統執政初期，美國中央情報局訓練的古巴反共軍在「豬玀灣」(Bay of Pigs) 登陸慘遭敗績，與一九六二年古巴飛彈危機以美蘇雙方互讓一步作結，使縱橫加勒比海的美國人抬不起頭來。

眼看卡斯楚來日無多，國務卿萊斯上星期特別發表聲明，鼓勵古巴人民爭取言論、思想、信仰，與透過民主機制選舉領袖的自由。她說：「今日世局多變期間，古巴人民必須瞭解，沒有比美國更關心他們的朋友了。」

這種話聽在古巴人耳裡，不一定引起共鳴。回顧美國與古巴一百多年來錯綜複雜的關係，事實是雙方都不怎麼光彩。哥倫布發現新大陸，第一次登上的陸地並非美洲大陸，其實就是古巴島。

西班牙統治古巴三百八十八年，國勢日衰，美國麥金萊總統 (William McKinley) 乘人之危，一八九八年二月藉停泊在哈瓦那港口的美國軍艦邁因號遭人破壞，爆炸起火為詞，對西班牙宣戰。五個月後馬德里就求和，兩國簽署了巴黎條約，把古巴、波多黎各、菲律賓和關島割讓給美國。

當時任海軍部長的老羅斯福 (Theodore Roosevelt) 因而當選下屆美國總統，他稱美西戰爭為「一場漂亮的小戰役」(a splendid little war)，至今仍傳誦人口。

西班牙統治末期，古巴人在民族英雄馬諦 (José Martí) 領導下，已經展開追求獨立的游擊戰。美國因而在一九〇二年同意古巴有條件獨立，但仍透過國會通過所謂「普拉特修正案」，壟斷對外貿易與廣植蔗田等手段，操縱全島經濟。一九〇六到一九〇九年間，美國曾「暫時管理」古巴三年。關達那摩基地 (Guantánamo) 的永久使用權，就是那段「次殖民時期」的產物。

第二次世界大戰末期，西班牙與土人混血後裔的巴蒂斯塔總統 (Fulgencio Batista) 貪汙腐敗，民怨沸騰。卡斯楚率同志圍攻一所軍營，企圖說服軍人起義失敗，被捕判刑。釋出後逃到墨西哥，結識了切・格瓦拉 (Ché Guevara)，一九四六年潛返古巴再度起義，打了三年仗，終於推翻巴蒂斯塔政府，自任部長會議主席，當時總統為杜第柯斯 (Oswaldo Dorticós Torrado)。一九七六年起自己兼任總統 (President of the Council of State)，但古巴人仍沿用他打游擊時的暱稱「司令員」(El Commandante)，不理那一套官銜。

不管你喜不喜歡他，卡斯楚是位有魅力的領袖，事必躬親，精力過人。他每次在群眾大會演講，總要連講四、五個小時才過癮，部分的人也聽得如醉如狂。他是個不折不扣的共產黨，過去百分之百倚靠前蘇聯支持。莫斯科以高於國際市場三倍的價格承購古巴所產蔗糖，作為變相補貼。古巴則在國際場合，到處公開與美國為敵，使山姆大叔受窘作為回報，雙方各有所獲。

在內政方面，卡斯楚致力發展國民教育與公共衛生，古巴在這兩方面的成就堪稱共產世界模範，經常被各國左派人士引述，作為共產主義優越性的證據。

一九九一年蘇聯解體，卡斯楚頓失靠山。實施了四十幾年的計畫經濟，顯露出百孔千瘡。四十幾年來，有一百二十多萬古巴人逃到美國。僅佛羅里達州就有八十四萬古巴裔，已至足夠影響州長選舉的程度；布希總統之弟傑布就是靠他們的選票才當選。這些古巴僑民的贍家匯款，如今已成古巴經濟的最大支柱。為免舉國破產，卡斯楚不得不向現實低頭。

古巴幣「披索」被分成兩種，「可自由兌換的披索」(convertible peso)與美金等值流通。在二百萬人的首都哈瓦那，買任何貨品都要使用它，或真正綠油油的美鈔，才買得到。但一千一百多萬古巴人民中，有美國親戚的究竟仍是少數。在面積比台灣大三倍的島國裡，九成三的人倚賴政府過活，其餘才是「個體戶」(cuenpropistas)，因而約有八成人口的生活水準，仍在貧窮線之下。

今天只有拉丁美洲幾位極左派領袖，如有石油作後盾的委內瑞拉總統查維茲(Hugo Chavez)和比古巴更窮的玻利維亞總統莫拉瑞斯(Evo Morales)還在力挺古巴。但卡斯楚面臨的問題並非來自美國的經濟壓力，而是身體的健康。兩年前他摔了一跤，股骨折斷，膝蓋受損。再加上已患大腸癌的傳說，即使能再拖些時日，卡斯楚和他的「革命世代」已經快走完最後一程了。

四十、布希反貪聲明 指何人？

（原刊九十五年八月十二日《聯合報》）

就在台灣絕大多數民眾認為陳水扁與家人無法解釋一連串弊案之際，十日，白宮突然以總統名義，發表了一篇反貪瀆的正式聲明（Statement by the President on Kleptocracy）。

此字起源於 kleptomania，意為盜竊成性的人。因此 kleptocracy 指的是一個由貪瀆腐敗者領導的政權或政治體制。我瀏覽白宮網站時，偶然發現最近這篇聲明，先感覺一愣，搜索枯腸想了半天。但近幾週的國際新聞重點，除台灣外，似乎未見其他國家最近曾有什麼重大貪瀆案件已到動搖國本的程度，值得美國總統出來，意在言外地嚴詞指責。

布希總統發表這篇共計三段的聲明，既未點明目標，我只能儘量不加油加醋，忠實地引述其中重要部分，不背離原文含意，讓讀者自己去思索，為何此時美國會講出這樣的重話。

聲明第一段先點明主旨：「貪腐文化在世界各國阻礙經濟發展及有效治理已經太久了。政府高級官員的貪汙腐敗，亦即貪瀆政治，隨便濫用權力，是最惹起人民反感的行為。」它又指出：「貪瀆政治是民主進步的阻礙，使人民對制度喪失信心，也盜竊了人民的財產。」

第二段追憶上月在G8高峰會時，八國領袖曾認真討論有關貪瀆政治的問題。美國為示表率，因而宣布一項叫做〈美國反對貪瀆政治的國際化策略〉的文件，作為防阻、避免，與針對各國高層官員貪瀆的基本立場。

第三段回歸正題，宣稱：「美國的目標是擊敗所有形式的高層貪瀆行為，不使各國貪官汙吏利用國際金融機制，作為搜刮民脂民膏後隱藏其貪汙所得的工具。」結論說：「對抗貪瀆政治能否成功，有賴於各友邦、國際金融社會、區域和多邊開發機構的參與及責任感。」

即使不戴有色眼鏡，純就字面言，這聲明既適用於菲律賓或泰國，以及中南美和非洲許多國家，我們不得不承認對台灣同樣適用。邱毅不是懷疑台新銀行密帳裡的大筆資金，最終流向國外去了嗎？這第三段正好拿來使用。

言行必受全球注目的布希總統，為什麼不早不晚，選在此時發出這麼一篇聲明，令人疑惑。

四十一、觀公視《李登輝》紀錄片有感

（原刊九十五年八月十一日《聯合報》）

看完公視接連三晚在黃金時段播出的《李登輝》片後，我要為參與工作的所有人員喝采。因為他們不辭辛勞，搜集如此翔實的第一手資料，既不偏袒，也不隱瞞，終究製作出李前總統本人拒絕合作，甚至不想看的「非授權傳記片」(unauthorized biographical documentary)，不但多付出許多汗水，還需要今日台灣最缺乏的道德勇氣。

讀者如看過這紀錄片後，第一個感想應該是：為什麼曾被國內大多數人認同的「民主先生」，會搖身一變再變，最後成為「台獨領袖」？昨天《聯合報》社論一語道破，這是他的「漏斗型」人生必然的結果。最近的例證，就是各報宣傳的三個條件說：李登輝上週曾透過管道，向呂秀蓮提出，她如果接受「就任後特赦陳水扁」、「保證任命王金平為行政院長」與「不競選下屆總統」三項要求，李就會跳出來逼迫阿扁下台，讓她繼任未完的一年半任期。

幾乎我所有的朋友，都相信此說並非空穴來風。因為大家都知道，李登輝操縱台灣政壇十二年之久，所憑藉的就是他相信世界上沒有一個政黨或一個政治人物，不能用金錢或高官職務去收買過來。

對他這種任何人都可收買的觀念，我曾從側面有過第一手經驗。一九九五年駐節南非時，我奉命返國述職，照例到總統府晉謁請訓。告辭時，他要我去「找劉泰英談談」，我於是去中華開發銀行拜訪，說明奉總統指示來訪。

劉告訴我說，他不久前曾到南非一次。我問為何不先通知大使館，劉解釋說：因為那次是祕密旅行，護照用的不是他的真名字，不便去看我。我問那麼他去南非幹什麼呢？原來他與某以色列鑽石商搭上線。那位商人說服了他，只要曼德拉總統批准一處開採鑽石的礦權，到時台灣出錢，以色列出技術，營運所得的百分之十可以給曼德拉作為報酬。此事由以色列方面進行，李總統的意思大概只要我知道有這麼回事就是了。

我不好意思迎頭澆劉泰英一盆冷水。舉世周知，資本主義發展到二十世紀末期，企業壟斷（cartel，或譯卡特爾）幾無可能。只有鑽石這一樣東西，由南非白人控制，股東大部分是英國人的德比耶（de Beers）公司壟斷全球供銷，已有超過一百年歷史。要德比耶放棄對南非鑽礦的壟斷，難於登天，即使曼德拉總統也做不到。好在劉沒有要我去向曼德拉關說，只託我得便時打打邊鼓，樂得裝傻答應。

那位冒失的以色列商人不知託什麼人去向曼德拉開口，自然碰了一鼻子灰。曼德拉與我無話不談，一天忍不住向我抱怨，有人繞彎子表示要送錢給他，為何不直接走「習慣途徑」，卻如此鬼鬼祟祟地試探？我心知東窗事發了，假裝糊塗表示不知道，這件本無希望的事就此胎死腹中。我也並未呈報外交部，因為部裡根本不知道有這麼回事。

李登輝懂得運用權術，至少比陳水扁要高一籌；但被耍弄的人總有覺悟的一天，謊言到最後總會被拆穿。公視這部三小時紀錄片的價值，正在於它未經主人公授權，才能如此公正地以春秋之筆，記載我們大家記憶猶新的現代史蹟，也使習慣護主的台聯立委無從挑毛病。正因為台灣還有些許新聞自由存在，才使國家前途不那麼悲觀。

四十二、從歷史與地緣角度　看青藏鐵路

（原刊九十五年八月七日《中國時報》）

青藏鐵路通車，台灣平面與電子媒體派出大批人馬採訪，一連若干天都有長篇累牘的專題報導。我等候了幾星期，從高山症乃至大陸唯一的女省長都耳熟能詳了，卻始終未見一篇從歷史淵源、地緣政治或地緣經濟著眼，有點深度的分析，難免失望。

本文無意捲入好萊塢影星李察基爾（Richard Gere）主張西藏應該獨立的辯論。一九五九年西藏抗暴運動時，蔣中正曾在文告裡允諾，將來可予西藏公民投票，選擇是否獨立的權利。但達賴喇嘛目前只強調西藏應享有高度自治權，甚至為避免牽扯上「台獨」，推三阻四地不敢再來台灣訪問。「藏獨」在現實情況下有無可能，做不做得到，是見仁見智的問題，各人可以有不同的見解。但作為二十一世紀的台灣人，至少應該瞭解十九世紀或更早期歐洲帝國主義侵略亞洲的歷史，以及因而衍生出今日錯綜複雜的關係。

鴉片戰爭後，歐洲列強看出滿清帝國只是一隻紙老虎，因而加緊對亞洲侵略的腳步。英國原已占領印度沿海若干要衝地區，一八四九年正式把比它本土大若干倍的印度半島全部納入版圖，傾全力經營開發，把鐵路直築到喜馬拉雅山腳下。就因為翻過高山即可搭火車直通印度洋岸，在經濟力量驅使下，西藏與印度間的交通運輸，遠比與大陸內地來往方便。

若無喇嘛教閉關保守的本質阻擋，英國勢力恐怕早已伸入西藏。幼年時我弄不懂，為何中文裡的西藏，在英文裡變成了 Tibet。直到歷史課本記載，貞觀十五年（六四一），唐太宗將文成公主下嫁給吐蕃王松贊干布，松贊親自到黃河河源迎親。老師說「吐蕃」兩字發音應作「吐博」，才恍然大悟，原來這是藏語直譯為英文的結果。

喜馬拉雅山腰的兩個小國－不丹 (Bhutan) 與尼泊爾 (Nepal)－現在雖是聯合國會員，但在十九與二十世紀裡，都是英國的保護國。印度脫離英國獨立後，依照雙方友好合作條約，不丹在外交關係方面須接受印度的「指導」，該約至今仍然有效。另一個山麓也信奉藏傳佛教的小國錫金 (Sikkim) 則在十九世紀末就被併入印度版圖了。

暫且離開西藏，向東北方向看，建立大清帝國的滿族人發源於東三省；入主中原後，自然以經營富饒的內地十八省為主，對更往北走，天寒地凍的西伯利亞毫無興趣。而俄羅斯帝國從彼得大帝（一六七二～一七二五）時開始，向亞洲發展的首要目標，是尋找一個不凍港。滿清皇朝認為當時的「羅剎」(Russia) 蠻子可憐，他們自願挨凍受苦，就讓他們去吧，並未加以干涉。

彼得大帝用了一個叫白令 (Vitus Bering) 的丹麥人，兩次到西伯利亞探險，發現了白令海峽，從此以他為名。康熙二十八年（一六八九）清朝與帝俄簽署有拉丁文、中文與俄文三種版本的尼布楚條約 (Treaty of Nerchinsk)，糊裡糊塗地承認了帝俄在西伯利亞的主權；究竟喪失多少疆土，各家計算方法也有很大出入。雍正五年（一七二七）又與帝俄簽署恰克圖條約 (Treaty of Kiakhta)，劃定外蒙與西伯利亞的邊界。

由此可知，英國是取得印度後，開始向北覬覦西藏。而俄國則是先直指遠東，抵達海參威後，才折回頭從中亞南下，直逼印度。兩個帝國主義在十九世紀裡，相會於今日從印度往北的廣大地區，西洋史稱之為「大競賽」(The Great Game)，歐美大專教科書裡都有描述。

不止英俄，日本和德國也想湊熱鬧。那時的拉薩充滿假冒僧侶或學者的各國間諜。英國於是先下手為強，一九〇三年底，駐印總督寇松勳爵 (Lord Robert Curzon) 派榮赫鵬 (MacDonald Younghusband) 率兵五千外加民伕五千入藏，次年八月兵臨拉薩城下，第十三世達賴喇嘛由布里雅特蒙古籍的德爾智喇嘛 (Dorjiev) 陪同，逃亡到蒙古的烏蘭巴托 (Ulan Batur)，種下西藏尋求獨立的種籽。德爾智其實是帝俄間諜，曾多次到聖彼得堡，遊說俄皇亞力山大二世 (Alexandre II) 奪取西藏，未能如願。這段充滿詭異的經過，有許多歐美出版的歷史與遊記為證，唯獨台灣沒有幾個人知曉。

胡錦濤做過中共西藏自治區書記，自然瞭解英俄兩國覬覦西藏的歷史。興建青藏鐵路的決策，無疑曾受到他大力支持。當時或許只著眼於開發青藏高原在地底冰凍千年的豐富資源，如今鐵路完工，恰與中國「和平崛起」同時，不免引起從地緣政治與地緣經濟出發的各種計算，變成北京政府高瞻遠矚、大刀闊斧的戰略布局，給人無限的想像空間。

大陸早在二十一世紀開始前，就準備面對各國未來對中亞霸權的爭奪戰，先成立「上海合作組織」，籠絡中亞各國；繼而藉反恐為名，口惠而實不至地支持美國對阿富汗的行動。中共對繼承英國勢力範圍的印度也不忽略，兩週前出席G8高峰會時，胡錦濤特別與印度總理辛赫和俄國總統普丁舉行三國元首會談，發表特別公報，手腕圓滑，面面俱到，因為目前還不到顯露實力的時候。

中國完全掌握西藏後，不但威脅印度，更可重整漢唐雄風，與當年「絲路」所經國家開創新關係，所獲豈止沿途蘊藏豐富的油氣而已。

四十三、普丁顧盼得意　G8卻一事無成

（原刊九十五年七月二十四日《中國時報》）

被稱為「富人俱樂部」（The Rich Men's Club，原僅G7，現在變成G8）的世界最有影響力的八個國家一年一度的高峰會議，今年首次由俄羅斯聯邦作東。貧民出身的普丁總統寧可放棄以紅場與克里姆林宮聞名的莫斯科，而選在聖彼得堡接待各國元首，因為帝俄時代的皇宮，比共產年代的首都更能顯示俄國的富庶與文明。

出席盛會的除八國元首或總理外，地主國照例可自行邀請列席人員。有些近幾年被邀已成慣例，如中國大陸的胡錦濤、印度總理辛赫 (Manmohan Singh)、巴西總統魯拉 (Luiz Inácio Lula da Silva)、南非總統姆貝基 (Thabo Mbeki)、墨西哥總統福克斯 (Vicente Fox Quesada) 等。另外可稱為「特邀」，普丁利用這機會邀請了俄國想藉機炫耀的鄰國領袖，包括芬蘭總理萬哈能 (Matti Vanhanen)、哈薩克總統兼「獨立國家國協」主席納札巴耶夫 (Nursultan Nazabaev)、剛果共和國總統兼「非洲聯盟」主席薩蘇・恩格索 (Denis Sassou-Nguesso) 等。

第三類則是國際組織首腦，如聯合國祕書長安南、歐洲聯盟執行委員會主席巴洛索 (José Manuel Durrao Barroso)、聯合國國際原子能組織執行長巴拉岱、教科文組織執行長松浦晃一郎 (Koichiro Matsuua)、國際能

源組織執行長曼迪爾 (Claude Mandil)、世界銀行總裁伍夫維茲、世界貿易組織執行長拉米 (Pascal Lamy) 與世界衛生組織執行長諾斯卓姆 (Anders Nordstrom)。總之，俄國從沒舉行過這樣規模的「國際大拜拜」，普丁總統顧盼之餘，得意洋洋的表情可以想見。

但如問大小各國領袖與國際組織首腦們，在杯觥交錯之餘，酒酣耳熱之際，對促進世界和平，或僅就幫助貧窮國家脫困，做出了什麼貢獻？答案卻只有「一事無成」四字。

官方自然不肯這樣說，讀者如從俄國外交部網站進入臨時設置的G8祕書處網站，會發現數以百計的英文文件，宣傳這次高峰會議了不起的成就。即使不算會前八國外交部長與財政部長分別舉行的預備會議，高峰會本身發布的新聞數以百計，最重要的自然是高峰會主席總結報告 (Chair's Summary)，與八國集團領袖共同聲明 (Statement by Group of Eight Leaders)。

美國不敢後人，白宮網站刊出二千餘字的「布希總統在G8會議的成就」，及布希與普丁兩位總統的「聯合聲明」。布希與胡錦濤在七月十六日單獨會談，也有正式紀錄發表。各國領袖會後紛紛單獨舉行記者會，感謝俄國招待之餘，不忘吹噓自己對高峰會的貢獻。唯有布希，或因與布萊爾在餐桌上談話時忘記關掉麥克風，以致記者休息室裡所有的人都聽到他用了個髒字，媒體紛紛轉述，遂取消了記者會。

冷眼看這次大拜拜的成就，除俄國儼然恢復超級強國姿態外，乏善可述。《紐約時報》社論一針見血，它說高峰會的整體收穫，還不夠各國領袖專機飛到聖彼得堡所耗的油價。

當前世界最急迫的問題，是中東戰火從迦薩走廊與約旦河西岸燃燒到黎巴嫩南部，至今已十二天。以色列陸空肆意侵入黎國，聲稱只為逼迫什葉派「真主黨」停止對以國發射火箭，並營救被俘的兩名以色列士兵。黎京貝魯特醫院收容的無辜受傷平民已達千人，雖然「阿拉伯聯盟」強烈譴責以國暴行，美英兩國卻只顧派軍到貝魯特協助撤僑，對各方要求停戰呼聲充耳不聞，因為他們也管不了以色列總理歐默特（Ehud Olmert）。布希雖派國務卿萊斯去中東調停，她卻先飛回華府，似乎要等戰火稍為平息時，再去嘗試。

國際公認其次重要的伊朗發展核武問題，這次G8高峰會也只點到為止。倚仗中共與俄羅斯暗中支持，兩週前聯合國安全理事會雖然通過了沒有牙齒的第一六九五號決議案，要求德黑蘭停止提煉濃縮鈾，伊朗最高精神領袖哈米尼與總統阿瑪迪尼杰仍舊好整以暇地，既不接受，也不拒絕，拖在那裡慢慢再說。

再其次，布希一再宣稱，世貿組織「杜哈回合」談判原定六月底前達成富國應減少國內農業補貼的共識。這次峰會據說曾有激辯，但八國包括日本在內，沒有一位領袖敢冒天下之大不韙，觸怒本國農民，影響選票，結果只把期限推延到今年年底而已。

最後，G8領袖們高談闊論當天，原油價格每桶突破七十美元，全球都受到衝擊。豈止普丁，連布希也拿不出有效對策來。峰會文告只空談「全球能源安全」，未提任何具體措施，可說是最令人失望的部分。

胡錦濤在聖彼得堡期間，除與布希單獨會談，觸及雙方許多共同利益，也提到台灣問題外，他拒絕與小泉純一郎會晤，給日本吃了一下悶棍。與俄國及印度元首舉行三邊會談，顯然有戰略意義。

使我有些納悶的，是這批「特邀」貴賓似乎在八國領袖正式開會時，插嘴的機會不多，至少沒有發表長篇大論的資格。新華社公布胡在高峰會上的講話不長，且特別說明是「書面談話」而非真正發言，耐人尋味。

四十四、北韓發射飛彈 是誰在詐唬誰？

（原刊九十五年七月十七日《中國時報》）

本文截稿前，CNN傳來急訊，說聯合國安理會星期六「全體一致」通過決議案，要求北韓立即終止發射飛彈的挑釁動作。我上聯合國網站尋找決議案全文，卻因週末無人加班，找不到資料。等祕書處今天上班，整理紀錄貼上網站，最快也要到十九日或二十日了。

許多讀者可能已經忘記了，十二天前（七月五日），北韓「最高領導人」、朝鮮勞動黨總書記、軍事委員會委員長金正日，一手製造出所謂「飛彈危機」，引得全球注目，各國媒體爭相報導，聯合國走廊裡議論紛紛，日本更是朝野群起叫囂，徨徨不可終日。

金正日的用意非常清楚：他明知美國和日本拿北韓無可奈何，才故意做出一連串挑釁行動，以引起國際矚目為唯一目標。這與去年二月他耍弄的把戲如出一轍。當時平壤宣稱，它已具備製造核子武器的能力，但國際間無人相信。因為一九九八年八月底，北韓發射大浦洞一號飛彈，各國最初還有些半信半疑。到九月四日，北韓自己公佈影像，改口說發射的實際是「光明星一號」人造衛星，不是一顆飛彈。

不論發射的是洲際飛彈或人造衛星，同樣需使用三節式自動脫落的火箭作為推動力。問題在於這些年來，歐美國家各種探測太空軌道儀器日夜不息地偵測，從未發現有顆北韓衛星在外太空運轉，使金正日的謊言不攻自破。

有說謊的紀錄在先，北韓此次在七月五日破曉前發射七枚飛彈，算準了消息傳到華府，正是七月四日下午，打斷了美國「發現號」(Discovery)太空梭升空的節慶氣氛，使布希總統無法享受舉國歡騰的假日。這點它確實做到了，害得小布希在晚餐後，接連與胡錦濤、普丁、小泉和盧武鉉四人通熱線電話，尋求一致的反應。從那時起，白宮和美國輿論界忙了十天，似乎一事無成，到前天才終於有些成果。

美國早料到北韓會發射飛彈，駐日美軍也奉令高度戒備；只有一點未曾對外宣布，就是如有一枚飛越日本或周遭領海上空，可用戰區飛彈防禦系統(TMD)把它打下來。狡猾的金正日卻讓這些飛彈掉落在日韓兩國間的公海海域，一面顯示北韓已有在漆黑的夜晚發射飛彈的技術，另一面不給老美擊落它們的機會。

照理說，日本在安保條約下，享有美國的核子保護傘已經五十幾年。即使北韓真擁有核武飛彈與輸送載具，也不對日本真正構成威脅。但這次從小泉首相到可能接班的三巨頭，個個如臨大敵般出而指責平壤共黨政權。安倍晉三、麻生太郎、福田康夫接二連三地表示，日本在必要時有權對北韓實施「先發性攻擊」，也就是美國三年前對伊拉克採用的preemptive strike，震動朝野。

這些話真正的對象，並非國際輿論，而是日本國內年輕一代、只知享樂、從不關心政治的選民；其目的在煽動並引導民意，為修改麥帥「和平憲法」，使日本成為「正常國家」鋪路，但在國際間總要做出很焦急的模樣，明眼人一望即知。

大陸看得最清楚，新華社以轉載北京《環球時報》為名，語帶諷刺地報導說，日本常駐聯合國代表大島賢三，一夕間忽然變成了紐約「最活躍的大使」，提出措詞極為嚴厲的決議草案，要求七月份輪值安理會主席的法國大使立即召開安理會。

由此可見，北韓和日本都在詐唬人。金正日要詐唬美國，開始也的確產生些效果；不過華府馬上看穿了這場把戲。初起安理會各國態度游移，向以強硬出名的美國常任代表波頓，十日曾坦白承認：由日、美、英、法連署的共同決議草案「不急於交付表決」。北京隨即發表聲明，如日本硬要表決，中國將投否決票。俄羅斯隨即跟進，使這項措詞雖然嚴厲，但未提制裁(sanction)一字的決議草案，一時間似乎絕望了。前天居然修正通過，顯然是為正在俄國舉行的G8會議，塑造大國團結的假象。

更深一層看，所謂「北韓飛彈危機」，別國都是旁觀者，真正角力者只有大陸和日本兩個，美國和北韓反而成了配角。北京已經宣布，在聖彼得堡的G8會議期間，胡錦濤不擬與小泉單獨晤談。它傳遞的訊息很清晰，中日間的緊張關係，近期內尚無改善之望。

此次事件中，中共把對美與對日關係分隔處理。《環球時報》那篇文章說：「中國和美國在實現朝鮮半島無核化方面有著共同的目標，而且中美這兩年在其它領域的共同目標正變得越來越多，日本政客對此看不順眼。」它斷言日本的動機是「離間中朝關係，挑撥中美關係，用在安理會推動制裁決議，給中朝之間製造難題」，語氣之重，可云空前。

大陸難得有機會罵日本「正在把東亞搞亂」，原因是日本「想要的不是東亞的穩定，而是要激化矛盾，引發局勢升級，從而能坐收漁翁之利」。看來所謂飛彈危機，誰也沒詐唬到誰，反而給中共製造了壓制日本的機會。

四十五、大法官，請看美國FCC

（原刊九十五年七月十四日《聯合報》）

今天的大法官會議，將討論行政院認為人事權被侵犯，提請審議國家通訊傳播委員會（NCC）的組織依政黨比例產生，是否違憲的問題。作為中華民國公民，我有話要說。

NCC是我國有史以來真正初次成立的「獨立機構」(independent agency)，首先提出這個主意的是程建人，他親自告訴我說，把NCC從新聞局分劃出去，意在倣效美國「聯邦傳播委員會(Federal Communications Commission，簡稱FCC）制度」。

美國把這類獨立機構統稱為「管理機關」(regulatory agency)，共有三十二個。它們所有的委員雖由總統提名，必須經國會通過後始行任命。成立後只能依法行使職權，不歸行政部門管束。主委既不列席內閣會議，也不受行政部門的影響，變更政策。

FCC網站明白公告：「本會置委員五人，主任委員由總統指定；五人中隸屬同一政黨者不得超過三人。」這就證明，美國的獨立機構，同樣是由政黨提名，但比例較台灣嚴格，多數黨提名的委員，比少數黨只多一名；但那是美國兩黨制下的特殊產物，台灣連無黨籍聯盟在內有五個政黨，因此無法適用。

美國所有管理機關，組織都一樣。如聯邦貿易委員會（FTC），期貨交易委員會（CFTC）乃至聯邦航運委員會（FMC），委員人數與黨籍規定完全相同。

行政院所謂的「人事權」，僅能以涉及當前政策方向者為限；內閣討論當前政治問題時，有時需要調整政策以資適應；但依法行政的獨立機關，絕對不應該也不可以隨內閣而改變。不可否認地，行政權膨脹現象在國民黨時代早已開始，阿扁執政後只是「於今為烈」而已。隨便舉個例，美國的證券交易委員會（SEC）怎可以振興股市為名，「暫停」徵收證券交易稅幾個月。SEC主委如果知道有這種事，真會羨慕死了。

民進黨執政六年，綠營人士充斥行政院所屬原應獨立行使職權的機構，弄權舞弊，無所不用其極。現在卻拿似是而非的觀念來挑戰剛成立的NCC。讓這種透明的詭計得逞，不只造成劣幣驅逐良幣的後果，更將影響台灣民主的前途。

四十六、卡萊爾投資東森　有線電視戰國時代來臨

（原刊九十五年七月十三日《聯合報》）

上週末看見英國《金融時報》與台北《經濟日報》的消息，感覺我國有線電視業將進入戰國時代了。七月六日，經濟部投審會通過美國卡萊爾（Carlyle）集團以五億五千八百餘萬美元，投資東森媒體科技公司，再轉投資三大有線電視等十八家公司，從事經營有線電視業務。總計逾一百八十億新台幣的新資金，加入台灣已經殺得血淋淋的有線電視市場，據說隨後還有更多的新台幣滾滾而來，就傳播業而言是大新聞；尤其卡萊爾只投資而不參與經營管理，更令人耳目一新。

卡萊爾究竟是什麼樣的公司？美國有許多這類的投資公司，大多聚集在紐約、波士頓或舊金山等地，唯獨卡萊爾的總部設在華盛頓，因為它與政軍兩界的關係實在太密切了。

老布希總統卸任後，一直擔任卡萊爾亞洲事務的顧問，二〇〇三年才離職。小布希曾任卡萊爾所屬一家承包航機膳食的空中廚房公司董事，到競選德州州長前才辭職。他們父子二人的愛將，包括前國務卿貝克與鮑爾、前國防部長卡路奇與現任的倫斯斐、前任財政部長史諾，乃至剛辭職曾總攬對華外交的副國務卿佐立克，都領過卡萊爾的薪水。

它在民主黨裡也有廣泛人脈。柯林頓總統時曾任聯邦傳播委員會主委的肯納德，現為卡萊爾所屬電信

與媒體集團總裁，投資東森案應該是他作的主。另一柯林頓執政時美國證券交易委員會主委李維特是該集團高級顧問。

此外，力主國際經濟絕對自由，炒作匯率打敗過英格蘭銀行的索羅斯，與卡萊爾也有長期合作關係。

卡萊爾投資地域以亞洲、歐洲、與北美為主。旗下的外籍顧問名單像是國際名人錄。前英國首相梅傑，菲律賓前總統羅慕斯，都在其列。這個集團只看中迅速發展的亞洲，對拉丁美洲和非洲都不屑一顧，確實有它獨具慧眼之處。

卡萊爾創立至今，還不滿二十年。原始的四位股東，迄今只有一位退出，其餘三人掌握大部分股權；此外只有加州公務人員退休基金握有百分之五點五的股份。因為它是私人公司，並未上市，資本額無須公佈，外界估計約在三百九十億美元左右；其實它在世界各地的投資總額，可能達十倍以上。

卡萊爾旗下現在擁有四百家公司，分為十大部門，它最強的部門就是軍火工業。台灣媒體報導與夏馨有關的，曾參加陳水扁在紐約獲獎晚宴的聯合國防工業公司，就是這四百家之一。

卡萊爾經營的特色在於分散管理責任。它在十四個國家設有分公司，雇用了三百四十五位專家，專門在各國尋找投資機會。

十九年來，卡萊爾經手過四百六十幾件投資案，據稱在五十五國內共有九百餘人都是它在某項專案裡的投資者。有這麼許多事業，又各有國籍各異，投資額大小不等的投資夥伴，難怪它只在乎這個事業賺不賺錢，沒有興趣插手管理。事實上這十大類四百多家性質全然不同的事業，恐怕也無從管起。

台灣早就有卡萊爾的投資，一九九九年它先對台灣寬頻投資五千多萬美元，其後兩年又增資四千萬美元。卡萊爾這次介入原已飽和的有線電視業，影響如何，目前實在無從預測。

站在經濟國際化與新聞自由兩大原則下，政府與媒體既無從介入卡萊爾投資東森案，更不必阻擋。以台灣彈丸之地而有六家無線電視台與一百家左右有線電視頻道，本來就超過合理需要。藉此機會讓自由市場發揮它應有的淘汰機能，未必是件壞事。

據悉投審會開會時，NCC與新聞局都有官員出席，該會討論個案均採共識決，想來應該不會再有姚文智亂幹蠻幹那樣的情形了。

註：本文發表時，台灣無人注意到卡萊爾集團。其後平面媒體將之譯為「凱雷」，與英文發音不符。為存真起見，仍用《聯合報》刊出時之原文。

四十七、墨西哥大選　台灣的鏡子？

（原刊九十五年七月十日《中國時報》）

上星期天，墨西哥改選總統；而在三位主要的候選人中，有兩人的得票差距極微，都自稱是贏家。獨立的墨西哥「聯邦選舉局」(Federal Electoral Institute) 呼籲各方尊重制度，等候官方重新以人工計票的結果。直到星期四深夜，台北已是七月七日，終於有了初步答案。

現任總統福克斯 (Vicente Fox Quesada) 所屬的中間偏右的「國家行動黨」(National Action Party，簡稱PAN）候選人，現年才四十三歲的卡德隆 (Felipe Calderon) 得票率百分之三十五點八九，險勝「民主革命黨」(Democratic Revolution Party，簡稱PRD）的羅貝茲 (Andrés Manuel López Obrador) 的百分之三十五點三一，差距只有總數逾四千一百萬張選票的百分之〇點五八。名列第三的「憲政革命黨」(Institutional Revolutionary Party，簡稱PRI）候選人馬德拉索 (Roberto Madrazo) 支持度也有百分之二十二點二七。

這樣的得票比率，不禁讓人想起六年前台灣總統選舉的三組人馬，陳呂配百分之三十九點九，宋張配百分之三十六點八，與連蕭配的百分之二十三點一。兩相比較，各組的差距竟都極為相似。

且說墨西哥宣布計票結果後，股市上揚，墨幣披索 (Peso) 相對於美金的兌換率也微升。羅貝茲自然不服，七月八日號召了PRD支持者聚集首都天主教堂前大廣場嗆聲抗議，並已向墨國「聯邦選舉法庭」提出當選無效，並重新計驗選票之訴。而法庭須在九月一日之前判決，以一審為限，不得再提上訴。勝者則定於十二月一日宣誓就職，任期六年，終身不得再任。這是中南美洲憲法共通的特色，以防產生戀棧的大獨裁者。在墨西哥聯邦選舉法庭判決之前，嚴格而言，當選人猶未確定。不像在台灣，要中選會先宣布結果後，他人方能提出選舉無效或當選無效之訴，這是人家的法律比我們進步的地方。

墨西哥是泱泱大國，面積一百九十二萬五千平方公里，約為台灣的五十五倍，人口一億零五百萬人，居全球西班牙語國家之冠，遠超過其殖民宗主國，另有至少一千萬人合法或非法旅居美國。經濟方面，墨西哥國內年產值高達六百七十七億美元，成長率百分之一點二。缺點則是對美國老大哥倚賴太深，全國出口有百分之八十八都賣給老美。墨西哥的石油與天然氣儲藏量是全世界第五位，輸出量在全球排行第九。對美國而言，更是全球第三重要的油氣供應國，僅次於加拿大和沙烏地阿拉伯。

這次得票第三的PRI，曾獨霸墨西哥政壇七十一年；但執政太久，導致貪汙腐敗，六年前才被異軍突起、原為可口可樂經理的福克斯推翻。失去政權後，PRI痛定思痛，確實推動了黨內改革；而六年來執政的福克斯，則因經驗不足，常有失誤，其妻又有「垂簾聽政」的傳聞，許多民眾因而懷念早年的社會安定與經濟發展。但PRI這次推出候選的馬德拉索形象不佳，與過去貪汙弄權時代怎樣也劃不清界線，以致落居車尾。反觀台灣，國民黨應該引以為鑑，提名後年的總統候選人時，務須與李登輝時代完全切割，才能取信於民。

墨西哥三黨的政治信仰與路線有很大的歧異，也應帶給台灣人民省思。他們之間的爭執，基本上是左右之爭。PAN已有六十六年歷史，向來被視為右翼政黨，雖然對布希總統加強美墨邊境巡防，遏阻偷渡的政策表示異議，大體上仍主張國際化與開放市場，跟著美國走。

PRD則是標準的拉丁美洲左翼政黨，從溫和社會主義者到激烈的薩巴達革命份子(Zapatistas)都有。近年在貧苦的南部如恰帕斯州(Chiapas)等地發展迅速。它如果贏得選舉，雖不致與委內瑞拉的查維茲或玻利維亞的莫拉瑞斯那些極左的拉丁美洲革命領袖看齊，至少也會讓美國很頭痛。

PRI則內部派系眾多，左右逢源；由於歷史關係，地方基層實力雄厚。拿治國的大方向來比較，台灣的國、民、親三黨其實在國家認同上的歧異更大，全無交集點，這也是兩國政情相似之處。

最有意思的是，假如選舉法庭判決卡德隆獲勝，他十二月正式接任後，PAN將在墨西哥國會裡，面臨與民進黨相同的「朝小野大」困境。墨西哥國會學美國採兩院制，眾議院有五百席，議員選舉是台灣熟知的單一選區兩票制，其中三百席由直選產生，另兩百席則在各黨不分區名單中按得票比率分配。PRI現有二百二十四席，PRD九十五席，而PAN只一百四十九席，不滿三分之一，其餘都是小黨。參議院一百二十八席中，PRI占六十席，另一反對黨「墨西哥聯盟」(Alliance for Mexico)十五席，PAN只四十六席，也不夠半數。執政後它如要推行新政，肯定沒有好日子過。

卡德隆深切瞭解如果倖勝，在外交與內政上將面對的問題。在對美關係上，他說：「我會和美國維持建設性的友好關係，但不會垂首乞憐。」在內政上，他號召墨西哥人民「共同攜手，開創一個新的和平與妥協的時代」。能否做到，除等待選舉法庭的判決，就要看另外兩個黨肯不肯和他合作了。

四十八、「八十步笑百步」馬英九的關懷

（原刊九十五年七月五日《聯合報》）

前幾天，國民黨主席馬英九說過一句意義深長的話：「最新民調發現，國民黨清廉度只比民進黨好七個百分點，有人說是『五十步笑百步』，我認為是『八十步笑百步』。」媒體雖曾報導，卻被所謂本土派放出的「連馬配」假消息搶占了篇幅，就像不久前「王馬配」轉移了國人對罷免案注意的焦點一樣，未免可惜。

在澎湖舉行的藍營縣市長協調會上，馬又說：「國民黨要刮別人鬍子前，先刮乾淨自己的鬍子。」他的話顯示，儘管從先前不可思議的「呂王結盟」，到「李登輝向馬示好」那類荒唐的政壇謠言，曾吸引讀聽大眾的注意力，最好的辦法就是不加理會。作為最大反對黨領導人，馬英九看得很清楚：當前他最重要的任務，不是逼陳水扁下台，換呂秀蓮上去，因為那樣仍是民進黨執政。而是如何改造積弊已深的國民黨，擺脫因選舉而來投營的人，建立一支以理想為重的隊伍。這絕非把沈智慧或宋麗華當作投機份子，而是因為黨在各地的團隊也該有精誠團結的精神。

唯有國民黨徹底革新，兩年後政黨如再輪替，才不會重新陷入「比哪個黨更爛」的惡性循環。怎樣才能做到這個理想境界，沒有捷徑可抄，也不會攻占報紙篇幅或電視畫面，唯有靠一點一滴地埋頭苦幹，有

時還要提防黨內同志的冷槍暗箭。

泛藍選民對馬英九期望甚高，他的民意支持度幾週來不斷下降，是同一事實的兩面。電子與平面媒體對他有「愛之深、責之切」的現象，也很自然。但改革不是能立竿見影的事。替他想想，當選主席到下月才滿一年；被人詬病的基隆許財利與台東吳俊立，是連戰主席任內獲得提名的，他接任主席後，不能陣前換將，只可盡力輔選。

鄺麗貞在丈夫被迫去職後競選台東縣長，本於「罪不及妻孥」原則，他也沒有理由去反對。拿這幾人為詞，責難馬英九沒有氣魄整頓黨內風紀，未免有失公平。他一次次邀請黨籍縣市長輪流在各地開會，說許多鼓勵清廉的話，表面聽來像老生常談，骨子裡其實在告誡大家，別以為廉政委員會是擺在那裡做樣子的花瓶；藍營縣市長自然瞭解他的真意。連戰手上開始的黨內改革，馬英九接手後繼續推動。目前要做的是中常委由黨代表直選，而非在中央委員會召開時由二百一十位中委自相互選；其用意在徹底去除派系藉交換支持票壟斷中委選舉，從而減少地方勢力影響中央決策的可能性。

更重要的下一步，將是推行地方黨部主委由當地黨員直選，既可避免地方上司空見慣的黨政內部摩擦，又可驅使選區民意代表多尊重真正的民意。國民黨員有一百零八萬九千人，青年黨員日增後，基層黨員自主性會更強，才不會步上民進黨人頭黨員的後塵。

諸如此類的基本改革，無從引起社會大眾的興趣，更不會被媒體名嘴拿來炒作，卻是今後一年半載裡，國民黨能否脫胎換骨的關鍵。馬英九唯有把關懷用在這些地方，才能證明他確有高瞻遠矚，而非成天在想如何搶電視鏡頭，爭報紙版面的政客。

四十九、以巴仇恨　解不開的死結　算不清的爛帳

（原刊九十五年七月三日《中國時報》）

曾任美國國務卿的季辛吉原為猶太裔德國人；他認為什麼事情都可通過協商與談判解決，唯有以色列與巴勒斯坦間的深仇大恨，是一件「沒有希望的事」(a hopeless case)，一語道盡了中東問題的癥結。

猶太人在美國政商與傳播界勢力雄厚，從前可以牽著華盛頓的鼻子走。高爾與布希競選總統時，民主黨副總統候選人李柏曼就是猶太後裔。近十餘年來，美國主流思想逐漸感受到伊斯蘭世界對以色列憤恨不滿的壓力，已經開始逐漸地向中間地帶移動，一點一滴地調整過去偏袒以色列的政策。然而受當地一觸即發的緊張場面影響，常會迫於形勢，陷入有口難言的困境。上星期以軍從陸空大舉進襲迦薩走廊，美國雖曾勸阻，卻無法阻攔，便是一例。

平心而論，自從首次海灣戰爭以來，美國為求取中東和平，化解阿拉伯人對猶太人的敵視，已經對以色列政府採取不少限制。一九九〇年海珊對以色列發射飛彈，美國壓制以色列軍方，不許還手。二〇〇三年美國攻打伊拉克，在全球尋找盟國，就是不要以色列派兵相助。布希總統拋出解決中東問題的「道路圖」(The Road Map)，要巴勒斯坦承認以色列的生存權，換取以軍撤出占領多年的約旦河西岸與迦薩走廊；以巴兩國互相承認，和平相處，至今仍是美國政策的主軸，只是隨雙方你來我往的明槍暗箭，離最終目標越來

越遠了。

「道路圖」提出時，獲得四方面支持，除美國外，還有聯合國、歐盟與俄國，其公正程度不容懷疑，當時阿拉法特（Yasir Arafat）也表示接受。問題在於巴勒斯坦所有的人都從小就在難民營裡長大；在他們腦海裡，明明是猶太人搶走了他們的家園，血海深仇，豈能不報？小小的巴勒斯坦境內，誓死與以色列為敵，被稱為「恐怖組織」的愛國團體，除哈瑪斯（Hamas）之外，如伊斯蘭聖戰組織（Islamic Jihad）、冠以巴勒斯坦名稱的民主解放陣線（Fatah）、人民解放陣線（PFLP）、民主解放陣線（DFLP）、人民抵抗委員會（PLC）等等，大大小小不計其數。

哈瑪斯的原意是巴勒斯坦抵抗運動（Palestine Resistance Movement），有強大的民意基礎。今年初大選時，憑票數贏得國會多數，阿巴斯總統（Mahmoud Abbas）不得不任命它的黨魁哈尼耶（Ismail Haniyeh）出任總理。這下美國與歐盟都愣住了，一個「恐怖組織」用民主方法贏得了選舉，怎能不予承認？只好一面拖延，一面宣布暫停對巴勒斯坦政府每年十億美元的補助。面積五千八百平方公里，人口不滿二百五十萬的巴勒斯坦，財政全靠歐美補助，停撥經費等於斷絕了生命線；此時半路上殺出了伊朗，先給五千萬美元濟急，撐過眼前困境再說。

嚴格而言，巴勒斯坦還不算主權獨立國家。雖然因已故領袖阿拉法特的國際聲望，一九七四年就獲得聯合國給予觀察員的身分，八年前起並得參與聯大辯論，只是沒有投票權。聯合國承認的是巴勒斯坦解放組織（Palestine Liberation Organization，簡稱PLO），而非阿巴斯總統所代表的巴勒斯坦臨時政府（Palestine National Authority，簡稱PNA），但這只是細微末節。在聯合國與各附屬機構裡，它積極參與亞非集團運作，大家也把它當成一獨立國家看待。

面對亞非集團龐大的壓力，背後又有美國緊緊看住，不准惹事生非，以色列只得倚賴舉世聞名的特務機構 Mossad，滲透對方蒐集情報，用雷霆萬鈞之力，以牙還牙。猶太人確實厲害，過去身綁炸彈，專找以國軍警同歸於盡的自殺客，前仆後繼地從容赴義，所倚靠的是敘利亞的保證，死亡後會送一棟公寓給他遺留的家屬。以軍三年前雖已撤出約旦河左岸，卻能在每次事發後，立即查出這人家住何處，派直升機用高科技精密炸彈，不差毫釐地把他原來的房屋完全炸毀，不損及鄰居。但在屋子裡的婦孺難免遭殃，阿拉伯各國媒體大肆宣揚以軍不顧人道，殘殺無辜，其實是各執一詞，道理都有一半對，一半錯。

如此你一刀，我一槍，以色列膩煩了，索性沿雙方邊界興建一條三百多公里長的圍牆，把雙方領土完全隔離。亞非集團大罵這是冷戰結束後新的「柏林圍牆」，以色列硬是不理會。真正損及巴勒斯坦人利益的，不是這座牆，而是以色列為杜絕滲透，近年引進其它國家的外勞，原為節省開支，卻剝奪了巴人的工作機會。巴勒斯坦人聚居的約旦河左岸，經濟衰退，失業眾多，長此以往只會使雙方隔閡更深，對和平遠景無助。

這次以巴危機，肇因於哈瑪斯敢死隊在圍牆底下挖了個地洞，侵入以色列領土，拿手榴彈丟進一輛坦克裡，兩名以軍士兵死亡，第三名被俘的 Gilad Shalit 下士，如今下落不明。巴勒斯坦臨時政府緊急會商後，內閣發言人呼籲綁走這名士兵的人善待俘虜，勿加殺害。埃及大使居中奔走，希望說服巴方游擊隊釋放人質；但游擊隊要求交換被以色列囚禁的政治犯，雙方談不攏。

這次事件明確是阿方挑釁，以色列得理不讓人，星期五出動軍隊，逮捕了六十四人，包括臨時政府內閣三分之一閣員與二十三位國民議會議員，更在半夜兩點鐘，明知哈尼耶不可能在裡面的時候，派飛機把首相辦公室炸壞起火，顯然想藉此機會，逼迫巴勒斯坦政府倒台。事件越鬧越大，真如季辛吉預言「沒有希望」了。

五十、學美國　修法增列「藐視國會罪」

（原刊九十五年六月二十九日《聯合報》）

罷免案走完了憲法規定的路程，結局雖在大家預料之中，卻也突顯出當年李登輝與民進黨聯手修憲的重大缺失。人人都知道，我國非驢非馬的雙首長制，才是今日總統濫權，家屬貪腐的根源。但要從根本上治療，今日更無可能。三年前的九月二十八日，陳水扁已經提出「制定台灣新憲法」主張，今年元旦又唱出「新憲公投」高調。阿扁誠信完全破產後，民進黨與台聯對修憲都沒有什麼興趣，國親更沒有必要去蹚渾水。

歷史雖然「會記住這一天」，台灣民主運動究竟不能和《阿Q正傳》相提並論。投票後民調顯示，馬英九聲望首度跌破五成，顯示選民迫切期待在野黨除空口指責這是「貪汙的勝利，說謊的勝利」外，總得拿出點具體有效的辦法來。舉辦再多場小型說明會，獲得更多人連署罷免，豈止遭受媒體猛批，更將加深一般民眾懷疑馬主席有無領導國家的氣魄與決斷力。

明明是陳水扁與執政黨的政治危機，怎麼一下子變成最大反對黨的困境？這就是民主政治的現實。放眼今後幾週或幾月，「回歸中道，與民休養生息」顯然是錯誤道路。國民黨應該醒悟，與親民黨緊密合作，選擇能夠達成的方向，做幾件立竿見影的事。

國親唯一能勝過綠營的地方，是握有立法院多數席次。如因配套措施不完整，明天臨時會結束前不及提出倒閣，也應將之列為九月復會後第一案，保持運動量和衝刺力。此外必須要做的，還有針對綠營杯葛議事的慣技，修正現有法律中曾被執政黨曲解濫用的地方。

我認為最需要修正的是刑法分則：應該增列一章名為「藐視國會罪」，並將第十章「偽證與誣告罪」加強補充，不讓任何習慣說謊的人再有鑽法律漏洞機會。

美國參眾兩院各委員會舉行公聽會，邀請官員或平民作證時，如果抗拒不到場，或雖到場卻對某些問題拒而不答，或被要求提供文件而拒絕者，就犯了「藐視國會罪」。依照《美國法典》第二編第六章第一九二節「證人拒絕作答或提供文件」，得科以一年以下有期徒刑，並處一千美元以下之罰款。

中華民國刑法如有這麼一章，前幾年游錫堃發明的所謂「抵抗權」就無所施其技。為了罷免案，立法院依照憲法辦理的公聽會，也就不會出現官員相應不理，只剩藍營唱獨角戲的場面了。

大陸法制國家的法律看似周延，實則疏漏難免。相形之下，英美法制國家多倚賴成案判例，似疏而實密。偽證罪應該不以在法庭的陳述為限。政府官員受國家付託，凡與其職務有關，面對公眾發言時如有不實或明顯說謊，同樣觸犯了偽證罪，檢察官應可依法提起公訴。把刑法分則第十章偽證的定義合理地擴充後，假使卓榮泰前幾天拿出來虛晃一招的SOGO發票查出是假的，他就犯了偽證罪，逃都逃不掉。

《美國法典》對偽證的處罰，載於第十八編第一部分第七十九章第一六二一節，除處以罰金外，得併科五年以下之有期徒刑。藍營在立法院提出這兩項刑法修正案，比削減陳水扁退休待遇來得光明正大。舊刑法第一百條都能刪除，這點小小修正，綠營敢反對嗎？

五十一、讓馬英九走自己的路吧！

（原刊九十五年六月二十六日《中國時報》）

讓我先聲明，報載國民黨「回歸中道路線」之說，我不知道是真是假，也沒有興趣去問馬主席本人。我只是感覺，幾星期來從立委到電視名嘴，個個都有強烈意見，認為國民黨馬主席應該這樣做，或不該那樣做。這麼多諸葛亮七張八嘴地，或罵在野黨太軟弱了，不夠強勢；或反對他被別人牽著鼻子走，導致藍綠對決，無法收拾。如果我是他的話，只會越聽越糊塗，莫衷一是。

馬英九的家庭教養，學校教育，與跟隨蔣經國做祕書那幾年耳濡目染，早已塑造出他的性格，無人可以改變。你想要他開口罵人嗎？他確實不知道如何啟齒。大家勸他講話要兇狠點，他也不是沒有嘗試過。我初聽見「扣扳機」與「會死得很難看」等字眼時，直接的感覺就是這不像出自馬英九之口。果然不但沒產生效果，反而被陳水扁拿來反將一軍。幸虧他立即在電視向全民廣播，搶在記者發問前，先主動表示歉意，化解掉一場無聊的口水之爭。

領袖的氣質是天生的，領導方式則是後天慢慢培養的。蔣中正與蔣經國明顯有別，李登輝和陳水扁也各有自己一套。從去年國民黨黨員第二次直選主席到現在，不過十個月光景。每天不知有多少黨國元老、社會賢達與民意代表向馬英九進言，規勸他做這件事，或力諫他不能做那件事。設身處地替他想，除「謝謝指教」外，其實不能說什麼。博採眾議雖是好事，但拿捏分寸，決定大政方針，必須等待他自己深思熟慮的結果，他人無從置喙。

藍營人多口雜，公開轉述與馬英九私人會見時的談話，甚或引導媒體朝特定方向解讀中央如何決策，只能當政論節目看，不必太認真。所謂「回歸中道路線」，隱含有前陣子國民黨的路線有點偏斜，甚或走上了旁門左道，才要「與民休養，與民生息」，更與大多數人的理解南轅北轍。

六月二十日晚，陳水扁兩小時疲勞轟炸「向人民報告」後，馬英九次晚只用了一半時間公開答覆，對民進黨釋放出大量善意，只針對陳總統個人，勸他應該「知所進退」。馬也清楚地反覆說明，罷免案如能過關，憲法規定應由呂副總統繼任。過不了關的話，即使立法院通過不信任案，那時下任行政院長的提名權，依然操在總統亦即民進黨手裡。所以，國民黨怎麼會「陷入民進黨指責的『政爭、奪權』的攻擊邏輯裡」，我實在不明白。

退一萬步而言，國民黨改變「戰略主軸」後，民進黨就會放棄它指責藍營與馬英九「政爭奪權的攻擊邏輯」嗎？連傻瓜都不會相信。廣大人民不是不知道罷免案通過的機會幾等於零，大家在意的是團聚民意，使全世界都知道台灣第一家庭謊話連篇，信用破產的真實情況。

連署要求阿扁下台人數已經突破一百四十萬了。陳由豪昨天在洛杉磯舉行記者會後，更多爆料會隨之而來，更多檢調與司法人員會受到鼓舞。媒體只需客觀報導，不必煽風助火。讓馬英九做他自己，走他應該走的路吧！

五十二、面對歐洲反對聲浪　布希拒絕讓步

（原刊九十五年六月二十六日《中國時報》）

身為世界唯一超強美國的總統，布希與他前任柯林頓最大的分別，就是他作為虔誠的基督徒，堅信自己政策的正確性，有一種「雖千萬人吾往矣」的氣概。上星期他到維也納，與「歐洲聯盟」舉行雙邊高峰會，無意中便顯示出他性格中這項特質。

今年上半年是奧地利輪值歐洲聯盟的主席。布希任總統以來，已訪問過歐洲十四次；但從未到過奧國。此行距離前一次美國在任總統來奧訪問，相隔達二十七年。代表歐盟接待他的是歐盟主席、奧國總理舒舍爾 (Wolfgang Schüssel) 與歐盟執委會主席、前葡萄牙總理巴若索 (José Manuel Barroso)，雙方自然還有陪同的部長級官員。

美國與歐盟雖無結盟之名，卻有盟友之實。雖只一天的高峰會談，議題廣及全球，幾無遺漏。會後發表四千餘字的宣言，題為「在舉世推廣和平、人權與民主」(US-EU Summit Declaration: Promoting Peace, Human Rights and Democracy Worldwide)。

真正迫使布希流露真情的場合，是會後三巨頭的聯合記者會。舒舍爾以地主身分，首先講話，列舉高峰會談涉及的項目：一、伊朗核武談判，敦促德黑蘭接受優厚的復談條件；二、中東糾紛，歐盟與美國立

場一致，即巴勒斯坦必須承認以色列的生存權，以國亦不得有片面行動；三、歡迎五月二十日成立的伊拉克民選政府，譴責恐怖份子，支持聯合國在伊拉克的角色；四、將巴爾幹半島各國情形，包括克羅埃西亞、蒙特尼哥羅、馬其頓、阿爾巴尼亞、波士尼亞、塞爾維亞與塞國自治省科索伏，詳細向布希解釋；五、雙方簽署一項高等教育與職業訓練的協定；六、戰略性的能源合作，不只追求能源供應無缺，且包括消耗能源的效率、永續性與氣候保護在內。

輪到布希講話時，他先感謝歐盟在阿富汗與伊拉克的支持。布希說，他瞭解雙方對伊拉克曾有歧見，但「過去已經過去了，存在大家眼前的是中東現在有了民主的希望」。這句話惹惱了一位不知名的歐洲記者，不客氣地拿伊朗與北韓核武為題，問他說：「大部分歐洲人認為美國才是對一個安定世界最大的威脅，你有任何後悔的感覺嗎？」

不等記者會的地主發言，布希直接了當地回答：「這句話太荒唐了。」(That's absurd.) 他說：美國的所作所為是為要捍衛自己，同時與夥伴們共同傳播和平與民主思想。另一位當地記者追問，就歐洲整體而言，美國的形象仍在不斷下跌。在奧地利，贊同美國行為的人只有百分之十四，卻有百分之六十四的人反對。甚至在堅強盟邦的英國，認為美國政策對安定世界的影響比伊朗更壞的人，也占了多數。美國在爭取歐洲民意上，何以如此失敗，他有什麼感想？

此人真把布希惹火了。他把回答前面記者的話再說了一遍：「沒錯，我覺得把美國看成比伊朗更危險，是荒唐的想法。」布希帶著三分怒氣說，對歐洲人而言，「九一一恐怖攻擊事件」只是一個突發事件；但對美國而言，它改變了全國人民的思維。布希表示，「九一一」發生後，他向美國民眾誓言，將盡全力保衛美國，此心永遠不渝。而他從不理會民意調查，只在乎是非。他也瞭解，有些決定會引起質疑，但他作出決定時只考慮美國的利益，他相信那也是全世界的利益所在。

舒舍爾趕快替布希解圍；他說，把美國與北韓和伊朗相提並論，看作對世界和平的威脅是「可笑的」(grotesque)。他提醒記者們說，歐洲也曾在馬德里與倫敦遭受恐怖份子攻擊，其餘未成功的案例更多，如查出有人曾企圖打下一架飛航中的以色列民航機等；而歐洲人不可以太天真，因為歐洲與美國共同的價值觀正遭受同一來源的威脅，這是不爭的事實。

為證明美國有誠意與歐洲溝通，舒舍爾舉美方在古巴關達那摩灣美國海軍基地囚禁外籍恐怖犯嫌一事為例。他說，布希本人不等歐盟代表開口要求關閉該境外監獄，就先主動提起這個問題。而歐盟已獲得美國總統明確保證，在關達那摩監獄絕不採取刑求手段，並尊重囚犯依法享有的權利；另外，等美國聯邦最高法院作出相關裁決後，美國政府即將關閉監獄部分，只保留軍事基地。接著，舒舍爾話鋒一轉，說了幾句客氣話後，就趕快結束這場歷時三十七分鐘的記者會。

離開維也納後，布希以紀念一九五六年的匈牙利革命為由，繼續飛赴布達佩斯訪問，接受索禮翁總統(Laszlo Solyon)的盛大歡迎。布希此行主要目的，是感謝匈牙利在伊拉克問題上對美國立場的支持。原屬前蘇聯勢力範圍下的東歐所有國家，加入歐盟與「北大西洋公約組織」(NATO)後，認同美國的程度遠超過西歐各國。布希原計畫在結束奧地利行程後，繼續訪問舊蘇聯成員之一的烏克蘭；不巧烏國剛好發生倒閣危機，新政府組成困難，才臨時改去匈牙利。

如果真為紀念匈牙利革命五十週年，他應該等四個月後再去。一九五六年十月二十三日，忍受蘇聯鐵腕十一年的匈牙利人民在布達佩斯揭竿起義，蘇軍對聚集的十萬民眾開槍，死亡人數超過五百。十天後，蘇聯出動六千輛坦克，十餘師大軍入匈鎮壓，這場驚天動地的短暫革命告終；歐洲乃至全世界崇尚自由的人都難忘卻匈牙利人民這段可歌可泣的歷史。

五十三、上合峰會　華府焦慮　北京得意

（原刊九十五年六月十九日《中國時報》）

上週四，胡錦濤主持了「上海合作組織」（Shanghai Cooperation Organization，簡稱SCO，大陸稱為「上合」）的五週年紀念高峰會。這場大吹大擂的會議其實只開了一天，還有半天花在攝影與遊覽上。會後簽訂了十項重要協議，可見一切都早就安排好，各國總統齊集只是行禮如儀，給中共做足面子而已。

但這場會議仍然引起舉世矚目，原因是除六個會員國總統全體出席外，還有觀察員身分的蒙古總統恩赫巴耶夫（Nambaryn Enkhbayar）、巴基斯坦總統穆夏拉夫、伊朗總統阿瑪迪尼杰（大陸譯為內賈德），與代表印度總統的能源部長。主辦國中共另外又邀請了阿富汗總統卡扎伊、俄國與舊蘇聯解體後歐洲部分十三國合組的「獨立國協」（Commonwealth of Independent States，簡稱CIS，大陸稱為「獨聯體」）執委會主席，與東南亞國家協會（ASEAN）副祕書長。

撇開次一級的代表不提，僅國家元首多達十位。尤其伊朗、阿富汗與巴基斯坦位處西亞與中亞樞紐地帶，它們朝哪邊傾斜，不可避免地會影響歐亞心臟地區的未來。

早在九〇年代中期，中國、俄國、哈薩克、吉爾吉斯與塔吉克五國，為解決邊界糾紛和裁減駐軍，開始互相磋商。一九九六年的上海會議簽署了「關於在邊境地區加強軍事領域信任的協定」，次年在莫斯科又

簽署了「關於在邊境地區相互裁減軍事力量的協定」。這個臨時性組織到二〇〇一年六月十五日才正式成為「上合」。

最初學APEC的作法，不拘形式，討論採共識決；次年才通過憲章。原始會員後來又增加烏茲別克，成為六國。「上合」祕書工作雖由北京擔綱，大陸一直採低姿態推動，以免俄國猜忌；到這次才訂明祕書處組織規程，它使用的官方語文只有中文與俄文兩種；「祕書長」過去在俄文版稱為執行祕書，也到今年才配合祕書處組織格式化，改成與中文相同。「上合」有幾項特點：第一，成員國原先都是共產國家，今日也仍在威權統治下，離民主尚遠。第二，會員國掌握中亞盛產原油與天然氣地帶，動向為舉世所矚目。第三，如果本次會邀請的觀察員都正式加入，將重寫中亞與西亞的均勢平衡。

美國首當其衝，難免焦慮。六個原始會員國中，只有吉爾吉斯去年因群眾革命，趕走了原先的大獨裁者，新總統巴基耶夫(Kurmanbek Bakiev)對美國較具好感，總嫌形單影隻。五月初，美國副總統錢尼不遠千里到哈薩克訪問，絕口不提民主自由，卻大捧納札巴耶夫總統(Nursultan A. Nazabayev)連續執政十五年，發展經濟與政治的成績。導致莫斯科的《商業日報》把錢尼公然向哈薩克示好，形容為「第二次冷戰開始」的徵兆。

中共深知西方國家害怕「上合」日益壯大，一面雖然全力擴充組織，幾年來除每年固定召開元首級高峰會外，先後成立國會議長級、總理級與部長級的年會。後者除六國外交部長外，去年起增加了國防部長年度會議；明年更將在俄羅斯亞洲境內舉行大規模聯合軍事演習。另一面也拚命滅火，企圖說服歐美國家無須懷疑大陸真正的動機。華籍祕書長張德廣在各國群集採訪的記者會中，有意安排新華社記者首先提出最敏感的問題：「有人把『上合』視為東方的北大西洋公約組織，您如何評價？」張德廣坦承，他知道國際間「對上海合作組織存在一些誤解，有一些不和諧的聲音和評價」。然後大賣膏藥，鼓吹所謂「上海精神」，結論說「它不是一個反美俱樂部，也不是一個反西方聯盟」。

這種「此地無銀三百兩」的說詞，雖然難以置信，大陸卻煞有介事般表演得淋漓盡致。張德廣強調，本次出席的觀察員國家，只能在會中發言，但不參加簽署所有正式文件；他甚至宣稱「我個人不認為伊拉克問題屬於我們這個地區的問題」，以免美國質疑。他也透露，伊朗在「申請成為觀察員地位時正式宣布，尊重上合組織的宗旨和原則」；他說：「如果我們有確鑿的證據證明某個國家是支持恐怖主義的，我們同它不會建立觀察員國這樣的關係。」

在高峰會中，伊朗和巴基斯坦都公開表示加入「上合」的意願。伊朗總統毫不掩飾地說本組織擴大後，「將可阻止強國使用武力干涉他國事務」。巴基斯坦總統則婉轉表示，巴國的地理位置恰好提供所有會員國亟需的貿易與能源通道。蒙古與阿富汗則未表態，顯然它們認為與美國的邦交重於參加上海合作組織。

張德廣這回的表現不差，自然得到北京外交部傾全力支援。明年的高峰會將在吉爾吉斯首都召開，巴基耶夫總統擔任主席。而哈薩克籍的諾爾噶利頁夫(Bolat Nurgaliyev)將接任今後兩年的祕書長。在財經方面，今年學APEC前例，動員了各國實業界領袖參加討論經貿合作，成立了「銀行聯合體」，大陸並宣布貸款九億美元，用於落實區域性合作計畫。

今年高峰會通過的十項文件，已在網站公布的包括洋洋灑灑數千字的「聯合公報」與「共同宣言」，除中、俄文外並有英文譯本。其餘如「關於國際信息安全的聲明」、「成員國打擊恐怖主義、分裂主義和極端主義三年合作綱要」等，可能因過於瑣碎或事關機密，就未見公布了。

六月十六日，胡錦濤又飛到哈薩克最大城阿拉木圖，出席在「上合」旗幟下一年一度的第二屆「亞洲相互協作與信任措施會議」(簡稱亞信會議)，發表演說。有趣的是亞信會議有十八個會員國與九個觀察員國，美國和日本都是觀察員，想來也是安息西方疑慮手段之一吧。

五十四、罷免與倒閣　世界都在看　全民上堂民主課

（原刊九十五年六月十四日《聯合報》）

在台灣住久了，人會變得目光如豆。休說國際大勢了，就連島內社會結構的潛移默化，經濟發展的急速轉型，族群意識的逐漸消失，乃至政治力量的實質改變，往往都視而不見。

立法院正式將罷免總統案列入議程，攻守雙方都沒有從歷史宏觀出發，抓住重點。藍營高興的是猛追陳水扁「一妻、二祕、三師、四親家」貪汙舞弊，賣官鬻爵，掏空國庫，圖利財團的醜聞，為二〇〇八大選提前開打。今後兩週內，保證有更多不滿阿扁的人出來爆料，使總統府不知如何答辯，四大天王更無法應付。如果檢調單位此際基於人道理由，准趙建銘保釋，台灣真可能發生街頭暴動，後果難以預料。

民進黨挨打之餘，只能以「不顧民生搞鬥爭」之類空洞口號回應，把股市暴跌都怪罪國親兩黨，因果倒置，無人信服。綠營並非沒有人才，但或如沈富雄那樣，怕被立法院公聽會傳去，詢問他陪陳由豪去見吳淑珍的經過；或似性如烈火的段宜康，來不及後悔前天的快人快語。其餘洪奇昌、林濁水、郭正亮等，除慨嘆藍綠對立，使社會陷入苦悶失望外，只好儘量躲避叩應節目邀請，因為他們實在想不出能為陳總統辯護的說詞。

從現在起，六月二十一、二十二、二十三日與二十七日共舉行四天的全院委員會審查罷免案，肯定會「全世界都在看」，因為這是中華民國憲政史上的第一遭，各國媒體勢將雲集台北，爭相報導。只有北京左

右為難，雖然討厭阿扁，卻又怕台灣民主運作會引起大陸迴響，除新華社外不許評論台灣弊案的密令，正反映了中共顧此失彼的尷尬。

其實，國人只要把眼光放寬放遠一點，就民主前途而言，無論罷免案能否通過，都會產生正面而且長期的影響。儘管過去六年，台灣經濟衰退，政治腐敗，民生凋敝，一直在原地空轉，我們朝向民主的步伐卻並未停頓。憲法規定的行政與立法制衡機制，過去視同具文，現在終於能脫出行政權獨大的陳舊框架，真刀真槍地測試它的功能。這才是對民主真正的測驗，反映出我們引以為傲的價值。立法院四次公聽會過程愈認真，辯論愈激烈，愈能呈現我國議會政治的成熟，可說有錢也買不到，何懼之有？

所以，反對陳水扁的人不必把這段審議過程，當作忍耐六年後首次出口悶氣的天賜良機，雀躍萬狀。反對罷免案的深綠群眾，也不必如喪考妣，不顧公理正義，去學潑婦罵街，或鼓吹行刺馬英九。任何一方這種行為，只會使台灣的民主倒退五十年，回到國民黨來台初期的威權統治，對國家社會都沒有好處。

目前情況下，罷免案過關的機率很低。沒有關係，到時藍營正可再接再厲，繼續推動保證可以通過的倒閣案，測驗憲法原定內閣制精神的行政與立法互動制度，禁不禁得起實際運作的考驗。民進黨人指責藍營沒有正當的倒閣理由，完全不懂政治學原理。「倒閣」只是台灣媒體的習用語，憲法增修條文使用的正確名稱是「提出不信任案」，意義十分簡單，就是不相信現在的行政院能有效綜理國政了。

民國八十九年國民黨與民進黨聯手通過的憲法增修條文第三條，明顯地並未規定倒閣需要任何理由。因為實施內閣制的國家，反對黨隨時有權提出不信任案。我國憲法加上如倒閣案未能通過，一年內不得對同一行政院長再提不信任案，已經給予適當保障，比別的國家要嚴謹得多了。

讓罷免與倒閣兩案依照憲法的文字與精神，走完應走的路，是當前情況下最好的選擇，給全國人民上一堂親身感受的民主課，我們的民主才不僅是口號而已。

五十五、布希與萊斯的「轉型外交」

（原刊九十五年六月十二日《中國時報》）

台灣的憲政危機，把國內報紙的國際新聞版面都擠掉了。其實在歐、美、日等先進國家，除少數電視畫面外，報導陳水扁總統面臨罷免或倒閣威脅的新聞並不多見，所占報紙篇幅尤不足道。歐美各國注意的焦點仍在掌握石油資源的中東，這也是本專欄在之前兩週，分別以伊拉克和伊朗作為主題的原因。

這星期國際間的重要發展，仍以兩伊為主。從伊拉克傳來的都是令人振奮的消息，其一是賓拉登的左右手、蓋達組織在伊拉克指揮武裝反美鬥爭的札卡威 (Abu Musab al-Zarqawi)，被美軍根據機密情報迅速派機出動，在巴格達西北的巴庫巴 (Baqubah) 炸死，驗明確係正身無誤。其二是伊拉克新內閣的三名重要缺額－內政、國防、與安全部長－都已補足。內長薄臘尼 (Jawad al-Bolani) 與安全部長瓦艾立 (Sheerwan al-Waeli) 都屬於什葉派，而國防部長雅信 (Abdul-Qadir Mohammed Jasin) 則是遜尼派，以保持派系平衡。

布希總統高興之餘，六月八日下午親自在白宮玫瑰園舉行記者會，宣布這兩項佳音。他說剛剛打過電話，向伊拉克總理馬里奇道賀，並且因週末兩天，美國全體閣員將在華府附近的大衛營開會，趁機邀請伊拉克新政府全體部長和美國對等閣員舉行聯合視訊會議。這樣特殊的禮遇，記憶中似乎只有英國曾享有過。

上星期的專欄解釋伊朗核武危機內情，限於篇幅，只能就大處著墨。其實去年三、四月號的《外交》

雙月刊裡，曾有篇文章提出處理伊朗問題的新看法，建議重點與此次美國政策大轉彎的方向，如合符節，可見這份學術性刊物對美國政策形成過程的影響力。該文題作〈如何對付德黑蘭〉(Taking on Teheran)，由傾向民主黨、設在華府的布魯金斯研究院「中東政策研究所」所長波拉克 (Kenneth Pollack)，與設在紐約的外交關係協會 (CFR) 中東問題資深研究員塔克易 (Ray Takeyh) 共同執筆。

這兩人研究伊朗多年，對德黑蘭內部務實派與激進派勢力的消長，乃至革命後衍生的經濟與社會問題有深入分析。文章指出，儘管原油價格飛漲，伊朗陳舊的制度卻把金錢浪費在補貼民生必需品價格上，對經濟發展毫無幫助；導致連年兩位數字的通貨膨脹率與失業率，居高不下，而賺取外匯所倚賴的石油採煉設備，又因美國經濟制裁而無從更新。那些伊斯蘭教長們只會謾罵美帝，不懂治國，結果黑市橫行，人民生活困苦，與革命目標愈行愈遠。

現任伊朗「最高領袖」的哈米尼教長，雖認為伊朗有權利發展核武，所恃實為西歐與日本等必需進口伊朗原油國家為顧全大局，不贊同美國單邊主義的態度。波拉克與塔克易因而力主美國不能只靠一根棍子，還要多點胡蘿蔔。所以六國外長在奧地利開會到半夜所獲結論，由歐盟外交專員索拉納 (Xavier Solana) 帶去德黑蘭，面交伊朗外長穆塔基 (Manuchehr Mottaki) 後，消息逐漸傳出，伊朗政府並未像過去那樣，一口回絕。

六月八日，維也納國際原子能總署 (IAEA) 證實，伊朗已重啟將粗煉鈾通過一百六十四具離心力機，以提煉濃縮鈾的程序。俄國外長拉福若夫 (Sergei Lavrov) 隨即趕去伊朗，據他與穆塔基會晤後透露：六國外長提議兼顧雙方立場條件之一，是在伊朗研究是否接受新的「包裹條件」期間，安理會將暫時擱置討論有關伊朗發展核武的決議草案，但伊朗亦須暫停濃縮鈾的提煉。穆塔基並未否認拉福若夫的話，顯見哈米尼確在思考這個包裹正反兩面的得失。

無可置疑地，美國這次同意與伊朗直接談判，外傳如伊朗接受六國條件，美國會保證不出兵攻打伊朗，是一百八十度的政策大轉彎，也表示布希總統與萊斯國務卿去年底開始高唱的「轉型外交」(transformational diplomacy) 真的付諸實踐了。這個新名詞，迄今任何書本裡都找不到；什麼是轉型外交呢？

今年元月十八日，萊斯應邀在華府喬治城大學有名的外交學院演講，題目就是「轉型外交」。她引布希的話說：「美國的政策就是在所有國家或文化裡，尋求和支持民主運動與追求民主的團體，其最後目的在終結世界上的暴政。」

她說，冷戰結束後，美國在東歐新設了十四個大使館，派百餘名外交官常駐，幫助這些國家鞏固民主，加入了北大西洋公約與歐盟。今後美國要進一步將非洲、拉丁美洲與中東看作轉型外交的「前線地區」(frontline)。

萊斯強調：二十一世紀對外交官的要求，早已不是坐在冷氣辦公室裡，分析駐在國政情，寫報告了事。在她主持下，國務院最優秀的人才都要派去艱苦地區 (hardship posts) 服務，勒令學習波斯語、阿拉伯語、烏都語或非洲土語。必要時他們須全力配合軍方需求，捲起袖子參與任何工作。國務院已獲准增設「重建與安定局」(Office of Reconstruction and Stabilization)，國會並授權在國防部預算下撥出一億美元給國務院辦理此項工作。她的警句是：「總統已提示了我們的歷史任務。身處鴻溝在自由這一方的美國人民，必須肩負起幫助在另一邊不自由人民的責任。」

五十六、倒閣　和執政黨算總帳

罷免若成功　呂秀蓮不會給蘇貞昌好日子過　倒閣反而對蘇有幫助

（原刊九十五年六月五日《聯合報》）

看見電視新聞上那些民進黨立委滿腹委屈地說：「為什麼要倒閣？蘇貞昌院長與這些弊案根本扯不上關係嘛！」既覺得可憐，又實在可笑。

說這種話的人一面等於承認，圍繞著第一家庭的許多弊案，不但確有其事，而且已至不可原諒的程度。另一方面，他們卻忘記了不分藍綠、無關族群、從南到北，全國人民胸中的怒火，雖然是駙馬爺點燃的，追根究柢，實因民進黨執政六年，內政則弊端百出，浪費公帑；金融則勾結黑金，掏空國庫；兩岸則盲目抵制，自絕商機；外交則左支右絀，激怒美國。今天無論罷免也好，倒閣也好，人民為的是要和執政黨算一筆總帳。陳哲男、馬永成、龔照勝、或趙建銘之流，只是配角而已。

台灣沉淪到今天這個地步，該負責任的豈止陳水扁一人？但總統個人究竟管不到數以百計的大小機構與國營事業，成千上萬的人事任命與升遷安排。人民也能夠瞭解：當年許多懷抱崇高理想全力奉獻，才使民進黨只短短十四年就取得政權的民主鬥士，對台灣的功勞遠大於所識非人的錯失。他們在陳水扁當選後，並未靦顏求官，參加吃香喝辣，享盡榮華富貴的那群投機份子，因而也沒有道義上的責任。那麼剩下該負責的還有誰呢？自然是民進黨任命的所有政務官與國營事業董監事了。

民進黨內有人，尤其新潮流系，認為阿扁釋出行政與人事權後，上任不久尚未沾染弊案的蘇貞昌，不該被牽累；因而大聲抱怨如果藍營倒閣，有失公平正義。我反而覺得，如國親決定走倒閣這條路，實際反而會對蘇院長有所幫助。且不提兩者孰難孰易，如果罷免成功，陳水扁下台，理應由副總統繼任至總統原任期屆滿為止。呂秀蓮和蘇貞昌一樣，也沒有弊案纏身，讓她做完這兩年，只要不出大紕漏，若依常理推斷，蘇貞昌不可能有好日子過，被她找個題目換下來，倒不無可能。

今日民進黨高層的勾心鬥角，早已浮上檯面。阿扁祭出「權力下放」招數，破壞了四大天王過去的恐怖平衡，有點像毛澤東當年大鳴大放的「陽謀」，先引蛇出洞，以便將來大加砍殺。天王中不論誰占先一籌，肯定會變成眾矢之的，其餘三人都會在暗處挖他的瘡疤，甚或弄個「深喉嚨」不斷爆料，把他整垮為止。政治鬥爭過程中，顛撲不破的真理是，唯最後一刻始能見勝負，古今中外莫不如此。蘇院長是聰明人，自然懂得這個道理。

這三週來，台灣政局大起大落，速度之快，幅度之廣，史所未有。民進黨此時唯有放寬心胸，承認執政六年所犯的種種錯誤，毅然開除陳水扁黨籍，徹底切割與第一家庭的關係，重新開始爭取民心，才能如鳳凰浴火重生。反之，只抱住洪水中一根浮木，隨波逐流，希冀獲救的企圖，只會增加葬身魚腹的機會。

五十七、伊朗核武「危機」究竟怎麼回事？

（原刊九十五年六月五日《中國時報》）

台灣在研究陳水扁「權力下放」是玩真的，還是只為暫時解救燃眉之急時，國際社會也在懷疑，伊朗願與美國恢復談判，究竟是玩真的，還是假的。

今年是美國國會期中選舉年，全體眾院議員與三分之一參議員都面臨民主黨的挑戰。布希總統民調雖不像阿扁那樣跌到谷底，滿意度仍有百分之三十五，在媒體眼中已到拉警報之時了。白宮審度情勢，不得不另闢蹊徑，就是這幾天國際媒體報導的，威脅與安撫雙管齊下的新政策。

謀定之後，美國國務卿萊斯五月三十一日先在華府舉行記者會，親自宣布美國願意和伊朗直接談判核武危機的解決方案。國務院網頁對她這個動作大幅報導，除英文新聞稿外，還有歷史上首次出現的翻譯成波斯文的全文。萊斯隨即飛往奧地利，會同英、法、德、中、俄等國外長在維也納英國駐奧大使館開會，直至半夜才結束。會後，英國外相貝克特女士(Margaret Beckett)在其餘五國外長陪同下，對等候在門外的記者宣稱，聯合國安全理事會五個常任理事國與非常任理事事的德國，已達成共識；在伊朗中止鈾濃縮活動的前提下，向德黑蘭政府提供一項「具有吸引力」的方案。

這項所謂「胡蘿蔔加棍棒」的方案，內容雖未洩漏，總算是件突破性的發展。因此六月一日晚，中共國家主席胡錦濤親自打電話給美國總統布希，表示「歡迎」美國通過外交途徑解決伊朗核問題的立場，也「歡迎」美國願意加入伊朗核問題的有關談判，並承諾與華府「保持溝通和協調」，為儘早恢復談判「發揮建設性作用」。

但不滿二十四小時後，伊朗總統阿瑪迪尼杰在德黑蘭向「伊斯蘭會議組織」演講時仍然說：「有些人自己擁有一大堆核子武器，卻想剝奪我們（同樣）的權利。」如果他的話當真，六國外長開會開到半夜，豈非枉費心機了。

要瞭解伊朗問題，先要弄清楚幾點歷史事實。首先，伊朗一九七九年革命，推翻巴勒維國王後，已經政教合一，成為宗教高於一切的國家(religious state)。雖然有總統，也有國會(Majlis)，憲法規定其上還有一個所謂伊斯蘭教義專家大會(Assembly of Experts)，由「革命領袖」(Revolutionary，或稱 Supreme Leader)總攬大權。從前的革命領袖是大家熟知曾流亡伊拉克和法國多年的何梅尼大教長(Ayatollah Khomeini)。十六年前何梅尼去世，由當時任總統的哈米尼(Seyyed Ali Khamenei)繼任。所以阿瑪迪尼杰總統的話可能只是習慣反應，要等最高領袖哈米尼開了金口，才能算數。

其次，伊朗是中東大國，面積一百六十萬平方公里，人口七千萬，比伊拉克大得多。兩伊雖都信奉伊斯蘭教，但民族不同。伊拉克基本上是阿拉伯人，而伊朗從前是波斯帝國，有久遠的文化傳統，曾統治過阿拉伯人，但也被包括蒙古在內的許多帝國打敗過。使伊朗人最不服氣的就是一九八〇到一九八八年的兩伊戰爭。海珊訓練有素的「共和衛隊」(Republican Guards)把剛革命後混亂的伊朗軍隊打得落花流水，最後並曾對伊朗軍民使用毒氣。這場二次大戰後最慘烈的戰爭，雙方死亡達一百萬人，受傷者倍於此數，耗資超過二千億美元。何梅尼因此誓欲發展核武，要與伊拉克爭奪中東霸權。

再其次是宗教派系的糾纏。兩國雖都信奉伊斯蘭教，伊拉克在海珊時代由少數的遜尼派（Sunnis，占全國百分之二十七～三十二）掌權，欺壓多數的什葉派（Shiites，占百分之六十～六十五），甚至使用毒氣，殘殺反抗政府的民眾。因而美國入侵伊拉克時，至少曾獲什葉派人無言的支持。但伊朗人百分之九十屬於什葉派，他們要把伊拉克從海珊迄今的世俗性政權（secular state），也轉變成一個宗教性國家。今日伊拉克愈演愈烈的動亂，幾將導致內戰，就是什葉派民兵暗中接受伊朗金錢與武器援助的結果，也是美國亟欲威嚇伊朗住手介入的幕後原因。

打開天窗說亮話，伊朗發展核子武器即使確有其事，也嚇不倒美國。對以色列或許造成威脅，但以色列恐怕早就有核彈了。問題的癥結，在於伊拉克與伊朗是世界石油與天然氣儲藏量第二與第三大國。原油價格已經漲到七十幾美元，各國競相搶奪資源，美國費了這麼大勁拿下伊拉克，初期的軍事順利正逐漸被內部動亂腐蝕掉，這才是華府咬定德黑蘭祕密製造核武，要歐洲國家一同施展壓力的真正原因。

萬一伊拉克變成像伊朗那樣以宗教治國，兩伊聯合一氣，勢將形成中東獨一無二的霸權，對所有民主國家都不利。歐洲各國雖然倚賴伊朗的油氣，也不得不支持美英立場，逼迫伊朗表態；如果哈米尼不接受優惠的條件，聯合國安理會勢將通過措詞較為嚴厲的決議案。

值得注意的是，中國大陸雖然仍堅持以外交手段解決難題，此次似乎在對美國有意示好。只要中共在投票時棄權，隻手空拳的俄羅斯絕不敢投否決票，伊朗就會吃大虧了。

五十八、棄祕保妻… 倒閣 vs. 阿扁醉拳

（原刊九十五年六月二日《聯合報》）

每逢緊要關頭，陳水扁總統常會想出個稀奇古怪的招數，前晚所謂黨政高層會議裡，他丟出一個「權力下放」的新名詞，便是道地獨門的「阿扁醉拳」，看來好似腳步顛倒，站都站不穩，其實內藏玄機。

就反對陣營言，使藍營吵得不可開交的罷免或彈劾總統聲浪，瞬間失去了急迫性。國民黨中央委員會開全體會議，丁守中原想把罷免案提出討論，卻被阿扁把氣球裡的氣給放掉了。

就綠色陣營而言，死忠的基本教義派會說，你看：總統已經要全家人「深切自省，嚴格自律」了，他也答應對過去的「工作夥伴」要「貫徹人事革新」了。昨天馬永成、林錦昌辭職獲准，顯示阿扁的誠意。

馬英九如要展現領袖氣魄，必須提出既能振奮人心，又確實打擊到這個「共犯結構」的主張。打蛇要打七寸，泛藍在立法院既占多數，應立即推動本月內召開臨時會，提出倒閣案。理由很簡單：台灣沉淪到今天這個地步，就是因為陳水扁總統枉法濫權，違背憲法基本精神的雙首長制。他既然說除憲法賦予總統的職權外，其餘徹底下放，等於自承過去干涉行政、人事等種種作為，都是非法的，追究責任時，那些共犯也不應置身事外。

倒閣的第一個好處，是使扁蘇兩人的矛盾，無法再用美麗辭藻掩蓋。此案通過後，阿扁只有另行遴派

行政院長，或解散立院重選。泛藍打這張牌，反而是出個無解的難題給他做。

第二個好處是，倒閣可促使民進黨窩裡反的速度加快。九十幾位六〇年代出生、大部是立法院助理的年輕黨員，在報上刊登共同聲明，說出他們的憤懣，更反映全黨的無助與無力感。在這個關節眼上，蘇貞昌哪肯平白被撤換？他百分之百會與阿扁撕破臉，寧願解散國會。那時民進黨從上到下就必須停下來想想，民進黨還有什麼政績可作競選號召？

第三個好處是，綠營內部分裂將走向無可修補的地步。台聯肯定會乘兄弟黨之危，捧著李登輝來搶攻深綠選票；但就綠營整體而言，必然會大量失血。

阿扁最擅長操縱議題；他打出的權力下放牌，不可諱言已經吸引全民矚目，轉移了駙馬爺四大弊案的焦點。批准馬永成等兩人辭職，我看是為有效切割「二祕」，免得火燒到「一妻」身上。這兩天劇情的千變萬化，真是精彩萬分，大家且拭目以待。

五十九、布萊爾千里救友　拉抬共和黨選情

（原刊九十五年五月二十九日《中國時報》）

上星期在台灣是趙建銘週；在華府與倫敦卻是伊拉克週。聯軍推翻海珊獨裁政權已經三年多，雖然問題重重，黑暗的隧道末端似乎已現出一線曙光。

布萊爾首相雖據說將於九月卸任，仍然不辭辛勞，星期一先祕密飛到巴格達，與剛選出的伊拉克新總理馬里奇 (Nouri al-Maliki) 晤談。然後飛往華府，星期四下午在白宮與布希總統會談後，兩人聯合舉行了整整一小時多的記者會，任憑發問，CNN全程轉播。白宮隨即發布二十幾頁的問答全文，足見美英兩個同甘共苦的盟國對中東問題的重視。

去年十二月十五日，伊拉克二千三百萬人中有一千二百餘萬人冒生命危險投票，選出第一屆任期四年的國民議會 (Council of Representatives) 議員二百七十五人。伊拉克新憲法是內閣制，因為沒一個黨占絕對多數，應由各大黨派共同推選一人，出掌今後四年的聯合內閣。但這個最重要的人選擺不平，吵吵嚷嚷了五個多月，才勉強獲得協議，由曾因反對海珊而入獄的馬里奇出線。

新政府的三巨頭按族群與人口數分配，意在保持派系平衡。馬里奇代表占了阿拉伯裔伊斯蘭教徒中約三分之二的什葉派 (Shiites)，所以國會議長給了所餘三分之一的遜尼派 (Sunnis) 的馬夏達尼 (Mahmoud al-Mashhadani)。而虛位的總統從去年起就由庫特族的塔拉巴尼 (Jalal Talabani) 擔任。這三人中，馬夏達尼原本強烈反對美軍占領伊拉克，布希總統星期二在芝加哥演說時，自己說出馬夏達尼過去甚至不肯接聽白宮來的電話，現在已經接過兩次布希直接打給他的電話了，引得哄堂大笑。

新內閣共有三十五位閣員；馬里奇一一提名，議員們則舉手表決，獲票過半數者就算通過任命。其中有十一名未能出席，想是各黨派領袖商定人選後，還來不及通知他們本人。部分在去年就職的過渡性臨時政府閣員繼續留在內閣。外交部長仍由庫特族的澤巴禮 (Bayan Zebari) 連任；原任內政部長的什葉派強人賈布爾 (Bayan Jabr) 調任財政部長；石油部長肥缺則由沙赫里斯坦尼 (Hussein al-Shahristani) 接任。

新內閣受各界責難的，是兩個最重要的部會－主管警察的內政部與統帥三軍的國防部－怎樣都無法擺平。馬里奇最後選擇暫時由他自兼內政部長，而由遜尼派的副總理曹百依 (Salam al-Zawbai) 暫兼國防部長；另外指定庫特族副總理沙勒 (Barham Saleh) 暫兼國家安全部長。這三個職務都只是臨時性質，待各黨各派取得共識後，再任命新人選。

不管如何難產，伊拉克總算有了個依民主憲法產生，從五月二十日起生效，任期將至二〇一〇年的正式政府，可與美英等占領國平起平坐，談判國家政策與施政願景了。所以布萊爾首相二十一日在巴斯拉 (Basra) 宣稱，這是「一個新的開始」，而布希白宮五月二十二日發表正式賀詞說：「新統一政府成立，將為美國與伊拉克關係開創新的一章。」聲明並透露，布希那天早晨曾親自打電話給三巨頭祝賀。公報最後以「一個自由的伊拉克，將成為該地區其它嚮往自由民族的榜樣」，話中有話，耐人尋味。

英國高超的外交手腕，令人不得不佩服。布萊爾席不暇暖，不遠千里地從巴格達直飛華府，立即到白宮與布希長談，用意眾人皆知，就是因為今年底美國國會選舉，布希聲望低落，共和黨在參眾兩院恐怕都會大輸之故。

白宮發布的記者會全文很值得一讀，因為布希在答覆詢問時毫不隱瞞真相。他在開場白中承認，三年前攻打伊拉克，確實引起許多爭論。美國原認為海珊擁有大規模殺傷性武器，結果並未找到；他也說，伊戰過程中曾遭遇許多挫折與錯誤 (setbacks and missteps)，但整體而言，他所做的決定依然正確。記者追問有什麼錯誤，他也舉了自己若干失言的實例。

有記者問，聯合國安南祕書長說過，美國單獨對伊拉克用兵，可能是種非法行為，他們兩人意見如何。布萊爾還算客氣，轉彎抹角地表示不完全同意。布希則老實不客氣地回答說，聯合國如欲成為有效的國際機構，應該參加美國行動，毫不遲疑地在世界上去除暴政，這才是聯合國的職責。看來安南如想連任，布希這一關恐怕就難通過。

記者問到伊朗祕密發展核子武器的傳言，布希只重申將循外交途徑解決。這才是布萊爾訪問華府的另一重要話題。兩位領袖星期四在記者會後共進晚餐，星期五繼續密談，顯然在商量如何處理伊朗這個棘手問題。在目前形勢下，美國在期中選舉年，不可能再採單邊主義 (unilateralism) 對伊朗動武，這也是阿瑪迪尼杰總統 (Mahmoud Ahmadinejad) 看準了布希的弱點，敢於挑戰歐美壓力的主因。

四月二十八日，國際原子能總署已向安理會提出報告，說伊朗並未停止提煉濃縮鈾的行動，亦未改善與IAEA的合作。上星期三，六國外長在倫敦集議，但俄國與大陸只在口頭上對伊朗的行為表示遺憾，堅持須循外交途徑解決，使布希總統一籌莫展。看來這場小蝦米挑戰大鯨魚的戲，還有一段時間可演。

六十、美國想在墨西哥邊界築「萬里長城」？

（原刊九十五年五月二十二日《中國時報》）

上星期四，台灣剛慶幸逃脫了珍珠颱風，美國參議院以八十三對十六的懸殊票數，通過在美國與墨西哥邊境既有的隔離界牆外，再加建三百七十英里界牆與五百英里阻止車輛通過的藩籬。

雖然兩黨參議員所投贊成票，遠遠超過反對的票數，傾向自由主義的十五名民主黨與一名無黨派參議員仍然譏諷布希總統說，他意圖在美國與墨西哥長達兩千英里的邊界上，興建一座可與中國相比的「萬里長城」。言外之意，在暗示布希總統與支持他的保守份子正在開倒車，為討好右派選民而罔顧人權。

這種指責當然是政治語言，因為天下沒有一件事，可用這麼簡單的二分法來論斷是非。持平而論，布希總統也正為蜂擁進入美國的非法拉丁移民傷透腦筋。緊隨通過築牆案後，星期五參議院又通過另一條修正案，申明英文應為美國人的主要語言，表面看來似乎多此一舉。到星期六，布希的週末無線電對全國十五分鐘的廣播，所談的主要也是移民問題。

要探究紛擾的根源，須先從所謂拉丁裔人（Hispanics 或稱 Latinos）占美國人口總數說起。依據二〇〇二年七月的統計，拉丁裔人口當時共三千八百八十萬人，占全國人口百分之十三點四；尚不包括住在波多黎各、同樣享有公民權利的三百九十萬人在內，直逼兩百多年來原占少數族群首位的非洲裔美國人（African-Americans，稱呼黑人的政治正確用詞）的總數。

根據人口普查局(U.S. Census Bureau)今年五月十日的最新資料，拉丁裔人數（同樣不包括波多黎各在內）已激增至四千二百七十萬。換言之，美國近年增加人口中，每兩人就有一人是拉丁裔，超過黑人的三千九百七十萬人，成為全美最大的少數族群。由此衍生的種種社會、經濟、政治、選舉、語言與文化問題，勢將困擾今後任何一位總統，更牽涉到經濟發展、社會形態、種族歧視、防阻恐怖份子潛入美境、查禁毒品等等錯綜複雜的因素。

布希聲望目前正陷低迷，因而在處理非法移民這件事上，採取不偏不倚的中間路線。他原已任用拉丁裔的Alberto Gonzales為法務部長。上星期一晚間，他從白宮橢圓形辦公室向全國人民電視廣播，宣布準備動員上萬名國民軍巡邏美墨邊界，以補移民局（Immigration and Naturalization Service，簡稱INS）查緝人員之不足。布希說，他就任六年來，INS巡邏邊界人員雖曾擋住六百萬名企圖偷渡的墨西哥人（俗稱wetbacks），但已在美國國內的非法移民仍有一千一百萬之眾，必須堵住這個大缺口，才能談改革移民法規。

他那篇廣播雖被媒體大幅報導，國會反應卻只贊同派軍巡邏的部分；對布希考慮修改移民法，俾使非法移民就地合法化，反對聲浪遠超過贊同的聲音。因為十幾年前美國已經試辦過對非法移民的「大赦」，其結果是更多的墨西哥人偷渡入境，希望等下次大赦時，化非法為合法。這些非法移民吃苦耐勞，情願接受較最低工資更低的待遇，搶走了美國失業者的就業機會，難怪民間尤其養尊處優慣了的黑人，對拉丁裔人非常不滿。

各方意見趁機介入，使處理非法移民問題更加錯綜複雜。關懷青少年使用毒品的社工團體指責說，毒梟利用美墨邊界大量走私毒品，害死了年輕人。美政府的反恐機構，曾掌握國際恐怖組織派遣幹員從邊界偷渡入美的事證。極少數法西斯團體推波助瀾，趁機宣傳他們的「白人至上」主義。而民主黨內爭取後年競選總統提名人之間，也趁機拿對改革移民法的立場，作為互相攻訐的理由。

歸根究底，骨子裡仍然是美國潛在的種族歧視作祟。所謂拉丁裔者，非指種族而言，大部分雖是墨西哥土著，其實也包括從南美各國來的純種西班牙後裔的白人，因此它是以母語為根據的分類法。人口普查局的統計裡，因而另立「非拉丁裔白人」(non-Hispanic whites)，這個荒唐的名詞，專指純粹來自歐洲的白人。再追究下去，美國人藏在心底，不敢公開說出口的純種白人，其實只限於盎格魯・撒克遜族信仰新教者的後裔（white, Anglo-Saxon Protestant，簡稱WASP）。對西班牙裔的白人，同樣視作「非我族類」。

美國人口是心非的例子，其實不止這一樁。今日問題所以浮現，因為拉丁裔人數激增已到達臨界點，朝野不得不面對問題了。兩年前杭廷頓教授 (Samuel P. Huntington) 出版所著《我們是什麼人？對美國認同問題的挑戰》(*Who are We? The Challenges to America's National Identity*) 一書，坦白指出：大批不以英語為母語的非白種人移入美國的後果，導致語言混雜，雙重國籍，宗教歧異，與文化多元化等等問題。

就事論事的杭廷頓指出：大多數美國人非常愛國，但難免自相矛盾。一方面雖懷抱上帝造人平等，以及民主人權是最高價值的崇高理想；但另方面如有人舉辦民意調查，同樣這批人又會毫不躊躇地贊同有效管制邊界非法人潮，並緊縮申請入籍的條件與人數。

二〇〇四年五六月號的《外交》雙月刊載有沃爾福 (Alan Wolfe) 對杭氏該書的評論。杭氏忍不住在九十月號該刊撰文反駁。他說全書十二章裡，只有一章談到移民政策，另有一章討論拉丁裔人數日增的問題。他主要的用意在於不預設立場，平心靜氣地檢討九一一事件後，美國突然出現的愛國熱潮現象，以及因此衍生的國家認同感。看來布希提出的改革移民法規，勢將引發更多學術性與政治性的辯論，離達成全民共識還遠著呢。

六十一、道歉？查弊無私　才算夠誠意

如果傳訊趙建銘　法律平等會不會打折？
一妻二祕三師的風風雨雨　有沒有清楚交代？

（原刊九十五年五月二十一日《聯合報》）

陳水扁總統昨天終於公開向國人道歉了。

三點聲明的文字相當誠懇，如果他能在剩餘的兩年任期內身體力行，確實做到「以廉潔自持，嚴以律己」，所有家庭成員「絕不能涉入任何公共事務」，而且確實做到「沒有任何例外與特權」，如有違法亂紀的事也「絕不護短」，老百姓應該會感覺滿意。

要求證阿扁以總統之尊，在就職六週年紀念日，當著多少架電視機的談話有無誠意，從三件事的後續發展上就可看得出來：

首先，涉入台開內線交易案最深、嫌疑最大的三個「買家」中，蔡清文與游世一均已被收押禁見。接下來檢調單位勢將傳訊趙建銘。那時陳總統答應的「法律之前人人平等」這句話，就會面臨最嚴厲的考驗。國人也在等著看總統的嚴正聲明，到時是否又會在馬屁文化氣氛下，被檢察官打個什麼折扣。

其次，總統夫人在太平洋百貨公司糾纏不清的產權案中，究竟扮演過什麼角色？她手上的SOGO禮券是哪裡來的？如果真有朋友和她集資購買，有哪些人參加？各人出資多少？總要有個清楚而且完整的交代，才能杜絕悠悠之口。

最後，既然連總統的親家都必須接受最嚴厲的調查，所謂「二祕」與「三師」這些年來曾否假借總統名義，在工商業尤其金融界裡呼風喚雨，做過什麼瞞天過海的勾當，老百姓有權利知道真相。不能讓總統一個人替他們擔負起責任，而從中獲利的這群小人反而逍遙法外。

大家都欽佩陳總統昨天公開道歉的風度，但不能因為他道歉了，國家就沒了是非，法律也失去了功能；相信這也不是總統樂見的後果。

作為文字工作者，我還想藉此機會指出：「第一夫人」與「第一家庭」之類的字眼，只是媒體用來代替總統夫人與總統家庭的代名詞。美國也好，其他國家也好，從無哪位總統把自己一家稱為「第一家庭」的前例。道理很簡單，民主國家人人平等，別人或可拿它作代名詞，使讀者或聽眾容易瞭解，但拿來自稱，實在很不妥當。

六十二、你所不知道的利比亞

（原刊九十五年五月十五日《中國時報》）

讓我先透露一個三十七年前的外交機密。

一九六九年九月一日，在利比亞首都的黎波里軍營裡，年方二十八歲的格達費中校(Muammar Abu Minyar al-Qadhafi)決定發動政變，要推翻利比亞國王衣德里斯一世(King Idris I)。我國那時派遣有軍事顧問團駐在利國，協助軍事現代化工作。負責輔導格達費那個通訊營的是通訊兵少校俞湘鍍和上尉葉秉中，據說格達費帶著親信，拿手槍指著他們兩人問：「你們是站在我這一邊，還是在國王那一邊？」是否真有這麼戲劇化，無從查證，但兩人別無選擇，被逼關掉了聯繫全國軍事單位的無線電通訊網，卻是千真萬確的事。保護王宮的禁衛軍因而無從呼救求援，棄械投降，政變成功。格達費並未殺死國王，讓他流亡埃及，鬱鬱而終。

格達費是狂熱的遜尼派伊斯蘭信徒，把宗教思想與社會主義連結在一起，加上他個人的理想主義，改國名為「偉大的利比亞阿拉伯社會主義人民群眾國」(Great Socialist People's Libyan Arab Jamahiriya)，自任「革命指導委員會」主席，以「自由、社會主義、全民團結」為口號，獨攬大權。

俞、葉兩位沾了「革命夥伴」的光，出入格達費辦公室無須通報，成為炙手可熱的人物。若干年後，他們看格達費行為越來越極端，借休假為名赴美旅遊，一去不返，連台灣的退休俸也不要了，但那是後話。

靠著這層關係，兩年後中華民國雖然被迫退出聯合國，席次被大陸取代，我與利比亞的實質邦交未受影響。格達費當時原想兩個中國都承認，一九七一年六月先宣布承認大陸，但告訴我國大使館不必撤離，中共自然不領情。

這樣又拖了七年，一直到中美斷交前三個月，眼看大勢所趨，利比亞先告知我駐利大使後，一九七八年九月十四日轉而承認中共，與我國斷交。不到半年，等中共新任大使抵達的黎波里就任，利比亞又准許我國在首都開設冠以正式國名的「中華民國駐利比亞商務辦事處」；大陸雖然抗議，格達費並未理會。這個商務辦事處在利比亞運作長達十八年，直至一九九七年六月，在蔣孝嚴部長任內，才以績效不彰為理由，為節省經費而予關閉。

格達費跡近瘋狂的理想主義留下許多笑話：他主張人人平等，所以政府單位並無部長一職，負責人統稱為書記。內閣總理是「全國人民委員會 (General People's Committee) 總書記」；外交部長則是「全國人民委員會對外聯絡與國際合作書記」 (Secretary of the General People's Committee for Foreign Liaison and International Cooperation)。駐外單位不能叫做大使館，而稱「人民辦事局」(People's Bureau)，大使不叫大使，而稱某某局的書記。近年以來，他對外索性宣稱已不擔任政府職務，利國媒體稱他為「革命導師與領導弟兄」(the Brotherly Leader and Guide of the Revolution)，簡化為「革命領袖」(Revolutionary Leader)，實在有點肉麻。

早期的格達費痛恨包括以色列在內的所有西方國家，他掌權後先趕走英國在托布魯克 (Tobruk) 的駐軍，收回美國空軍自二次大戰即開始使用的惠勒斯機場 (Wheelus AFB)，繼而關閉西方各國在利所設文化中心與圖書館；後來連旅居利比亞的幾千義大利人也被掃地出門。一九八六年四月，雷根總統曾派海空軍大舉轟炸利比亞首都與港口，格達費的養女漢娜被炸死，兩個兒子據說也都受傷，只有格達費自己倖免於難。

一九八八年發生泛美航空公司第一〇三次班機在蘇格蘭洛克畢(Lockerbie)上空爆炸墜毀案件，機上二百五十九人全部罹難，洛克畢小鎮居民也死亡十一人，幾成廢墟。調查證明有利比亞情報單位涉入，四年後聯合國通過制裁案。格達費先拒絕認錯，此後十一年裡，利國陷於孤立，被稱為「流氓國家」。但格達費仗著石油與天然氣蘊藏豐富，國內生產毛額達三百五十億美元，人均所得也有六千四百美元；反而是歐洲義、德、法、西各國，乃至北非的突尼西亞與亞洲的南韓，能源都倚賴利比亞供應，有恃無恐。

到二〇〇三年三月，布希總統出兵伊拉克，俘虜海珊，格達費著慌了，急速轉變，先與洛克畢罹難者家屬簽訂賠償協議，每家人可獲賠償一千萬美元，總計二十七億元。那年十二月，利比亞宣布放棄製造大規模殺傷性武器(WMD)與製造飛彈計畫，接受國際原子能總署監督，換取西方國家諒解。美國在二〇〇四年取消對利經濟制裁，互設聯絡辦事處。英國布萊爾首相與法國席哈克總統相繼訪問利比亞，格達費終於重返國際社會了。

當年強人於今垂垂老矣，格達費明年將滿六十五歲，該為身後預作準備。他早就培養畢業於倫敦政經學院、能操流利英法義與阿拉伯語、熟悉國際事務的兒子賽義夫(Saif al-Islam)做接班人。後者名義上也未擔任公職，而以「格達費國際慈善組織基金會」(Qadhafi International Foundation for Charity Associations)會長名義，奔走各國大把撒錢，實際目的則在遊說各國共同開發利比亞豐富的地下資源。賽義夫曾不顧其餘阿拉伯國家的反對，公開訪問以色列國會。今年元月來台灣，便是利比亞向全球開放的又一招。

由此可見，陳總統這次過境並可能晤見格達費本人，是利比亞方面採取主動，其根源來自三十七年前政變時兩國偶然產生的特殊因緣，說不上什麼外交突破。即使雙方互設商務辦事處，也只恢復了九年前才中斷的互惠安排，沒有敲鑼打鼓，往自己臉上貼金的必要。

六十三、外交官說謊　馬上拆穿

（原刊九十五年五月十五日《聯合報》）

總統先生，我看到媒體報導說，你返抵國門，在機場記者會上嘉獎外交部長黃志芳籌劃「興揚之旅」的功勞時，竟然向記者們說，外交官有撒謊的權利。

我想所有已退休或仍在任的使節同仁聽見這句話時，都不敢相信自己的耳朵，因為這與台灣幾十年來辛苦建立起的國際上互信的基礎，完全背道而馳。推究來源，總統過去可能曾在什麼場合，聽過那句老掉了牙的陳腐笑話：「大使是一位被派到國外，為國家利益而撒謊的志誠君子。」(An ambassador is an honest man sent to lie abroad for the good of his country.)

這是十七世紀剛開始，英國外交官伍騰 (Sir Henry Wooten, 1568–1639) 在一六〇四年為他的小友佛萊摩 (Christopher Fleckmore) 紀念冊上塗鴉所寫的一句俏皮話，其中或許也帶了點憤世嫉俗的諷刺意味，絕非他本意。伍騰也是頗有名氣的詩人，他有首題為〈快樂生活的特點〉(The Character of a Happy Life) 的詩，才真正顯露他對撒謊的看法：

「誠實才是快樂人的鎧甲，

簡單的真實是他最大的本領。」

(Where armor is his honest thought,

And simple truth his utmost skill.)

且不談詩，總統先生一定知道，十七世紀既無報紙，更沒有廣播電視。「宮廷外交」的特質是大使只要伺候好對方的國君，哪管他說的是老實話或漫天大謊，都無從查證。但今日媒體發達，消息轉瞬即傳遍宇內，沒有說謊的環境，更沒有容忍謊言的空間了。

外交官必讀的經典著作，英國尼柯爾遜 (Sir Harold Nicolson) 的鉅著《外交學》(*Diplomacy*) 裡，第五章討論「理想的外交官」必備特質，作者列舉了七項要件，其中第一項就是誠信 (truthfulness)。他說，在十七世紀一位成功的大使，今日會成為舉世的笑柄。那本書還是六十幾年前初版的；二十一世紀裡，外交官壓根兒沒有撒謊的機會，因為不消幾個小時，任何謊言立即就會被各地傳來的報導拆穿。此後就沒有人會再相信他的任何發言了。

作為中華民國的外交官，從部長到駐外使領館長，一言一行所代表的是整個國家的立場與觀點。他們心目中只准有全國全民的利益，不該考慮單一政黨或現行執政者的利害得失。如脫離了國家利益，這個人就該被撤換，至少不再予以重任。總統如果嘉許外交部長說謊，駐外人員上行下效，台灣在世界各國多少年來辛苦積累的信用會付諸流水，駐外使節如何再能使駐在國政府相信他們的承諾有效？

總統先生，我知道你很不喜歡聽到佐立克這個人的名字。但為台灣長期國家安全著想，我仍然忍不住重複這位掌控美國對華整體政策的首席副國務卿五月十日在眾議院國際關係委員會亞太小組作證時所說的話：「在我們這一行，說了話，不管根據的是什麼，就要守信，這是很重要的。」我相信所有在台灣的同胞，不論政治認同或黨派屬性為何，都祈求你能收回「外交官有撒謊的權利」那句不經意的言詞，督促外交部所有人員敦品勵行，做一個君子，換取外人對我國的信任。

六十四、葉金川 缺一個「選舉經理人」

公正問題 早該考慮到　競選總部 各搞各的　退選發言 更是不宜……

（原刊九十五年五月十一日《聯合報》）

前副市長葉金川突然退出國民黨台北市長初選，證明像他那樣純潔無私的好人，也難跳出政治的大染缸。雖然許多人替他惋惜，間接也說明了在民主時代，選民對公職候選人期待水準之高，不容許走錯半步，或言行有任何違反公平正義之處。整個事件雖然不幸，仍然產生了對今後任何選舉中其他候選人警惕的作用。

四十幾年前，美國興起一種新行業，叫做選舉經理人 (campaign managers)。由專替民主黨競選操盤的 Joseph Napolitan 與只捧共和黨的 J. Clifton White 兩人領銜，成立了美國政治顧問人協會 (American Association of Political Consultants)，後來更擴大設立了國際政治顧問人協會。它的理論很簡單，選舉如何操盤需要長期經驗與閱歷、對當前局勢與選情的全盤掌握、堅忍不屈的意志力，和候選人的充分授權，四者缺一不可。

今天布希總統白宮幕僚中，專管選舉與民調事宜的人名叫羅夫 (Karl Rove)。此人雖因副手李比 (Lewis I. "Scooter" Libby) 介入洩漏中情局幹員名單案，黯然辭職，羅夫因而被媒體點名批判不遺餘力，但布希至今仍不肯撤換他。就是因為打選戰也好，輔佐總統也好，都需要有他那樣一位躲在幕後，保持客觀，不講情面，隨時隨地能做正確判斷的軍師，才能避免出差錯。

拿這樣的標準去看葉金川的競選團隊，搞得一團糟的原因，正是因為缺少這麼一位意志堅決，洞燭機先，不怕得罪人的專業競選經理。葉金川對馬英九的忠誠，不容置疑，馬家人對他的支持，也純粹出自本心。但馬英九既身為國民黨主席，初選時必須保持公正，不能被質疑偏袒任何一方，落人口實。馬以南為葉金川站台十二次，秦厚修陪他辦登記，鄭安國送去八千八百八十八元的支票，儘管內心坦蕩無私，仍難免被人解讀為馬團隊有所偏心。他們事先就應該考慮到，這種做法會不會受到指責，以致陷馬英九於不義？如今再來撇清，時機早已消逝了。

選舉是千頭萬緒的大工程，時機越迫近，選舉總部裡就會越忙亂。每位樁腳、義工、甚至不相干的旁觀者，都有自己的主張，七嘴八舌地出主意，忘記了過份熱心，有時對選情會產生反效果。更危險的是到最後幾天，候選人疲累交加，往往自己也拿不定什麼該做，什麼不該做。此時只剩下那位專業經理人，他必須保持絕對冷靜，在候選人做出錯誤決定時力爭，才能在最後五分鐘的賽跑裡決定勝負。布希對羅夫如此倚重，可見他對後者判讀局勢與做出正確決定的能力，超過他對其他任何人的信任。

葉金川說，直到那幅攻擊性很強的廣告刊出前的夜晚，他才看到全文。媒體追問這篇文宣出自誰的筆下，他陣營裡的人都說「不是我」。由此可證，葉金川競選總部裡政出多門，各搞各的，缺少溝通。平心而論，豈但葉競選總部如此，兩年前連宋競選總部裡，馬英九名為總幹事，他也沒有真正被授予如此大的權力。

如果有一位既能擔負操盤全責，又能絕對客觀的專業經理人，他就會勸葉金川，既然自動退選了，最好的策略就是大方地不談過去，為將來預留地步。葉是個聰明人，昨天的發言實在不甚適宜，更可見專業經理人的重要性。

六十五、「他山之石」解析內閣制

（原刊九十五年五月八日《中國時報》）

很早就想為文討論內閣制。礙於週餘前跨黨派立委借它作題目，要挑戰馬英九的領導，不便捲入漩渦。如今風潮已過，國民黨中常會也達成不提修憲案的共識，大家可以冷靜地思考問題了，值得把改為內閣制需要哪些前提，拿出來談一談。

不但泛藍認為我國憲法本來就是內閣制；綠營也有不少人看不慣陳水扁「帝制總統」作威作福的風格，贊同根本改為徹底的內閣制，使總統變成虛位元首。有人說，這樣做豈非替未滿六十的阿扁找到出路？他到二〇〇八年總統任滿後，還可再競選立法委員；如果民進黨選贏了，他還可當行政院長，且無任期限制。不過這樣的機會恐怕不大，無須過慮。

到目前為止，這些贊同修憲者的想法，不外恢復立法院對閣揆的同意權，總統命令須經行政院長副署，乃至在條文中明定由立院多數黨領袖組閣等等，但以上幾點只是內閣制的一面。實施內閣制以英國為最早，稱為「西敏寺制度」(The Westminster System of government)。以它的標準觀察我國政府的運作，還有許多更重要的前提，台灣目前都不具備。

首先，要實施內閣制，必須先有一個獨立超然，不受政治左右的文官制度，兩者相輔相成，缺一不可。不只英國，還有一、二十個與英國淵源深厚的國家，包括加拿大、印度、澳洲、紐西蘭、斯里藍卡、愛爾蘭、南非、馬來西亞、新加坡，乃至加勒比海的牙買加、巴哈馬、千里達等，這些內閣制都建築在一個完全獨立、不受干擾的文官制度之上。

西敏寺制度下，部長 (ministers) 由議員兼任，還有輔助部長的政務次長（Parliamentary Undersecretary of State for 某某部)，與不只一位助理政務次長 (junior ministers)，也由議員兼任，不算閣員。這些人因必須隨時出席眾院會議，經常都在議會所在的西敏寺大廈辦公，極少到各部辦公室去。相對而言，象徵行政權的重要部會，都集中在白廈 (Whitehall)；「西敏寺」與「白廈」因而成為立法權與行政權的代用字。

英國的文官制度能馳名全世界，主要就因為它被定義為「永久保持行政中立的組織」(a permanent politically neutral organization)。各部真正負責日常運作的官員稱為 Permanent Secretary，簡稱PS，中文譯為常務次長。但西敏寺制度下的常務次長，其職權比我國的常次要大幾十倍，無法相提並論。PS實際掌握部內所有行政與人事大權，除狹義涉及政策的問題須請部長批示外，沒有遵循政黨意旨的責任或義務。PS象徵中立的行政權，而部長只負責執行內閣政策；兩人意見相左時，由首相仲裁。而在通常情形下，基於傳統與尊重文官制度的獨立性，首相支持PS的可能性反而較大。

正因為政治性任命的部長不常到該部辦公，有須批示的案件均由PS放在一個公文夾 (portfolio) 裡，送到議會去請他處理。不管部部長 (Minister Without Portfolio) 一詞就是這樣來的。有時同一人可兼管兩部甚或三部，遇事由各部的PS拿卷宗到國會請示。我在南非時，有次看同仁所擬報部的政情週報，說地政部 (Ministry of Land) 與農業部 (Ministry of Agriculture) 合併為一了，覺得有點奇怪；查詢後才知道只是一位部長身兼二職，這兩個部仍然各自獨立存在。

其次，國父遺教的五權憲法，原本含有建立一個獨立文官制度的構想。依法考試院應執掌公務員經由考試取得擔任公職的資格，以及公務員的銓敘升遷。但政府遷台後，行政權不斷擴張，嫌銓敘部動作太慢，不能配合，乃在行政院下另設人事行政局，把銓敘部架空了。這與國民黨執政時，根本沒有行政中立的觀念，各部政務次長出缺，往往即由常次晉升，以致文官制度滲進了政黨因素，都與孫中山倡導五權憲法的觀念不合。老實說，國民黨過去既未瞭解國父原意，也沒有認真實踐五權的觀念，不能辭其咎。

我對於修憲並無定見。有人主張順應潮流，將五權改為三權，並非不可討論。但即使減為三權，仍必須在行政院之外，另設一個真正獨立的主管全國人事的機構，仿NCC之例，做到完全不受政治力的影響；免得重演近幾年來，總統官邸把手伸進國營事業董事與監察人的選擇，鬧得醜聞遠播。在考試院下的考選與銓敘兩部，過去績效如何，雖然毀譽參半，但行政中立與公務員人事不應受政治影響的大原則，仍應維持並予加強。

最後也最重要觀念是：憲法不該是一部死板板的、界定國家制度的文書；它實際隨著民主發展過程，不斷自行修正改進。正如民主不是天上掉下來的禮物，必須靠全國人民自己去爭取，去捍衛，去提升水準一樣。本文全無為英國吹噓之意；自一二一五年《大憲章》(*Magna Carta*) 迄今，七百多年來不斷自行修正，基本上是一部不成文 (unwritten) 憲法。它固然有值得借鏡之處，但在台灣目前情形下，也有不能學而且不該學的地方。

馬英九說，西敏寺制度的「不信任投票」可以取代我國現行憲法所缺少的閣揆同意權，只要認真行憲就夠了，恐怕需要仔細考慮。立法院整天吵吵鬧鬧，不務正業，正是國人普遍對它不具好感的主因。若僅將現行憲法解釋成通過不信任投票即可倒閣，正好給總統以解散國會的藉口。台灣有能容忍三天兩頭倒閣，因而常常解散立法院的人麼？我想是少而又少。

六十六、不過境美國　台灣有何籌碼？

兩國交涉　應按部就班　美中關係　不是美台關係的溫度計

（原刊九十五年五月五日《聯合報》）

翻遍世界各國外交史，從未有過這樣光怪離奇的故事：一國元首出國訪問，到二十四小時前還不知道會走哪條路，才能抵達出訪的正式目的地。

外交部長親自主持記者會，宣布接受美方建議，來去都取道阿拉斯加後，被高層完全推翻，無法自圓其說。台北這邊尚未宣布更改過境計畫，國務院發言人卻只用個「他」字作為陳總統的代名詞。不但不用「總統」兩字稱呼，連最低禮貌的「先生」都免了。麥考馬克答覆記者詢問時說：「『他』決定不作這次（過境）旅行了，這是『他』的決定。」意思很清楚，你們去問他吧。

中華民國總統如此且戰且走，有如喪家之犬，台灣每個人都同感羞辱。但不應像綠營立委把一切都怪罪中共打壓，而不反躬自省。政府遷台五十七年來，大陸何嘗有一日停止打壓？美國這次對阿扁不假辭色，分明是總統獨斷獨行，違反「四不一沒有」的承諾，「終統」後還要在棺材上加釘子釘死，自己招惹來的。老百姓眼睛雪亮，再要諉過他人，只會越搞越糟。

平心靜氣分析這場進行式的荒唐劇，希望我們的總統痛定思痛之餘，學會三點教訓：首先，外交是積累了幾百年成例與條約的學問，更是一種藝術，有賴於學術與經驗的結合。即使「天縱神明」如阿扁者，也不能隨興所之，想怎樣就怎樣。兩國間辦交涉，要按部就班，按階級一層層去做。儘管綠營中人把楊甦棣捧上了天，把他AIT代表的職務稱作「大使」，出訪過境的交涉應該交給外交部去辦，而非直接請楊到總統府來，當面向他抱怨，甚至說出「不讓我過境紐約，我就不經過美國」。這哪裡是辦外交，倒像在要脅勒索。請問台灣有什麼籌碼，可以恫嚇美國而不損及自身呢？

其次，陳總統身邊的親信，無一曾有外交歷練，因而把美中關係的起伏，視作測量美台關係的溫度計；不知大陸和平崛起後，美中台三角關係早就不是等邊三角形了。台灣這幾年被民進黨消耗得元氣大傷，邊緣化的程度已至極點。就因為缺乏自知之明，四月二十日布胡會結束，美國總統沒有公開批評阿扁，使他們雀躍萬狀，立即提出過境紐約與舊金山的申請，而且先透露給國內媒體，嚴重違反外交慣例。過去幾次申請過境，只由相當於我國司長級的助理國務卿報告副國務卿就夠了。這次送到布希總統案頭，先積壓六天之久，最後只給在本土以外的阿拉斯加與夏威夷，雖有些勉強，總算給了點面子。你自己發脾氣掉頭就走，那是活該。

最後，許多人猜測駐美代表李大維夾在中間，兩面不是人，恐將遭撤換。陳總統必須瞭解，如在此時召回駐美代表，可能衍生更大困難。台美間雖無正式邦交，依照慣例，更換駐使前仍須先檢送履歷，請對方同意接受；駐在國如不同意，則無須說明理由。我的看法是民進黨裡鑽營想做這個吃力不討好差使的人，美國不一定接受，而美國可以接受的人選，則大多數不想去當只剩兩年任期的外交炮灰。在繼任人選未獲同意前，先貿然召回李大維，是外交實務裡最強硬的一種抗議方式，通常表示雙方關係已到達冰點。阿扁在此事不能再耍脾氣，要謹慎點才對，不然又將搬磚頭壓了自己的腳。

六十七、過境外交 這是什麼玩意兒？

（原刊九十五年五月三日《聯合報》）

騙無知百姓 騙不了洋人

林濁水罵得好，這是「丟臉外交」。黃志芳和李大維寢食難安了幾星期後，陳總統出訪巴拉圭、哥斯大黎加之行，專機怎麼過境美國，啟程前謎底還是沒法揭曉。而難以置信的原因，竟是過境美國的申請，據說被白宮壓下，留中不發。這個悶棍，比上次響亮的耳光更令台灣難堪。

許多跑外交的記者朋友來找，要我評論阿扁過境遭遇的僵局。我以並無內幕消息為理由，一概謝絕。其實當時已預感會有這樣的結果，因為在外交手段裡，不予答覆也是答覆的一種。如今預感果然成為事實，自然是「終統」帶來的後遺症。

民進黨執政六年，政府創造出許多在任何國際關係或外交實務教科書裡從未有過的新名詞，其中最匪夷所思的就是所謂「過境外交」。許多記者都問過我，這個詞該怎麼翻譯成英文，我確實答不出來，因為根本不懂它究竟是什麼玩意兒。

後面兩個字容易解釋，外交是兩國政府間正常接觸的方式，目的在增進雙方關係，包括透過談判以達成協議。但關鍵在於兩國政府必須有接觸，才叫做「外交」。美國在法理上不承認台灣是個獨立主權國家；

就美國法律而言，AIT雖然明明由國務院官員在保留年資條件下暫時性離職，派在台北或高雄辦事處服務；嚴格而言，它仍只是個民間機構。至於設在華府的理事會，原本的白手套作用近年來早被拋棄，只是聊備一格，掩人耳目而已。

阿扁幾乎每年都尋求過境美國，即使不能去華府，他最想去紐約，再其次舊金山、洛杉磯，或者西雅圖也好。依照媒體報導，我們的總統每次過境，來迎接與陪同的人員，層級最高只到AIT理事主席而已。二十七年來歷任理事主席中只有夏馨是唯一例外，她從未做過外交官，所以雖討得阿扁歡心，最後卻被撤換。

總而言之，不曾與對手國現任主管外交業務官員見面晤談，怎麼樣也扯不上辦「外交」；更何況以我國總統的身分地位，雖因雙方無正式關係，無法與美國總統平起平坐，至少也該與國務卿或現任副卿祕密會面，才比較符合外交禮儀。AIT理事主席其實只相當於我國外交部的幫辦階級，地位全不相襯，本來就該從頭到底陪伴他；但這些人每年至少來台灣一兩次，沒有跑到美國去看他們的必要。

阿扁想盡辦法要向台獨基本教義派顯示他「過境外交」的成就，著眼點在於國內選票，而非對美關係。他甚至把自己的專機與空軍一號停放得很近，當作吹牛的資料，得意洋洋，令人作嘔。原因就在於他的親信中沒有一個人懂外交，外行領導內行，因而越來越荒唐。

在李登輝時代，至少還尊重職業外交官的經驗與判斷；以「度假外交」到東南亞各國，都能見到現任總統或總理，在高爾夫球場上談談實質關係。請問阿扁的「過境外交」，六年來有什麼成就？它只能騙無知的老百姓，騙不了美國人。

六十八、縱橫世界　胡錦濤的「大國外交」

（原刊九十五年五月一日《中國時報》）

雖然訪美之行只顧面子，因而輸掉了裡子，中共國家主席胡錦濤幾年來僕僕風塵，致力於「大國外交」的收穫，台灣朝野都必須提高警覺，不可輕忽。

離美後，胡繼續所餘的中東與非洲四國行程。在沙烏地，答訪了阿卜杜拉國王 (King Abdullah) 今年元月北京之旅。然後到摩洛哥，與國王穆罕默德六世 (King Mohammed VI) 和首相杰圖 (Driss Jettou) 會晤。在奈及利亞與總統奧巴桑喬 (Olusegun Obasanjo) 重申「戰略夥伴」關係，與投資開發石油合約。最後到肯亞，與總統齊貝吉 (Mwai Kibaki) 簽署了多項合作協定，飛返北京。

除美國外，這些中等大小的國家自然都給足面子，照「國事訪問」（北京已改用「國事」而非「國是」了）的規矩搬出全套外交禮節，賓主盡歡。別以為除首要目的地美國外，順路去其餘各國，只是錦上添花，湊熱鬧而已。

如果把二十一世紀開始，胡錦濤出訪的國家列一張表，就可清楚地看出，自從他成為國家領導人以來，大陸致力經營所謂「大國外交」(big power diplomacy) 的自我期許與豐碩收穫：

★二〇〇一年元月：烏干達、賽普勒斯、約旦、利比亞、敘利亞、伊朗

★同年十月：德國、西班牙、法國、英國、俄羅斯聯邦

★二〇〇二年四月：馬來西亞、新加坡，最後去美國出席G8高峰會

★二〇〇三年五、六月：俄羅斯、哈薩克、蒙古，最後去法國出席G8高峰會

★同年十月：泰國、澳洲、紐西蘭，最後出席APEC高峰會

★二〇〇四年元月：法國、埃及、加彭、阿爾及利亞

★同年六月：波蘭、匈牙利、羅馬尼亞，後去烏茲別克出席上海合作組織（SCO）高峰會

★同年十一月：阿根廷、巴西、智利、古巴

★二〇〇五年四月：菲律賓、汶萊、印尼，出席亞非集團高峰會

★同年九月：美國、加拿大、墨西哥，出席UN六十週年紀念大會

★同年十月：北朝鮮、越南

★同年十一月：英、德、西班牙

★二〇〇六年四月：美國、沙烏地、摩洛哥、奈及利亞、肯亞

替他計算一下，這五年多來，胡錦濤已大致走遍了世上稍有實力的國家，「滄海遺珠」可謂寥寥可數。這些出訪事先必需精心籌畫，透過外交管道磋商三個月甚或半年，並由外經貿、資源、基礎工業、國防、情報等有關部門配合辦理，看在哪些方面可以加強彼此經貿關係，其複雜程度非局外人所能想像。訪問之後的追蹤推動，更需要有關部會全力執行。

費這麼大的事出訪，中共所求為何呢？具體而言，至少在四方面收穫豐碩：首先，清楚地向世界各國顯示，中國縱然在某些方面仍不如歐美，就綜合國力而言，卻已是可與美國分庭抗禮的頭等強國了，它的經濟實力尤其不容小覷。美國抱怨大陸只談生意，全不在乎對方是否維護民主人權，不知這正是中國受歡

迎的原因。像沙烏地那樣的君主集權國家，聽膩了美國的說教，對胡錦濤重提周恩來五十年前在萬隆會議主張的「不干涉他國內政」口號，而且自認「中國仍是開發中 (developing) 國家」，不以已開發 (developed，大陸稱為「發達」) 國家自居，感覺特別順耳，自然願意多賣點石油給不在乎價格的大財主了。

其次，達成多種外交目標。我起先也不懂，為何胡錦濤訪問任何國家，所簽署的聯合公報中必定有該國承認「中國是市場經濟國家」一語，後來才明白大陸加入WTO到明年恰滿五年，屆時能否升格成為完全會員，有賴於世貿組織對它貿易自由程度的認定，因此這句話成為中共目前對外交涉的重點。但更要緊的是，大陸一向致力於討好亞非集團，希望成為聯合國裡過半數國家非正式的領袖。過去受限於共產主義意識形態，未能如願；如今以脫胎換骨姿態出現，正好利用全球的「中國熱」，在多邊糾紛乃至聯合國裡從改造安理會到提名下屆祕書長人選等重要議題上，取得一言九鼎，舉足輕重的地位。

再次，挾其世界第一的外匯存底，在資源爭奪戰中搶居優勢地位；尤以石油、天然氣、戰略金屬、高科技儀器設備等為主，甚至連穀類、大豆都不放棄。而美國國內保護主義抬頭，不但去年不肯把Unocal油公司賣給大陸國營的CNOOC；今年又以國家安全為詞，遲遲不肯批准中東的世界港務公司 (Dubai Ports World) 承包美國六個港口的管理業務。兩者相較，倒好像中國才真在奉行全球化與自由貿易，美國反而成了阻礙經濟自由的禍首了。

最後，大陸絕口不談軍事國防，但胡錦濤屢次出訪都與國家安全息息相關。正如美國嘴上不說，卻處心積慮地經營大陸以南的印度與以西的中亞各國，想圍堵中國一樣；胡錦濤豈是省油的燈，他明知目前難在「軟力量」上與美國對抗，但我儘量到外面交朋友總可以吧。從墨西哥到巴西，從奈及利亞到敘利亞，中共和它們豈但以「戰略夥伴」相稱，還自命為「患難兄弟」，不管這些肉麻的外交辭令難使外人置信，只要聽者接受就達目的了。

六十九、馬硬起來　與地方勢力攤牌

國民黨改造要從基層做起　關鍵不在立委人數多寡　更非關王馬之爭

（原刊九十五年五月一日《聯合報》）

連日來媒體報導跨黨派立委串連準備提案修憲提高立委人數，其實忽略了問題中心所在，那就是民主政治下，一個政黨的中央與地方黨部孰輕孰重的爭執。

先進國家沒有這個問題，美國有五十州、一個華盛頓特區與波多黎各等領土，單位眾多。即使人口最多的紐約州或加州，也無法左右全國性的政治。台灣在威權時代，中央說了就算，也從未發生「尾巴可以搖狗」的事。到李登輝繼任，一方面威望不足以壓制群雄，另一方面也想藉地方選舉作為個人後盾，不惜與邪惡勢力結合，放任投機取巧的土豪劣紳混入國民黨內，造成披著羊皮外衣的大批狐狸入黨，黑金當道，是非不分，才是國民黨輸掉政權的真正原因。

馬英九做法務部長時，台灣地方政治爛到極點；縣市議會選舉正副議長，幾乎都有賄選現象。他堅持依法查辦，李登輝阻攔，馬因而去職。去年三合一選舉後，馬說「國民黨沒有打敗民進黨」，並非謙虛，而是肺腑之言。

我想馬去年當選主席前，就深知國民黨積弊已深，如不洗心革面，永遠難以贏回人民的信任。但他接任時，黨在各地競選縣市長提名程序早已完成，他只能不計成敗，盡力輔選。雖然部分候選人有微瑕，他也不能陣前換將；只好事後請當選者簽署廉政公約，希望借輿論力量略加約束。今後如真有人再鬧出醜事或緋聞，馬英九除壯士斷腕外，沒有別的路可走。

自然，本文並非說國民黨各縣市地方黨部，都受一心只想升官發財的人操縱。國民黨基層絕大多數是深明大義的忠貞黨員；連戰推行主席不由黨員代表大會選出，而由黨員直接票選，擺脫地方勢力壟斷中央委員會，是改造的第一步。馬英九主張今後中常委也要直選，如能貫徹，可使黨中央決策機構完全不受地方派系影響，與民進黨現今靠人頭黨員包辦基層選舉，中常會成為分贓機構，形成了強烈對比。

可見馬英九授權祕書長詹春柏，在立法院黨團會議中鮮明地表達反對串連提議修憲案，不是他忽然「硬起來」了，而是看清楚了這場爭執，關鍵不在立法委員人數的多少，實已走到黨中央與地方勢力攤牌的敏感時刻。他如果退讓半步，以後休想再發號施令。其後果必然是地方黑金結合如故，國民黨與民進黨唯一的差別，只是相較之下，哪個黨更加貪汙腐敗而已。

許多媒體影射這是又一場「王馬之爭」，恐有誤導之嫌。選舉恩怨固然難以避免，唯有一輩子在政治裡打滾的人，對利害得失看得總比別人清楚。上屆立法院選舉，王金平是國民黨不分區名單第一名。明年立委選舉提名，有人敢搶他這個寶座嗎？作為國會議長，他對於任何立委的提案理當保持中立，非到投票結束不應表示意見。除非正反雙方票數相同，造成僵局，他甚至到宣布投票結果時都無須告訴別人，他究竟贊同哪一方。王院長已保持中立，記者不應亂猜。

國民黨改造必須從底層做起；連戰任主席時期，最大的貢獻是通過凡曾被起訴或一審判刑的黨員，一概不得被提名競選任何公職。這次爭議裡，馬英九不但該嚴守防線，還必須在這場比賽意志的角力賽中，顯示他有作為領袖的魄力。

七十、布胡會　為爭面子恐輸掉裡子

（原刊九十五年四月二十四日《中國時報》）

胡錦濤結束訪美後，已經抵達沙烏地，開始亞非四國之旅。他就任國家主席後首次正式訪美，雖先由鐵娘子吳儀砸下一百六十億美元鋪路，結局似乎不如預期，最多只做到各說各話，對中美間相互溝通，並無裨益。

在布希橢圓形辦公室的所謂首腦會，從十時半歡迎儀式結束，到十一時十六分准許記者進入攝影並准雙方各兩人提問，總共不滿一小時；減掉翻譯時間，兩人各有二十幾分鐘可用，只夠照稿背誦，完全沒有意見的交換。

正如媒體報導，兩國在胡錦濤這次訪美是否「國是訪問」一點上，從去年八月吵起，幾乎惹得美國惱火。幸虧卡翠娜颶風給雙方提供了下台階，將胡的訪美行程推遲到今年四月。要知道美國作為世界唯一超強，與一百八十個國家有邦交，而人人都想到白宮做客，光耀鄉里。如果都讓他們如願，布希整天忙於送往迎來，哪還有時間處理國家大事？美國近年來在禮賓制度上力圖減少虛偽應酬，以「工作訪問」取代「國是訪問」，原因在此。

華府希望將胡錦濤來訪定位為工作訪問，並非有意阻攔或煞風景，而是認為如此可讓他到德州克勞福農場或華府附近的大衛營作客。兩位元首在無人窺伺，毫無拘束的環境下，可以暢所欲言，建立私人感情與互信，或許能有點意外的收穫。平心而論，這種想法有理，只是中方不能瞭解，或因顧全中國傳統的「面子問題」不肯接受，才造成幾乎不愉快的僵局。

客觀地檢討，雙方只「會」而並未真「談」，必須歸罪於大陸外交體系領導階層的思想僵化，下情難以上達，白費許多力氣拚命為是否「國是訪問」去爭面子，卻可能輸掉了裡子。這不是說中共沒有外交人才，如前後任駐美大使的楊潔篪、章文重等應該都懂得兩種方式的優劣；他們何以不曾據理力爭，局外人就無從知道了。

既然雙方只重申各自觀點，台灣也只能拿公布的資料來解讀。媒體過分強調歡迎儀式中那些「凸鎚」事件，如司儀誤將「義勇軍進行曲」稱為中華民國國歌，以及《大紀元報》記者王文怡高聲抗議等，屬於花邊新聞，看過就算了，沒有認真討論的價值。

台灣沒有一家報紙把白宮南草坪歡迎儀式裡兩國元首講話，布胡會後記者會的致詞與答問，或午宴中兩人舉杯前的演說，作有系統的整理報導。同樣地，胡錦濤在耶魯大學演說時，這麼多號稱二十四小時播報新聞的有線電視台，只有兩家轉播了開始幾分鐘，其後就全改成李全教被指控性侵楊小姐的鏡頭了。雖說有什麼樣的觀眾才有什麼樣的媒體，仍然令人失望。

外交部阿Q式的自我陶醉，以布希並未對台灣說出重話來安慰國人，完全是避重就輕。這次布希總統雖然沒再像接見溫家寶那次，公開斥罵台灣，執政者不應沾沾自喜，以為「終統」事件就此結束了。

胡錦濤不但在歡迎儀式上說他讚賞布希「反對」台灣獨立的立場，在用詞上搶著先鞭（got in the last word）；在晤談後公開記者會上，他又特別挑出台灣問題，強調一中原則，聲稱絕不容許台灣獨立，處處表現不能妥協的架勢。

白宮午宴結束前舉杯互祝時，胡的演說比布希的講話長了五倍。在季辛吉、章子怡、萊斯、姚明、倫斯斐和關穎珊等賓客面前，胡錦濤從抗戰時美國援華的歷史，談到二十七年前中美建交，再扯到今日兩國錯綜複雜的關係，點出美國作為世界最大的「發達國家」，與大陸作為世界最大的「開發中國家」，說兩國不但是「利害關係人」，更該是「建設性的合作夥伴」。最後引杜甫登泰山詩句比喻中美關係，雖有些肉麻，仍獲得不少掌聲。

細讀胡在耶魯大學的講詞全文，內容四平八穩，提出「以民為本、自強不息、社會和諧、親仁善鄰」四項傳統，但如果他此行目的在於化解美國朝野對「中國崛起」的不安感，想博取一般老百姓友誼，說服力實嫌不足。替他起草的幕僚群雖知中國最早留美的容閎就是耶魯校友，卻不知耶魯曾在湖南辦過雅禮學校(Yale-in-China)。可見大陸的文化斷層現象，至今揮之不去。也因此在西雅圖、華府和紐海文的三篇演講，都有點八股味道。

當然，在次要目的亦即兩國「共同利益」部分，從反對國際恐怖主義，防阻大規模殺傷性武器擴散，保護人類生存環境，到打擊國際犯罪等，胡錦濤所說的話，布希沒有不贊同的理由。而在經濟、貿易與技術合作方面，中共意在獲取更高級的技術與設備，美國也只聽聽，准或不准是將來的事。在國家元首層次，討論時無須涉及細節。至於美國真正關切的伊朗與北韓發展核武問題，兩人顯然沒有具體交換意見。

胡錦濤此次雖有唐家璇、李肇星、鄭必堅等新舊外交智囊人物隨行，這些人究竟資歷尚淺，在大陸嚴格的政治圖騰制度裡，恐怕沒有進言的資格。總結而言，這次訪美受限於面子問題，實質上看不出任何有意義的結果，收穫不大。

七十一、華府隱憂　拉丁美洲向左急轉？

（原刊九十五年四月十七日《中國時報》）

今年元月在美時，《時代週刊》曾以封面故事問道：「拉丁美洲會向左轉嗎？」我不但早在一九六〇年奉命訪問拉美十國，八〇年代又持節中美，達九年兩個月之久，學會了西班牙語，多次遍歷拉丁美洲與加勒比海各國，有一份親切感；因而感覺近來許多事例，使那篇報導的內容越來越有成真的可能了。

許多人都把拉丁美洲當作「美國的後院」(America's backyard) 看待，說那是美國的禁臠，其實未必盡然。十九世紀初，拿破崙一世 (Napoleon Bonaparte) 被推翻的同時，西班牙同為戰敗國，南美洲原西國殖民地趁機紛紛宣布獨立；群雄並起，有時同一人成了兩三個國家的「國父」。美國直到一八二二年，才正式承認了其中五國。

但歐洲大多國家仍為君主專制，憂慮民主風氣會危及它們的統治。一八二三年，法王拿破崙三世 (Louis Napoleon III) 與西班牙密商，想獲得俄、普、奧三個帝國的支持，恢復西國在南美洲的舊殖民地。英國深恐此事如果實現，會影響到它保持歐陸均衡的政策，說服了門羅總統 (James Monrue) 與亞當斯國務卿 (John Quincy Adams) 宣布不願見歐洲國家干預美洲各國內政。所以「門羅主義」原意只為拒絕歐洲干預該區事務，美國並未積極經營拉丁美洲。

直到七十五年後，一八九八年麥金萊 (William McKinley) 總統任內，靠短短三個月的美西戰爭，撿了個大便宜。美國海陸軍死亡僅三百六十九人，戰敗的西班牙卻割讓了波多黎各、古巴、菲律賓與關島；美國順便還把保護下的夏威夷納入了版圖。所謂「美國帝國主義」在那時才誕生，門羅主義也獲得了新解釋。

反美　歷經百年的覺醒

拉丁美洲的根本問題，在於上層社會承襲西班牙傳統，掌握所有資源卻不事生產，中層官僚階級貪汙腐敗，低層土人難求溫飽。所以整個拉丁美洲雖然幅員遼闊，人口稀少，物產豐富，只是表面的繁榮，經濟潛力始終未被充分開發。美國擠入強國之列後，對拉美只求歐洲各國不來攪局，並未致力協助。惟利是圖的商人只知拿拉美做他們賺錢的工具，如二十世紀初的聯合水果公司 (United Fruit Company) 壟斷全世界的香蕉生意，操縱中美各國政治，無惡不作。拉丁美洲人對美國印象惡劣，可說是這些政商勾結的後遺症。

百餘年來，拉美的革命英雄，從墨西哥的薩巴達 (Emiliano Zapata) 到古巴的格瓦拉 (Ché Guevara)，所以能號召人民上山打游擊，其來有自。美國偶爾也會良心發現，覺得忽略拉美太久了。卡斯楚 (Fidel Castro) 在古巴革命成功後，甘迺迪總統曾提出將拉丁美洲成為「進步夥伴」(Partners for Progress) 的計畫。但世界他處不斷產生更急迫的危機，美國轉一個身，就又忘記了拉美。這些累積百餘年的不滿，教訓了拉美知識份子必須自求改革。今日這波向左轉的浪潮，背後並無國際共產主義支持，正反映出拉美自身的覺醒。

點燃這把熊熊大火的人，是軍人出身的委內瑞拉總統查維茲 (Hugo Chavez)。他一九九九年當選後，除大力整肅貪腐外，首先停止假「民營化」之名，將國家資產尤其國營的石油公司賤價賣給財團的政策。委國是中東以外最大的石油出口國，他卻下令減少產量，從而提高油價。此人性格火爆，曾在演說中痛罵布希，問聽眾說：「你知道誰是『邪惡軸心』嗎？華盛頓才是真正的邪惡軸心。」美國討厭古巴，查維茲偏拿出口石油賺來的錢，貸款給卡斯楚，並且支持拉美各國左傾反美的總統候選人。

去年十二月，玻利維亞選出純土人血統的莫拉瑞斯 (Evo Morales) 做總統，元月才就職。他當選後，先到古巴拜訪卡斯楚，就職後又到北京向胡錦濤請益。進入人民大會堂時，中共負責人衣冠楚楚，這位老兄卻只穿件毛衣，領口敞開，故意不打領帶，顯示他的革命作風，難怪大陸似乎並不領情。

左派　逐步奪下執政權

真正引起國際注意的，是元月智利大選，社會黨領袖芭契樂 (Michelle Bachelet) 獲勝。這位在東德受教育的兒童外科醫師，智利不承認她的學歷，卻成為歷史上首位女總統。智利已是完全歐洲化的現代國家，她就職後的一連串措施，如六十歲以上老人得享免費醫療，提高退休俸百分之十，加強兒童福利等，最多只能算推行溫和的社會主義，不能算急進左派。

四月九日的祕魯大選，尚須待第二輪投票結果。目前領先的烏瑪拉 (Ollama Humala) 也是軍人出身，藤森時代企圖兵變未成，現在走民粹路線。落後國家計票緩慢，下一輪投票日期尚未確定。他究將面對曾任總統的賈西亞 (Alan Garcia) 或中間偏右的佛羅瑞斯 (Lourdes Flores)，要等月底才能揭曉。

隨後還有五月二十九日哥倫比亞與七月二日墨西哥的總統選舉。墨西哥總統福克斯 (Vicente Fox) 將與首都市長羅貝斯 (Manuel Lopez) 一決雌雄，這才是使美國提心弔膽的大事。巴西十月選總統，現任的魯拉 (Luis Inacio Lula da Silva) 聲望下滑之快，與台灣領導人倒有三分相似。厄瓜多也是十月選舉，如左派獲勝，安地斯公約 (Andean Pact) 將成反美軸心。而十二月委內瑞拉大選，查維茲勢將投入，恐怕無人能攖其鋒。

二十一世紀的領袖須以治績 (good governance) 讓人民信服；拉丁美洲已經走出過去的黑暗時代，民主逐漸成熟。美國與其擔憂拉丁美洲向左急轉，不如反問自己，曾提供這些鄰國多少援助，對它們的發展有過什麼貢獻。

七十二、連胡二次會　應談「漢字文化」

（原刊九十五年四月十二日《聯合報》）

所謂聯合國二〇〇八年起將只使用簡體字一說，初聽時就半信半疑。因為多年來每次上 www.un.org 網站，只有簡體，從未見過中文正體字。現在雖被證明只是場烏龍事件，至少喚起了國人對正體字 vs. 簡體字問題的注意，也算另一種收穫。

我要先聲明，本文使用的「漢字文化」一詞，僅指有關漢字書寫時的繁簡與拉丁化拼音的辯論，與「中華文化」的大帽子無關。

連戰即將率領國民黨代表團到北京出席國共論壇，商談經貿實務。為了漢字文化的前途，我建議連榮譽主席以老友身分與胡錦濤私下晤談時，應該勸他考慮把有關文化事項列為國共兩黨會談重點之一，在不涉及政治的前提下，在本屆或下屆論壇中嚴肅而客觀地研討。中共政權當年為掃除文盲，推行中文書寫簡體化，動機無可厚非。但匆忙中創造出來的若干簡體字，實在不敢恭維。例如「鍾、鐘」同為一字，「發、髮」難以分辨，「受、授」合一而意義相反，「面、麵」混淆不清，常會把人弄糊塗。

問題的關鍵是，只有認識正體字，才能享受中華文化豐富的遺產。大陸今天的知識份子，不論簡體正體，都難不倒他們。換句話說，幼時教簡體字，其實只把學習時間拖長十幾年，分為兩個階段而已；為何不一次就教會正體字，免得麻煩呢？

正體字筆劃多些，書寫確實多費些時間，但大陸十三億人口中，已有一億人上網，每年仍以兩位數快速增加中。電腦普及後，按幾個鍵就會出現一字，筆劃多少已經失去意義，不能再成為使用簡體字的理由了。

討論「漢字文化」時，同時也該提出漢語拼音的改進問題。四十年前，大陸公佈 pinyin（漢語拼音）制度時，國外所有教授中文的學校都抱懷疑態度，各國的中文圖書館更同聲反對。時移勢遷，這股潮流今日已無從抗拒。台北市為與世界接軌，也被迫採用了它。若與台灣習用的威妥瑪制 (Wade-Giles system) 相較，漢語拼音確與中國話發聲比較接近，但仍有它的缺點。

缺點之一是它與威妥瑪制同樣缺乏顯示四聲的指標。最近買到大陸新出版的字典，對這點已有改進，就是在母音上端增加了平上去入的符號。缺點之二是，連在一起的兩個母音如何分割，仍然混亂不堪。威妥瑪制用連接號表示，而「西安」拼成 Xian，初來的外國人無法瞭解這原是兩個字，會誤讀為「縣」。

西安有些飯店在 Xi'an 中間加了一撇，作為補救。這種做法雖解決了困難，似乎與中共原先的規定不合。而且那一撇，在威妥瑪制是往上挑，與英文所有格往下撇有別，只是當地變通之道，他地無從效法。

這問題怎麼解決呢？北市雙語環境顧問委員會審核的千百種中英對照文字，也包括路街標誌。我被邀參與已三年，考慮駕駛人常只有一兩秒鐘時間可以抬頭看路標，必須簡單明瞭。最後想出個折衷辦法，將每個漢字第一字母大寫，如仁愛路是 RenAi Rd.，減少說錯或聽錯的可能。此法只以路標地名為限；其他如何標示人名、書名與篇章標題，目前都沒有一定標準，都可在討論漢字文化時提出。

漢字文化對天下所有華人都有切身關係，無須也不該涉及兩岸政治。希望本文能引起國人集思廣益的討論，取得共識。

七十三、中俄兩國都在下「世局一盤棋」

（原刊九十五年四月十日《中國時報》）

三月下旬，俄羅斯聯邦總統普丁到大陸作兩天半的國是訪問；表面看來，他似乎來去匆匆，實際卻意義深遠。台灣媒體報導，把重點放在勤練功夫的普丁第三天參觀河南嵩山少林寺時，沒有下場露一手這件事上；令人慨嘆眼光怎麼如此膚淺，只會耍弄花邊新聞，而不去深度探索，分析它對國際政治與經濟的影響。

普丁訪北京　與美較勁

俄國國力雖無法與老美相比，普丁不遲不早到北京訪問，骨子裡仍有和美國較勁的味道；布希總統三月初訪問印度，所以普丁接著要去大陸訪問。他再訪北京，實因去年六月，中共外長李肇星與當時俄國外長拉福若夫（Sergei Lavrov）在海參威互換中俄界約的批准書，一舉解決了自從珍寶島事件（俄文稱為Damansky島）以來，在黑龍江中界線的糾紛。兩國捐棄前嫌的原則，是二〇〇四年十月普丁初訪大陸時達成的諒解。就俄國立場而言，幾百年來四千三百公里長的邊界裡，三十幾年前曾兵戎相見的那一段，終於用條約明文規定，永絕後患，在中俄關係上自然是件大事。

至於這次國是訪問的動機，多得數也數不清。今年是中俄建立「戰略與合作夥伴」關係的十週年，也是兩國簽訂「睦鄰、友好與合作協定」的五週年。普丁率領二百餘位俄國公民營企業界領袖同行，在北京與中方舉行合作會談，一共簽署了二十二項與經貿有關的協定，涵蓋範圍以能源與經貿為主。金額與細節雖未公布，料想俄國一定乘機賣了不少包括戰鬥機、空中加油機、飛彈技術、海軍艦艇與其它先進武器給大陸。做了這麼多生意，普丁樂得重申俄國支持「一個中國」、反對台獨的堅定立場，台灣媒體似乎也未刊登有關新聞。

普丁在三月二十一日抵達北京，表面上是為配合大陸「俄國年」將近二百項活動的開幕式。明年，俄國也將舉辦一系列的「中國年」活動，以加強邦誼。在他停留的短短兩天裡，除胡錦濤外，普丁還會見了人大常委會主席吳邦國、總理溫家寶等人。表面非常熱絡。但在大陸最關切的，從西伯利亞到大慶油田興建一條輸油管的問題上，俄國似乎有意拖延腳步。關鍵何在？是否因為價格或合約期限談不攏，值得玩味。

中俄愛恨糾葛六十多年

北京與莫斯科間的愛恨情仇，六十六年來大起大落了好幾次。一九四九年十月一日，毛澤東站在天安門上，宣布成立中華人民共和國後的幾年，可稱為「蜜月期」。大陸各地的「中蘇友好協會」氣燄薰天；學俄文到蘇聯去留學，是入黨升官的捷徑；所有工廠都有蘇聯專家常駐，指導生產。等史達林死後，為爭國際共產主義的領導權，兩國交惡。大陸高舉「反對修正主義」的大纛，與蘇聯以及東歐所有共產國家為敵，只剩下阿爾巴尼亞孤零零一個朋友，也在所不惜。老毛疑神疑鬼之餘，發動文化大革命，與此也脫不了關係。

赫魯雪夫下台後，中俄關係沒有那麼緊張，但彼此都懷有戒心。一九六九年的珍寶島事件幾乎引起戰爭；毛澤東先死了。葉爾欽執政，舊蘇聯瓦解變成俄羅斯聯邦後，中共嚴防「蘇東波」思想影響它對內統治，雙方關係只能以「敬而遠之」形容。九〇年代後半，在鄧小平倡導下，大陸拜改革開放之賜，快速發展，俄國經濟先急速沉淪，普丁在二〇〇〇年代理總統，力挽狂瀾，經濟方能穩定復甦，兩國經貿往來也慢慢恢復正常。

在俄國人眼裡，大陸有點「暴發戶」的味道。舊蘇聯雖然解體，從歐洲的白俄羅斯、烏克蘭到中亞的哈薩克、土庫曼等十幾個國家都已分離獨立，今日的俄羅斯面積仍有一千七百萬平方公里，比美國大百分之八十。人口一億四千四百萬，則比美國少一億左右。二〇〇四年俄國國內生產毛額是六千一百三十億美元，經濟成長率達百分之六點八；個人年均所得達九千八百美元。在普丁心目中，俄國仍是世界上軍事力量第二強的國家，但眼看在經濟方面落後中共愈來愈遠，自然不是滋味。

俄對中愈像原料出口國

經濟發展懸殊，反映在中俄貿易關係裡，使俄國越來越像原料出口國，大陸卻變成成品輸出國。這種現象在遠東中俄邊境區域尤為顯著。從伊犁到哈爾濱，每天都有成千上百的俄國婦女過界來瘋狂採購，回俄國那邊去做單幫生意。有自尊心的俄國人認為大陸應該向俄國多買點重型機械、核能發電機件及其它俄國能製造的整廠設備。但大陸政府與公民營企業早就被歐、美、日、韓廠商寵壞了，對俄商不惜一顧，真是情何以堪。

在俄國本身，從彼得大帝時開始，就有西進與東進路線之爭。學習西方典章制度的熱潮，在共產統治下被壓制多年，如今禁忌已全解除。俄國雖未完全民主化，總統與兩院制的國會卻都是道道地地由人民選舉出來的。普丁大膽地對舊蘇聯各國放鬆控制，俄國甚至與北大西洋公約組織（NATO）建立軍事互信機制，在二十一世紀開始時還難以想像，如今卻已成事實。

俄國在對大陸輸油管一案上舉棋不定，正反映出在東西間游移難決的躊躇。在對伊朗發展核武制裁這件事上，它雖與大陸同樣在安理會勸阻美國別太猛進，臨時變卦也不無可能。中俄兩國現在都在下所謂「世局一盤棋」，目前方在落子布局的階段，離終場還很遙遠呢。

七十四、一中各表　無言勝有言！

「扁馬會」　胡錦濤會公開接受「一中各表」？

（原刊九十五年四月四日《聯合報》）

昨天的扁馬會，可能打破台灣所有電視台日間政治性特別節目的收視紀錄。我認識的親戚朋友，幾乎每人都目不轉睛地從頭看到底。兩小時又十分鐘後，問他們的觀感，仍是信者恆信，不信者恆不信；藍綠雙方都認為自己那一方略占上風。

持平而論，彬彬君子的馬英九太客氣了點。國家元首固然應予尊重，但道理總該說清楚講明白，不該禮讓阿扁占用了大部分時間。如有人曾拿著跑馬錶計時，就會算出兩人談話的總時間，陳水扁至少用掉百分之六十以上。其結果是馬主席在結論時過於匆忙，在許多問題上未能發揮精粹要義，非常可惜。

律師出身的阿扁善於運用詭辯術，但在最後幾分鐘，不知不覺露出一個破綻。他說，現在台灣的現實已無「憲法一中」，而是「憲法一台」。所以國民黨榮譽主席連戰去大陸時，應該要求胡錦濤公開接受「一中各表」，如能做到這點，他就會尊重九二香港會談達成「一中各表」共識的說法。

陳水扁說這幾句話時，時間已經很晚，馬英九只能大方地表示感謝作結，沒有抓住機會咬住猛攻。這也是馬天生溫柔敦厚的性格使然，徒使旁觀者替他乾著急。

且不提所謂「憲法一台」論，完全違反了陳總統兩次就職宣誓效忠中華民國憲法的誓詞，連黃信介在世時，也說：「有些事能說而不能做，有些事則能做而不能說。」去年連胡會的五點結論裡，大陸做了許多讓步。連戰與胡錦濤所達成的是初步原則性的協議，仍須執政黨接棒後，繼續談判下去，才能獲致某種程度的共識。

海峽兩岸各有自己的神主牌，台灣的神主牌是中華民國憲法；大陸何嘗沒有它的毛澤東思想、鄧小平理論、江澤民的「三個代表」，與現在對台政策上的所謂「胡四點」。胡錦濤不可能公開接受「一中各表」，但他如果不再強調這點，只講九二共識，正如《論語》裡「王顧左右而言他」，就已經表示足夠的彈性。在外交上，避而不談也是說話的一種方式，雙方心知肚明，但誰也不去說破它，才能作為繼續談判的基礎。

與大陸談判是很困難的事，但我們不能不試探一切可能。陳總統先以胡錦濤接受我方條件為前提，硬逼對方砸掉自己的神主牌，顯示扁政府仍無尋求和解的誠意。所謂「此時無言勝有言」，恰與美國一再強調的「創造性的模糊」不約而合，這就是外交的藝術。

堅持一九九二年雙方在香港會談紀錄中並無「九二共識」這四個字，只能混淆視聽。立委蘇起早已解釋過，那年八月兩岸代表團離開香港各自返國時，尚無此一共識。中共代表團回到北京後，十一月才以傳真通知台北海基會表示接受，原件俱在。歷史上許多非常複雜的事件，當時並無正式名稱，事後才用一個大家都能接受的名詞代表。美蘇對峙了多少年，邱吉爾才在密蘇里演講時創造出「冷戰」一詞。二二八事件與美麗島事件發生時，也沒人用過這兩個名詞。咬文嚼字否認有九二共識，只代表扁政府對兩岸和平毫無誠意而已。

七十五、台獨運動的「教父」——葛超智其人其事

（原刊九十五年四月出版之第二一九期《歷史月刊》「被出賣的台灣：美國與台灣的歷史探究」專輯）

葛超智 (George H. Kerr) 是個略帶神祕性的人物，或許與他在二次大戰時擔任過美國情報人員有關。他的中文名字是誰替他起的，也令人好奇。把他那本《被出賣的台灣》(*Formosa Betrayed*) 譯為中文的陳榮成教授，在譯者自序裡說，曾與葛氏有許多往來，但陳把他姓名譯為「柯喬治」；如果兩人真很熟識，所用中文姓名不同就有些奇怪了。

他是美國賓州人，一九一一年出生。寫過好幾本有關台灣與琉球的書，除前述那本外，尚有《台灣自治運動》(*Formosa Home Rule Movement*)、《葛超智文件紀要》(*Descriptive Summary: George H. Kerr Papers, 1943–51*)、與《琉球史》(*Okinawa: The History of an Island People*) 等。晚年他也在柏克萊加大、史丹福等大學講過課。但他究竟是在哪裡讀的大學本科，曾否獲得學位，怎樣也查不出來。

他一九三五到三七年間在日本讀書；一九三七到四〇年間在台灣住過三年；回美後曾在哥倫比亞大學研究。從年齡推算，到日本時他已經二十四歲，到台灣則已二十六歲。在台北他表面上是在中學裡教英文，實際則替美國做情報工作。

就因為他以台灣專家自居，大戰開始後，他搖身一變成為海軍預備役上尉，直接加入海軍情報署，在

後方擔任情報蒐集與訓練工作。他最得意的日子是一九四二年中，美海軍考慮登陸台灣，積極作各項準備，因而在紐約哥倫比亞大學附近的西一百一十七街租了一棟五層樓的房子，以「鋪島作戰」（Operation Causeway，陳榮成譯本用詞）為代號。因為文職中有十名是日裔美人，防備他們有異心，連「台灣」一字都不敢用，而稱作「X島嶼」。

為研究「鋪島計畫」，海軍調集了二十一名軍官、八名士官與二十一名文職人員在內工作，葛超智自稱是「領隊」。其實真正負責整個計畫的是克利亞雷上校（Capt. Francis X. Cleary；海軍上校才是captain，在陸軍裡卻是上尉。陳教授或因不熟悉美國軍制，將此人階級誤譯為上尉），而輔佐克利亞雷上校的有兩名正牌學者，包括華萊士(Dr. Schuyler Wallace)與捷舍甫（Dr. Phillip Jessup，一般譯作傑塞普）。嚴格說來，葛超智的工作大概與軍訓時的小隊長差不多。

他這段風光的時間只持續了兩年。一九四四年七月，羅斯福總統以抱病之軀，飛到太平洋總部，要解決陸軍的麥克阿瑟元帥與海軍的尼米茲上將之間的戰略路線之爭。麥帥堅持先拿下菲律賓，實踐他「我要回來」(I shall return)的諾言；尼米茲則想登陸台灣，以之作為轟炸日本的基地。那年羅斯福為第四度競選總統考慮，寧願同意在美國聲望極高的麥帥的主張。到十一月，「鋪島計畫」宣告壽終正寢。哥大附近那批官兵與文職人員各自歸建。

這件事使葛超智胸中充滿怨氣。他的脾氣本來就難與人相處，勝利前後，葛被派往重慶美國大使館服務。他雖自稱是「海軍副武官」，應該只是配屬海軍武官處內一名文職情報人員；因為一九四六年初，他被調到美國駐台北領事館，正式職銜才是副領事。領事館內美籍人員只有三位：除領事卡多(Robert J. Catto)外，另一位是新聞官。葛氏若真做過大使館的副武官，地位約相當於總領事或一等祕書，比副領事高出許多了。

網路上常被引用的「Wikipedia 百科全書」裡有葛超智的小傳，說日本投降後，一九四五年十月二十五日，他曾以駐重慶美國大使館官員的資格，陪同台灣行政長官陳儀乘專機飛抵台北，接受在台日軍的投降；而且還在投降文件的英文版裡，加入美國有代表在場的辭句，確否有待查證。

葛氏所有的著作裡，對美國駐華大使館與國務院官員批評備至，稱這些人為「中國第一論者」(China firsters)。妙就妙在無論美國政界的右派或中華民國政府，對重慶時代美國大使館的官員們，卻認為過份左傾，與他的評語恰巧相反。葛超智駐台期間，適逢二二八事件，因而力主美國應改變支持國民政府的政策。他認為開羅宣言 (The Cairo Declaration) 對美國利益是個「大災難」，美國應該堅持「台灣地位未定論」，將台灣交聯合國暫時託管，以待塵埃落定。因為他的地位低微，這些主張都未被美國政府接受，更使他氣憤難消，終其餘年不斷著書立說，成為台獨運動的「教父」。他一九九二年八月在夏威夷去世，享壽八十一歲。

為實現他的主張，葛超智不斷奔走呼籲，演講著書。一九四九年一月七日，毛澤東已拿下大半個中國，京滬岌岌可危。葛氏趁機上書國務院遠東司司長白德華 (W. W. Butterworth)，內附他向中央情報局的老上司裴格魯上校 (Col. Moses Pettigrew)，提出長達九頁的說帖，建議美國阻止蔣公來台，另在台灣建立一個「傀儡政權」(puppet regime)，原函及附件見下篇文章。這份文件是多年前楊日旭教授給我的，不敢掠美。但去年底我為《蔣中正遷台記》寫導讀時，在舊紙堆裡未能尋獲，希望本文能補充前文的不足。

葛氏反對美政府對華政策的態度過份明顯，立場偏頗。他雖曾在幾所大學裡講授過日本、琉球與台灣史，在重視學術獨立的歷史學界卻未受重視。「Wikipedia 百科全書」所載葛超智的小傳，顯然是他自己執筆的，但編者也不得不在文中加一句說，「他明顯敵視中國的態度，使許多研究中國問題專家們對他作為中國史學者的聲譽，存有疑問」(his reputation as a historian in Chinese history is questioned by many Sinologists due to his apparent stance against China)。

《被出賣的台灣》一九六五年由波士頓的 Houghton Mifflin 公司出版，有史卡拉賓諾（Robert A. Scalapino）的序。葛氏投給「Wikipedia 百科全書」的小傳裡自稱，國民黨在初版出書後買下了英文版權，以阻止該書再版，恐係無稽之談。因為英文版在一九七六年又由紐約 De Capo Press 出版社重印發行；台灣許多大學的圖書館裡，都能找到該書。

這本書的中譯者陳榮成是嘉義人，台大法律系畢業，奧克拉荷馬大學政治學博士，後在路易西安那州州立西北大學任教。一九七一年蔣經國在紐約遇刺，黃文雄用的那支手槍就是陳榮成在路州購買後，帶到紐約交給黃使用的，審訊時也曾被傳出庭作證。

陳教授翻譯的態度尚稱謹嚴，前後花費了六年半時間，錯誤不多；僅有如將「海軍軍令部長」(Chief of Naval Operations，簡稱CNO，相當於我國海軍總司令，美國至今猶沿用此銜）譯作「海軍作戰首長」，無傷大雅。譯者自序難脫台獨立場，今日也算不上什麼了。序中稱現任總統府資政的黃昭堂曾為該書對照原文，並參與編印工作。中譯本在李登輝總統任內，由前衛出版社於一九九一年三月初版，兩年後據稱已刷到第五版。

七十六、葛超智給國務院遠東司長的「密件」

（原刊九十五年四月出版之第二一九期《歷史月刊》「被出賣的台灣：美國與台灣的歷史探究」專輯）

一九四九年初，在大陸的國民政府岌岌可危，眼看大陸即將變色之際，葛超智從美國西岸華盛頓大學遠東系上書國務院遠東司長白德華（W. W. Butterworth），指出如果蔣介石遷往台灣，美國面臨的困難將複雜萬分，台灣問題將更難解決。

這封信的日期是那年元月七日。之前葛超智顯然曾到過華府，拜訪他過去任職情報機構時的老長官、中央情報局（CIA）的裴格魯（Moses Pettigrew）上校，並向後者提出了長達九頁的建議書。因此葛超智也寄一份標明為「密件」（Confidential）的副本給白德華，詳細說明他就美國對台灣政策的建議。信上的收文戳記顯示遠東事務局在同月十三日收到該函，十四日分交中國科。

為存真起見，我將該函與建議書全文譯中如下。使用不同字體部分只為提醒讀者注意它的含意，不影響原文。

葛超智原函

華盛頓　國務院　遠東司　白德華司長

白司長大鑒：

假如蔣委員長去了台灣，我國面對的問題將更加複雜萬分。雖然因為發生了許多因素，已經降低了台灣人對美國介入的熱情，我相信他們仍會與我們合作－至少開始時會合作－因為他們亟欲擺脫國民黨，同時也不願被共產黨統治。但設如蔣委員長到了台灣，任何想解決問題的努力，就會變得非常複雜。我們怎樣才能從蔣氏鐵掌中把台灣拿下來呢？假使美國仍圖支持烏合且屢吃敗仗的國民黨政府在台灣重整旗鼓，台灣的六百萬當地人民最後只能響應共產黨的號召，作為他們最後的機會，那是可以斷言的結果。（本週的報上有封投書說，台灣當局仍繼續拘捕人民，雖然大量物資正從上海運往「安全的」台灣，台灣的失業人口仍不斷增加。）**如何把國民黨推翻，才是下一個問題所在。**

那天與你談話後，我獲機得與早年擔任軍事情報工作時的老上司，現服務於中央情報局的裴格魯上校，討論有關台灣問題的若干層面。我正在準備一篇冗長的備忘錄送給他，詳細討論有關事項。**其中第七部分**（譯者註：實應為「己」而非「庚」）**關於台灣民間領袖部分**，我想　貴司的中國科對此或有興趣，所以隨函附上一份備忘錄全文，敬請　惠察。

我這次來華府，所經過之處，大家都對我國將如何處理台灣問題，感覺興趣。一般人都假定我們不應該袖手旁觀，以致因未採某種干涉行動，而讓它落入共產黨手中。

從十一月到十二月初，報端出現了許多有關台灣未來的專欄、預測與社論。因此前曾任職陸軍航空隊（USAAF）與聯合國善後救濟總署（UNRRA）的裴恩（Edward Paine）和我準備了若干資料，由他分送給各報編輯，希望他們瞭解該地區的情況後，對從台灣發出來的新聞能更慎重地處理。艾克斯（Harold Ickes，譯者註：羅斯福時代曾任內政部長）十二月六日在《紐約郵報》惡毒的專欄，就是那種我們必須防阻的文章。《波士頓太陽報》一月三日的社論，幾乎把裴恩寄給該報的油印，照原樣刊出。

葛　超　智　敬上

華盛頓州立大學遠東系

華州西雅圖，岸邊道 2334 號

備　忘　錄（機　密）

主　旨：台灣問題的因素，一九四九年一月

（甲）本備忘錄提出以下各項作為討論基礎——

一、**美國有效控制台灣**的可能範圍。

二、為滿足以下各項要求的方程式：(1)美國的軍事需求；(2)美國國內輿論；(3)台灣的中國人；(4)大陸來的中國人，包括共產黨與非共產黨兩派。

三、美國對付反抗者的做法。

四、有關台灣中國人領袖階層與人事問題。

（乙）本備忘錄**假設美國國防部業已決定不容台灣島落入敵視我國的反對派手中，並準備採取某種方式的干涉行動**。

本備忘錄也假設美國將採的行動必須**避免被指責為「帝國主義」**，至少能減低傷害，以免影響美國在其它地區的聲望與領導地位。

本備忘錄更假設為維護我國經濟起見，必須儘量減低為控制台灣而需的費用，儘可能讓當地經濟承擔政府開支所需，並有助於遠東地區的經濟安定。

美國在台灣應採取的行動，在以下簡稱「美國計畫」。

（丙）備忘錄摘要

一、必須制定一項「美國計畫」，保證台灣的安全秩序與經濟健康，不使具有戰略重要性的基地落入共產黨手中。

二、為應付美國軍方、國會、台灣人、或中國人的特殊利益，或遭遇以上各方面的反對時，可用類如**台灣在法理上的地位未定論**，**結合台灣人公民投票**等技術問題，作為處理這些問題的基礎。

三、可以設計出一項美國計畫，一方面**保證對台灣可有充分軍事控制**，另一方面則可應付美國國內或共產中國兩方面發出來的批評重點，即(1)給予台灣的中國人 (Formosan-Chinese) 最大限度的自治權；(2)積極開發台灣資源，以供安定並重建遠東之用。

四、在最關緊要的本土領袖人物一點上，本備忘錄提出四位仍健在的台灣人，並逐一略加評論。在此必須提出嚴重警告，千萬不可起用國民黨的代理人、以反美著稱、聲名狼藉、**一心想做省主席的黃朝琴**。

本備忘錄必須強調：**任何支持在台灣的國民黨流亡政權**（讓大陸人在島上繼續執政）**的企圖註定必將失敗**，並且會激起反感，徒然有助於共產黨的宣傳。在「美國計畫」下，**一個由當地人提名的傀儡台灣人政府**，要比一個由**逃到台灣的傀儡大陸人政府**遠更有效，因為後者既遭台灣人仇視，又難逃共產黨的壓迫追擊。

本備忘錄的宗旨在探討以下各種可能發生的狀況：⑴國民黨整個瓦解，共產黨在大陸成立政權後的新形勢；⑵大陸可能成立一個聯合政府；⑶美國將有一段時期對⑴或⑵都拒絕承認，但也不容許兩者間任一政權控制台灣。

除以上各選項外，我們如若企圖在台灣支持一個尾巴流亡政權，既不切實際，後果也將不堪設想。美國如對某些個人給予庇護，並不需要獲得那個流亡政府的支持，因為⑴它所在地的人民痛恨那個政權，而⑵如徵求它的同意，會招致全世界的譏笑。所謂中國是一個世界性強權的笑劇已經落幕了。逃到台灣的一個流亡政府，比烏克蘭或貝薩拉比亞〔Bessarabia，譯者註：莫達維亞(Moldavia)的一區〕逃到東南歐洲更沒有意義。

至於如何處理逃到台灣的大陸人問題（至今約有一百萬人已經遷移到了台灣），以及逃來的中國空軍與海軍部隊，他們在「美國計畫」下與當地政府及經濟的關係，本備忘錄暫不涉及。

（丁）計畫的時間與範圍

「美國計畫」將持續多久與其包含的範圍，視全球性政策考慮而定。但在此必須強調，一開始時我們究將直接和他們合作，或是透過逃來的大陸人與他們合作，對台灣人與美國合作的熱忱會有重大的影響。早在一九三八年，作者曾親聞台灣中國人青年討論菲律賓與美國間的有利關係。一九四五年後，這個例子常被贊成美國干涉台灣的人們，舉為榜樣。我們**可以菲律賓為範本，設計出某種特殊關係的計畫**。

我們準備占領（台灣）的時期越長，個別的台灣人與我們合作的意願就越高。（在任何情況下，必須假定最初的歡迎氣氛會逐漸變成對外來干涉的反感，美國會繼日本與國民黨之後，為一般民眾所厭惡。）

任何正面行動之初，應確定該計畫所需時間（十年、十五年、二十年），或者承諾說「美國計畫」一俟簽訂將主權移交給中國的條約後，即行終止。

如果需要更具吸引力以保證最大程度的合作時，可以承諾在「美國計畫」結束前的適當時期**舉行公民投票**，俾可確知台灣人民的意願為何。此一保證可在措詞上使人明瞭，屆時如美國基於政策變更，並無繼續保護台灣的責任。

顯然地，「美國計畫」的首要目的是（美國的）戰略需要，可以訂出一個軍事保留區制度（Military Reservation System），限制美國軍隊只在區內駐紮，美國軍政府也只在明定地域內行使職權。台灣所餘大部分地區可由一個台灣人的政府在內政與經濟事務上享有最大的自治權，但邀請美國顧問參與治理。涉外事務——航運與空運——可以直接由美國管轄。

(戊) 關於進行方法的建議

有五項重大(的美國)利益必須做到相當程度,依其重要性分列如下:(1)美國國防單位的需要;(2)美國大眾與國會;(3)六百萬土生土長的台灣中國人;與(4)大陸來的中國人,包括國民黨追隨者與大陸的共產黨(譯者註:原文僅此四點,「五」字應為筆誤)。

自法律觀點而言,既然台灣的主權尚未正式交還給中國政府,而該島的法律地位有待一個被各國承認的中國政府簽訂對日和約後始能確定的說法,應該足以構成(美國)採取行動的技術性理由。

用主權未定的說法,似乎可以自動地排斥任何支持一個流亡的國民黨政府的想法。美國不能夠既支持它又不讓它掌控台灣。假如美國把控制權給了那個政府,它肯定會搞砸掉,造成台灣內部形勢混亂,雖然可能拖延一些時間,最後必然導致共產黨勝利。

設如美國為保全中國在聯合國與遠東理事會的席次,而在大陸其它地區支持一個國民黨的難民政府,因為並無主權問題存在,會比較安全一些。

我們在遠東理事會(與聯合國有別的)各盟國,會不會主張說,當年接受日本投降的中國政府現已不復存在;無論新的共產黨政府,或即使(國共)成立一個聯合政府,都不能取代原屬中國的席次呢?或者遠東理事會可以設立一個監督管理委員會,負責治理台灣,而現在的中國政府雖可有限度地參與,但沒有實際權力呢?

假如**美國堅持要積極或消極地利用台灣**(using Formosa, positively or negatively),那麼美國**必須堅持要有治台的權利**。國民黨在大陸時已經使我們失望了,在台灣當地極端反對他們的氣氛裡,它只會搞得更糟。

從技術觀點而言,如果設在東京的盟軍最高統帥部(Supreme Commander Allied Powers, SCAP)在遠東理事會授權的前提下，對此有可能表示興趣。美國已是被肢解後的日本帝國的主要看守者。作為遠東理事會的一員，中國就其本身處境而言，很難提出異議。俄國如不贊成，我們可以提醒它說，它占據的千島列島和庫頁島南部同樣因欠缺條約基礎，處境大同小異。

我們可**用舉辦公投的方式，顯示台灣人民主動要求美國介入**，來滿足美國的國內輿論。或者現已逃到香港的台灣人要求盟軍最高統帥部介入的新聞，可以拿來做宣傳之用。一九四七年初，台灣人民向美國乞求援助的新聞雖然過時，仍可加以利用。我們也可對國民黨流亡團體，或從大陸逃出的重要人物施加足夠的壓力（如有條件地保證其個人安全等），使他們同意舉辦公投，並接受其結果。在一九四七年時，如曾舉辦一次誠實無欺的公民投票，會獲得大多數（台灣）人民支持臨時性的美國干涉。

共產黨以民族主義與愛國心為號召，對成千上萬的台灣人有非常強大的吸引力。它把美國描繪成頭號敵人，資本主義與帝國主義的掠奪者。中共如以承認一個完全由台灣中國人組成的地方政府為餌，並在大陸共產政權裡承認台灣人是這個自治政府代表的話，它的直接引誘力會更大。經過日本五十年統治後，對台灣人而言，自治的夢想對他們有莫大的誘惑。國民黨以血腥鎮壓了追求自治的運動，但一九四七年時，美國對台灣人絕望的呼籲充耳不聞。在大陸的共產黨會以准許自治把大多數台灣人拉到他們那一邊去，其結果是使「美國計畫」在島上變成不能容忍的重擔，唯有對島上人民使用武力才可能達成。

美國如放棄在大陸對國民黨的支持，我們必須認知美國在台灣的利益，純屬地區性的戰略利益。在「美國計畫」下成功地利用台灣，需要有和平的、守秩序的、馴順的台灣人。

一九四七年時，他們很可能對這樣的計畫熱心支持並合作，但隨著時間消逝，這類附屬的人民總會變得焦躁不安。

打開天窗說亮話，**我們現在面對的是要哪一種傀儡的選擇**（a choice between puppets）。我們可以試圖利用共產黨和台灣中國人都討厭的大陸**逃到台灣的國民黨人做傀儡**，或者不理會那些已失去民心的大陸人的願望及主張，轉而培植確實代表島上人民的台灣中國人，提供我們合作與服務，給他們相當程度的自治，最後使其對「美國計畫」負責。坦白而言，**這就是「現實政治」**（realpolitik），在我們面對威脅更大的蘇俄共產主義前提下，兩害相權取其輕。

為了防阻當地發生動亂，導致嚴重損失，我們必須針對共產黨對台灣人的雙重誘惑力，發展出一套計畫。

在純由美國（或盟軍最高統帥部）主導的委員會之下，可以在名義上代表台灣人民，將治理台灣的工作分交兩個單位。一個美國軍政府主管清楚劃分的台灣軍事保留區，包括主要機場與軍事基地。一個由台灣中國人組成的行政委員會，則以接受美方技術顧問意見為條件下，管理島上的民用部分，其主席由委員輪流擔任。（因為他們亟欲修補破碎的經濟，恢復從前的高生產水準，他們會積極徵詢美國專家的意見。）

只要不影響有效率地使用島上的軍事基地，可以鼓勵台灣人的所有活動，我們就可抵消共產黨對於台灣人爭取自主的號召力。

美國應儘量雇用美籍華人，擔任大多數顧問職位，可以減少通常因種族隔閡而生的摩擦。

美國應事先明白定下舉行公投的日期或事件（類如簽訂條約？），明白宣示我們屆期會舉行公投，以備撤離台灣。我們在菲律賓的前例，可使人民相信美國的承諾。這樣做可減輕台灣人的恐懼，並減少美國國內與中國方面來的批評。

我們也可藉大力發展台灣經濟——包括農業與工業各方面——的計畫，以中國全體人民福祉為詞，或可使共產黨或在大陸成立的聯合政府，基於實質利益而心動。共產黨已經說過中國必須經過一個「小資產階級資本主義」階段，以發展工業。在這點上，他們或許樂見這麼一個史無前例的機會，讓中國至少一部分地區能發展出蓬勃的工業。能這樣做的前提是在「美國計畫」結束前，美蘇之間的緊張情勢應稍已緩和，而大陸的中國共產黨對我們在遠東利益的危害，亦已稍微減低。

（己）領導人選

作為本備忘錄執筆者，我認為在一九四七年後，有足夠條件可擔起領導（台灣）地方政府責任的人，寥寥可數。

林獻堂—六十幾歲，家世富有，自一九二〇年代起，就成為相對於日本人而言，台灣人利益的象徵。因受巴黎和會時威爾遜總統倡導的平等原則所鼓勵，林獻堂創辦並長期支持一個受過高等教育生活富裕的台灣人團體，不斷敦促日本放寬控制，使本省人得享自治權利。他曾經屢次坐牢；雖因呼籲台灣人不要忘記他們來自中國的傳統，林獻堂仍然受日本人尊重，因為日本也瞭解他的象徵性，而且知道對他越粗暴，引起的反感也越大。二次大戰末期，日本為了要台灣人在最後關頭效忠，甚至給了林獻堂許多榮譽和特權，並且不顧他的意願，封他為貴族院議員。

日本的這項手法或曾使林獻堂喪失了一些聲望，但他多年來鼓吹台灣自治早已深入民心，他在台灣人心目中的份量從未完全消退。陳儀主持下的中國政府也同樣想利用他。

林獻堂本人其實並不怎樣出類拔萃，與其說他堅忍卓絕，或行政經驗宏富，不如把他看成一個象徵性的人物。正因為他沒有特別色彩，所以才能發揮融合不同派系的功能。他的家父長風範使他能獲不同族群的信任。他曾遊歷各國，並送兒子就讀英國劍橋大學。

楊肇嘉－家道小康，在台灣和上海都有產業，曾長期流亡島外。在執筆者眼中，他是最佳的領袖人選。楊肇嘉尚未滿六十歲，是受過教育且家有恆產，敦促日本應給台灣人更多自治權那群人中的一員。他和那批人都曾被日本警察有時前來問話騷擾。日本投降後，他和長期臥病的兒子住在上海，全心研究在新獲得的自由環境下，有關台灣地方行政與政府組織的各方面問題。雖然缺少廣泛的行政實務經驗，他對政府的各種問題瞭解得最深刻。有幾個中國人因覬覦他的財產，一九四六年曾誣告他在日本占據上海時與日本人合作，將楊肇嘉逮捕。

楊為人沈默寡言，但很有個性。在台灣他有很多親戚，但不如林獻堂有名。

廖文毅與廖文奎－這對兄弟秉性壯烈，大膽敢言，從一九四五年起就冒著生命與財產危險，抗議（中國）對台灣的壓榨。兩兄弟都曾留學美國獲得學位，並且娶了美國太太，現在年齡都只四十幾歲。廖家很有錢，是大地主，信仰基督教，在政治上親美。因公開鼓動反對陳儀的聲浪，廖文奎在上海被捕（另一件被人誣告詐財案），廖文毅則逃到香港；目前他正以台灣地位未定論為理由，積極向麥克阿瑟元帥和盟軍最高統帥部遊說，要求美國干涉台灣。

廖家兩兄弟熱愛台灣的情操無庸置疑，願意為此而犧牲一切，在中國人裡極為少見。但兩人也被認為在政治上太天真，而其暴躁激烈的個性顯示他們不但難起團結作用，反易招致相反效果。

哥哥廖文奎是國際知名的學者，所著書籍包括英、法、德、中、日各國文字版本。他也在蔣委員長設在南京的中央政治學校講過課，因而認識許多大陸中國人的領袖。假如要成立一個台灣人與大陸人合組的政府，這種老關係可能有所幫助。

黃朝琴－執筆者在此必須作出最嚴重的警告，絕不可在未來台灣政府裡，考慮予黃朝琴任何職位。他雖在台灣出生，一輩子都在中國的外交界服務。一九三〇年代末期曾任中國駐舊金山總領事，但據說因涉入一件販毒案，被迫提早離職以免被爆料。可能因為此事，使他對美國和美國人沒有好感。一九四六至四七年間，他不斷給美國駐台北領事館找麻煩，羞辱美國人。陳儀時代，他做過台北市長，以貪汙腐敗聞名。一九四六年台灣設立省參議會，政府調他做議長，因為技術上說他的確是台灣人，而這個職務只有台灣人才合格。（二二八）大屠殺時，他的地位足以使許多台灣人的領袖陷入羅網。魏德邁將軍（General Wedemeyer）來台時，雖然美國領事館中人極力反對，他仍和魏德邁見了面，然後他曲解了談話內容，使美國在台灣人間的聲譽受到損害。大家都知道他很想有朝一日，能做上台灣省主席。他雖然在當地頗有聲望，此時此刻就美國利益而言，他是最危險的人。

（庚）有關領導人的問題

如何選擇一位當地領導人，既能與（美國）合作，相對清廉，也要相當能幹，是目前最大的問題。從大陸逃來，劫後餘生的流亡政權，不可能在台灣成功。他們雖能靠武力維持權位，**台灣人終究會起而反抗一個作為美國傀儡的國民黨政權**。一九四七年就因為台灣人要趕走以陳儀為首的那群貪汙腐敗的軍事與財政官僚，引起（二二八事件）大屠殺，使許多最保守、有聲望，而且支持民主的台灣人領袖受害。那個國民黨統治下發生的事件，在台灣中國人的記憶中是樁很重要的事實。

倖存下來的台灣人領袖在地方行政方面經驗不足，也不夠瞭解政治。但我們也必須接受，一個大部分由台灣中國人組成的政府不至於更無效率，也絕不會比一九四五年十月起的（國民黨）政府更糟糕。

本人建議應組成一個台灣中國人的政府，由台灣人邀請合格可被信任的大陸中國人參與其事（有少數技術人員與無黨籍的中國人領袖是可被接受的)。

那些被邀組織排除大陸來的中國人，或反對大陸中國人政府的台灣人領袖，有可能遭受生命威脅。他們因反對國民黨與大陸的共產黨，會被認為是「通敵份子」。

因此我們應該預料到，這些人在被徵詢(與美國)合作的意願時，會不出所料地表現十分謹慎的態度，因為**他們會被視為美國的傀儡**，而受到懲罰。他們會要知道美國能保護他們多久。任何美國政策會突然改變，美國的保護會被撤銷，使他們受到國民黨或共產黨報復的暗示，都會讓他們拒絕與我們合作。

(基於一九四七年時的觀察)本人認為一個由台灣中國人組成，自認有相當自治程度的政權，將很願意邀請美國顧問參與各個階層的行政工作，同時給予有效合作。在日本統治時期的經驗，使一般台灣人比起大陸中國人來，更易接受西方政治與經濟事務的方法。

在任何情況下，台灣人中間，以及大陸中國人中間都會有派系糾紛。但本人相信在最初時期，台灣人的派系會彼此合作，消弭歧見，以對付大陸中國人。大陸人過去趾高氣揚，占盡經濟利益，所引起的不滿罄竹難書。目前整船整船逃到台灣的大陸中國人難民，更加深了衝突的範圍。

美國的政策必須遵循一項基本事實：即我們雖無意與即將在大陸成立的共產黨政權來往，我們此際必須致力於在台灣保全一個有秩序的過渡性政權(maintain an orderly inter-regnum)，不能再過份顧慮國民黨難民政權這樣那樣的意見。

我們要控制台灣的目的，是為了**保護並擴大美國的利益** (our purpose in seeking control of Formosa is to preserve and enhance American interests)。國民黨既沒有任何能重整旗鼓的跡象，我們**必須放棄在台灣的國民黨** (we must abandon it on Formosa)，因為它來到台灣後，只會證實並重演它在大陸的貪汙無能。

一個有秩序、有效率、為台灣人努力的台灣政府，以最後回到大陸去建設一個有秩序、負責任、且能被人民接受的政府，才應該是美國當前在台灣的目標。

七十七、美國「以色列遊說團」開始被質疑

（原刊九十五年四月三日《中國時報》）

上週華盛頓的大新聞，是聲名狼藉的公關人物亞布拉莫夫（Jack Abramoff）和他的合夥人基旦（Adam Kidan）在佛羅里達州被判各服徒刑五年十個月，並共被處罰金二千一百七十萬美元。就在同一天，參議院以九十票對八票，通過修訂「遊說法」（The Lobbying Act）部分條文，禁止公關或遊說人員對議員送禮、邀宴、或陪同出遊並代付費用。修訂條款立即遭受輿論批評，認為還不夠嚴厲。另一方面，修正案送交眾議院後，能否照案通過，也還在未定之天。

亞布拉莫夫在華府長袖善舞，曾和眾院議長狄雷（Thomas D. DeLay）是好友，他官司纏身後，狄雷也連帶被迫下台。亞布拉莫夫的麻煩不止這一樁，他在華府被起訴的另一違反遊說法案件，先前已經判決，須服刑十年，另處罰金二千六百萬美元。因為他同意以汙點證人身分與檢調合作，繼續偵查其餘涉案人士，所以尚未入獄服刑。

看美國判例，不免慨嘆台灣怎麼沒有這樣獨立的第一線司法人員，以致像陳哲男接受招待，去濟州島賭博嫖妓的疑案至今無下文。世界各國對類似的非法遊說行政官員或民意代表事件，都在積極立法防阻並加以制裁，唯獨在陳水扁一手遮天的台灣，吏治敗壞到這種程度，政府卻當作沒那回事，安之若素。

從李登輝到陳水扁，兩人的共同信念，就是天下人都可用錢收買。民進黨執政以來，在美國雇用公共

關係公司從事遊說的經費，增加了好幾倍。扁政府屢次派遣官員或民意代表去美解釋「公投」乃至「終統」，自以為已經溝通過了，結果恰巧相反。這次又派一批立法委員去華府想抵銷馬英九旋風的影響，更是愚不可及。對美遊說是門大學問，台灣應該向以色列學習，但現在連以色列也遭遇困難了。

四十幾年前，我在紐約負責對美宣傳時，自由派與左傾人士最喜歡指控中華民國的罪名，就是所謂「中國遊說團」(The China Lobby)。其實以當年經濟尚未起飛的台灣而言，哪裡會有閒錢去收買美國有影響力的民意代表或輿論界領袖，為我們仗義執言。但一九七四年 Ross Y. Koen 所著《中國遊說團與美國政治》(*The China Lobby in American Politics*) 出版後，洛陽紙貴，使我們跳到黃河都洗不清。

好在我因依法登記為外國代理人 (registered foreign agent)，謹守分際，從不涉及金錢往來。司法部屢次調查，只證明紐新處一切活動合法。遇有人問起中國遊說團時，我常用的答覆是，你們弄錯了。在美國遊說最有效率的不是台灣，而是英國與以色列。英國仗著美東十三州原為喬治三世的屬地，以及邱吉爾所謂「英語人民」(the English-speaking peoples) 的淵源，加上高超的外交手法，最會無形中牽著華府的鼻子走，老美還渾然不覺。

其次最能影響美國政策的以色列，所倚仗的則是美籍猶太人。根據最新統計，他們的人數在五百二十萬至六百七十萬人之間，約莫等於以色列全國人口總數。但別小看這只占美國總人口百分之三左右的猶太後裔。他們掌握了許多重要媒體與金融機構，又從小被灌輸猶太復國主義 (Zionism) 思想，心懷祖國與猶太教義，組織嚴密，團結一致，用選票發揮力量。美國的中東政策如此偏袒以色列，不惜得罪所有伊斯蘭國家，全靠數以千計的猶太宗教、政治、經濟、文化、慈善、醫療各種團體日積月累的力量，無論民主黨或共和黨政客都需要賣帳，否則下屆就不必競選了。

但自從美國在伊拉克陷入泥淖，逐漸變成全球伊斯蘭信徒的公敵後，有識之士感覺過去一面倒支持以色列的政策，已到非改變不可的時候了。一星期前，芝加哥大學講座教授米夏摩 (John J. Mearsheimer) 和哈佛大學甘迺迪政治學院講座教授華爾特 (Stephen M. Walt)，藉英國有名的雜誌《倫敦書評》(*London Review of Books*) 發表一篇長達三十六頁的文章，題目就叫〈以色列遊說團〉(The Israel Lobby)。為什麼投寄英國發表呢？因為作者深知，沒有一家美國報刊會登出他們這篇文章。隨後在波士頓的哈佛大學甘迺迪學院又出版了增加註解與書目，篇幅更長的全文，造成轟動。

這篇文章引起美國朝野注目，不只因為兩位作者的學術地位崇高，立場不容懷疑，更因為它直言無諱地揭穿了猶太人操縱美國外交政策的內幕。它指出美國從二次大戰結束迄今，直接提供以色列的經濟與軍事援助達一千四百億美元。至今每年仍有三十億美元，占對全球援助的五分之一。如按以色列總人口計算，每人每年可獲五百美元的美援；但以色列經濟規模可與南韓或西班牙相侔，美國實無繼續給予鉅額軍經援助的必要。

在外交方面，從一九八二年到現在，美國因袒護以色列，在聯合國安全理事會裡使用否決權，擋掉譴責以國的決議草案達三十二次之多，超過其餘四個常任理事國使用否決權次數的總和。以色列與阿拉伯國家間凡有交戰，包括「六日戰爭」在內，美國都公然作以色列的後盾，不惜得罪所有阿拉伯國家。但以國對美卻並未言聽計從，照樣在應屬巴勒斯坦人的約旦河西岸構築新移民區，甚至用火箭直接刺殺巴勒斯坦領袖。在美國所有盟邦中，部署最大最有效的間諜網，專門刺探美國國家機密的，正是以色列。

這篇文章已經引起親以色列社團的重視。猶裔學術團體與智庫如外交政策研究所 (Foreign Policy Research Institute) 等，紛紛起而駁斥，大辯論即將開始。台灣從中可以學到的教訓，就是美國只有自己的國家利益，不該也不會把別國的利益放在美國自身利益的前面。

七十八、我看「馬英九旋風」

（原刊九十五年四月一日《民眾日報》，並由東森電視作社論播出）

台灣民主化以來，民眾的注意力似乎從未在這麼短時間裡，有過如此重大的改變。前後僅僅十天，正像熱帶性低氣壓會急速地轉變成颱風，去年謝長廷創造出來的名詞「馬英九現象」，已經變成席捲全台的「馬英九旋風」，所到之處，無人能擋了。

檢討這個突發的政治現象，有三個人是最大的功臣。應居首功的無疑是陳水扁政府六年來的所作所為，才引發旅美新舊華僑對馬英九近乎歇斯底里的熱情，炒熱了他三月十九日到二十九日的行程。即使在威權時代，三十五年前蔣經國訪美那次，就我親身經驗來說，轟動程度也無法與這次相比。這並非拿兩人作任何比較，只因時勢不同，才造就英雄而已。

美把終統怨氣化為高規格待馬

位居其次的功臣則有美國副國務卿佐立克，或者可再加上常駐聯合國大使波爾頓。正因美國嚥不下「終統」事件從頭到底，拿陳水扁無可奈何的那口怨氣，才故意把馬英九接任國民黨主席後初次訪美規格，提升到最高標準。總統府與民進黨應瞭解其中訊息，不必再派蔡英文、邱義仁之類的人去華府解釋。昨天游錫堃主席跳出來辦「評馬英九美國行」記者會，無非蜻蜓撼大樹而已。靠游的英文，明天如他去美訪問，能把馬比下去嗎？

把馬英九本人的貢獻排在第三，並非輕視他這次可圈可點的表現。以國民黨主席身分領軍，打勝去年底縣市長選戰，取得泛藍陣營二〇〇八年總統候選人資格後，這只是他第二次出國訪問。元月底初次訪英，接受炮火下的洗禮時，他還略嫌生澀。這回就完全不同了，言行充滿自信，顯露出美式幽默，風靡了全僑以及與他接觸的美國官方與學術界人士，不是隨便什麼人都能做到的。民進黨在他行前不該過分樂觀，以為他會像在BBC專訪節目中一樣摔個大跟斗，現在才後悔莫及了。

這次訪美成功，並不意味馬英九今後領導泛藍直搗黃龍的艱苦行程，會一路順遂。他自己在華府就說，泛藍陣營如不團結，二〇〇八年仍有輸掉選舉的可能。我認為這只是橫在馬英九面前的難關之一。不論在總統選前或選後，台灣在對外關係上仍有更困難的問題存在，必須逐一予以澄清。

馬自己說過，年底前將去日本訪問。看來雖是小事，卻牽扯到作為泛藍共主，他應如何定位台灣與日本的基本關係的態度。尤其從大陸高漲的反日情緒去看，可能引發許多後遺症。

馬英九挑著水桶走鋼索

馬英九在哈佛大學時就是保釣運動健將，不但與李登輝的親日路線南轅北轍，和民進黨曲意拉攏日本，企圖構築西太平洋首道防阻中國戰線的策略，也不可能唱同一個調。七月去日本訪問時，他與極右派如東京都知事石原慎太郎等的互動，以及他會不會與小泉首相晤面，都會是北京極端關注的細節。怎樣劃分台北市長與國民黨主席兩個職務的界線，既須善盡城市外交的責任，又不可使泛藍選民誤認他在東海採油與釣魚台主權爭執上有讓步可能。這種挑水桶走鋼索的本領，對馬英九將是一場考驗。

馬在美時，各地聽演講的人都曾問他，何時將去大陸訪問。他的標準答案是目前尚無此計畫。這也是實情，陸委會既曾不准謝長廷在高雄市長任內去大陸，有例可援，自然也不會准他在台北市長任內登陸。等年底交卸市長職務後，麻煩就來了。明年雖是立委選舉年，上半年會比較平靜，大陸如邀請他出席國共兩黨的經貿論壇，勢將使他進退兩難。

馬英九把泛藍大陸政策定位於連胡會達成的「五要」，是聰明做法。中共當前對台政策以「防獨」為第一要務，不急於「促統」，留給馬英九相當大的迴旋空間。放眼四月布胡會，美國雖不會同意簽什麼第四公報，仍必須在言詞上批判阿扁幾句，給胡錦濤一點面子。根據報載，陳總統五月中美洲之行，可能放棄過境美國；一葉落而知秋，可以看出這場「馬英九旋風」對美台關係的影響有多大了。

七十九、白宮新《國安戰略》 轉型外交浮現

（原刊九十五年三月二十七日《中國時報》）

二〇〇二年，九一一事件發生後，布希第一任的白宮史無前例地發表了一份《美國國家安全戰略》(*The National Security Strategy of the United States*) 的文件，作為指導整體國防與外交的南針。世界上也只有美國這樣的民主制度，敢把基本國策如此赤裸裸地在總統府網站上公布，讓全球各國都明瞭美國要做什麼，和為什麼要這樣做。

三年多來，美國先後出兵打阿富汗和伊拉克，繼而改變重視油源的傳統中東政策，最近更積極經營南亞與中亞。全世界各國不論是敵是友，都受到美國這些動作的衝擊。本月十六日，攻伊拉克將滿三週年的前夕，白宮公布了新版的《國家安全戰略》，說明美國國防與外交政策的基本立場。這份文件比第一版更為坦率，值得所有注意國際關係的人仔細研讀，但台灣媒體只有簡短報導，缺乏深入分析。本週專欄只能在篇幅許可範圍內，扼要地介紹重點，有興趣者仍應到白宮網站找尋全文為宜。

布希總統親筆簽署的緒論裡，開宗明義第一句就說「美國正處於戰爭狀態中」(America is at war)，而「本件就是我們面臨嚴重挑戰下的戰時的國家安全戰略」。他說，美國同時也必須為未來和平奠定基礎，「這兩項不可分隔的目標—贏得對恐怖份子的戰爭，與推動民主自由—過去四年來已成為美國政策的指導原

則」。兩者相輔相成，缺一不可。與此同時，國務院網站上出現了個新名詞「轉型外交」(transformational diplomacy)，意義雙關，既可解釋為美國外交在轉型，也可說美國要把別國從專制獨裁轉型成民主自由，看你怎麼解釋。

新《國家安全戰略》共分九節，直言談相，毫無顧忌。布希在國內正面臨對伊戰日漸嚴苛的批評，因而不諱言美國當前困難，第一節「概述」承認「美國正處於一個長期奮鬥的早期階段，情況與冷戰初期相似」。第二節「倡導並鼓勵人權尊嚴」與第三節「加強結盟，應付全球恐怖主義，防阻對美國及其盟邦攻擊」，因與台灣關連較少，暫且不提。

第四節「與其它國家合作，紓解區域性衝突」，主要目的在解釋美國為何會介入從表面看來，與美國國家利益並無關連事件的原因。它舉蓋達 (al Qaeda) 利用阿富汗內戰，獲得神學士政權庇護為例，說明美國最後介入的理由。它列舉今日世界各個區域性的「挑戰」，包括蘇丹、哥倫比亞、委內瑞拉、古巴、烏干達、衣索比亞與艾立特利亞，乃至尼泊爾。而應付方針則分為「事前防阻、直接介入、與事後安撫與重建」三階段。值得注意的是它把委內瑞拉也列入問題區域，只因委總統查維茲是中南美洲反美的急先鋒，但其結果恐怕只會使查維茲更向左翼傾斜。

第五節「防阻敵人使用大規模毀滅性武器恐嚇美國、美國的盟邦與友邦」、第六節「通過自由市場與自由貿易，策動全球經濟成長新紀元」與第七節「以開放社會與發展民主政治基礎建設，擴大發展圈」屬於原則性陳述。雖都舉有事例，限於篇幅只能從略。

這份文件最長也最引人注目的是第八節「與世界其餘強權中心，開發合作行動議題」。它坦言：「美國的國家安全戰略，有賴於我們與世界其餘強國的互動關係。」因而樂觀地指出，目前世界各大強權彼此間並無基本衝突，這也是千載難逢的機會，可以預防近代史上強權爭霸的歷史，在二十一世紀裡重新上演。

本節逐一檢討各個地區，依序為西半球、非洲、中東、歐洲、俄國、南亞與中亞，最後才是東亞。我原來不懂輕重次序怎麼會這樣排列；看到最後兩頁，僅就東亞區內各國的排列順序，才恍然大悟，原來只為要把大陸放在最後，作為壓軸。

在東亞部分，它逐一檢討美國與區內各國關係的現在與未來，依原文順序為日本、澳洲、南韓、東南亞與中國，同樣是把親密盟友放在前面，然後依照各國對美友好的程度，依序遞減。對台灣而言，自然是敘及大陸的兩頁最為關心。它先褒後貶，說「中國象徵了亞洲戲劇性的經濟成功模式，但仍未完全轉型」。然後話題一轉，指出「中國領袖們必須瞭解，他們不能一面走和平的途徑，同時卻不願放棄古舊的思想與作法」。

這番話雖然客氣，卻也正中要害。它列舉出三個事例：首先責備大陸「繼續在不透明情況下擴張軍力」；其次則抱怨中共「一面極力擴展貿易，一面卻在全球搶先鎖定原油的供應，不肯開放國內市場，反而要指導市場如何運作」；最後坦率責備中國「只管支持資源豐富的國家，完全不問它們對內鎮壓與對外藐視國際輿論的行為」，擺明就在怪大陸竭力討好蘇丹、伊朗、緬甸等流氓國家，未盡「負責的參與者」(responsible stakeholder) 應盡的責任。

對台灣人最關心的問題，這份洋洋數千言的《美國國家安全戰略》只有一句話：「中國與台灣必須和平解決它們間的糾紛，任何一方都不該壓制對方，或採取片面行動。」全段結語說：「中國領袖們必須明瞭，他們不能一面讓老百姓不斷體驗買進、賣出與生產的自由，卻不讓他們享有集會、發聲與崇拜宗教的自由。」可見美國真想影響大陸成功地轉型。

八十、美經營亞洲　強調不針對特定國家

（原刊九十五年三月二十日《中國時報》）

為因應世界新局勢，美國的外交與國防重點日益從舊日「歐洲第一」主義轉移到亞洲，趨勢極為明顯。繼布希總統印度與巴基斯坦之行後，萊斯國務卿上星期從南半球的智利循南太平洋直接飛到印尼訪問，然後在週末轉往澳洲，並將在那裡舉行美、日本、澳大利亞三國「安全對話」(Trilateral Security Dialogue) 會議。對訪問印尼部分，台灣報紙似乎也少有報導。

印尼是世界第二大的伊斯蘭教國家，過去有基本教義派地下組織「回教祈禱團」(Jemaah Islamiya，簡稱JL) 在民間鼓吹反美與反帝教條，吸收黨徒；峇里島與雅加達的炸彈案就是他們幹的。這個激烈反美團體與蓋達 (al Qaeda) 恐怖組織關係密切；印尼、美、澳、泰國的情治機構通力合作，兩年前終於逮捕了外號漢巴里 (Hambali) 的伊撒穆丁 (Riduan Isamuddin)，布希總統與澳洲霍華德總理高興得宣稱這是亞洲反恐行動最大的收穫，可見這位印尼籍伊斯蘭教長地位的重要。

JL的宗旨是要在印尼、馬來西亞、汶萊、新加坡，乃至泰國與菲律賓的南部地區建立一個統一的伊斯蘭教國家。如果成功，其土地與人口將超越中東任何國家。印尼大部分人民雖也信仰伊斯蘭教，但沒有那麼極端，要併吞馬來西亞、汶萊與新加坡也沒那麼容易；所以政府與軍方五年前就宣布它是恐怖組織，

派軍圍剿。漢巴里在泰國被捕後，交給美國中央情報局，可能監禁在古巴關達那摩灣美國海軍基地，JL組織現在也銷聲匿跡了。

有過這段合作反恐關係，萊斯國務卿這次大方地送給了印尼一頂「戰略夥伴」(Strategic Partner) 的高帽子。她先與印尼外長哈桑·維拉尤達 (Hasan Wirajuda) 會談並聯合舉行記者會，在印尼世界事務協會 (Indonesia World Affairs Council) 演講，上週五覲見印尼總統尤多約諾 (Susilo Bambang Yudhoyono)。她也捐了八百五十萬美元，幫助電視節目「芝麻街」能配印尼語 (Bahasa Indonesia) 播出，算是加強兩國文化合作。

萊斯此行帶給印尼真正的大禮，在她所有公開聲明中未提一字，那就是美國即將取消早在東帝汶獨立前，因印尼派軍鎮壓，對印尼的禁運武器措施。東帝汶早已獨立，並且加入聯合國了。而印尼軍方在政治上舉足輕重，要爭取雅加達的友誼，必須先獲軍方支持。美國遲早要走這一步，趁此機會送個惠而不費的禮物，自然皆大歡喜。

在萊斯與印尼外長的聯合記者會席間，首先發難的一名印尼記者來勢洶洶，不但追問美國為何至今仍不肯讓印尼官員與被中情局囚禁的漢巴里接觸，還質難說：如果美國在發展民主與經濟建設各方面，已經給了印尼這麼多援助，為什麼印尼人民的反美情緒不但並未減少，反而有增加的趨勢？萊斯只能以標準答案回答；幸而記者會嚴格限制發問人數，第二位美國記者的重點放在伊朗發展核武問題上，後來也就沒人再逼問了。

星期四下午，萊斯飛抵澳洲首都，立即應霍華德總理晚宴，與內閣國家安全委員會的閣員開會。第二天和早先放話與美國採不同調的澳洲外長唐納會談。唐納先一天在接受澳洲 Sky News 電視台訪問時表示，澳洲不支持任何圍堵中國的政策，他說：「我完全不認為那樣的政策會收到效果或具有建設性。」

唐納放話有他的原因，澳洲人常常感覺作為一個盟邦，未被美國重視。萊斯原定今年元月來訪，藉詞工作忙碌取消。美國駐澳大使兩年前離任，迄今猶未補派。唐納發牢騷，一半也有說給中共聽的意思。但美國究竟是澳洲最重要的盟邦，星期五霍華德總理還得替他打圓場，在與萊斯的聯合記者會中，重申澳洲堅決反恐，兩國合作無間。

萊斯本人也對《澳洲人報》澄清說，美國對中國大陸並未採取「圍堵政策」。她在記者會上，更強調週末在雪梨舉行的美、日、澳三邊安全對話，並非以任何國家作為特定對象。她說三國間討論範圍甚廣，從伊拉克、伊朗、北韓，到太平洋整體局勢，都與這三個太平洋國家息息相關。這話固然不錯，但仍難免予人以越描越黑的印象。

直到本文截稿時，美國國務院與國防部的網站上都還沒有三邊安全對話的任何消息；從新聞中只知道日本外相麻生太郎已經抵達雪梨。去年曾大張旗鼓的日美安全「二加二」會談，說穿了也無非在營造氣氛而已。萊斯越是否認，越證明「此地無銀三百兩」，美國如此致力經營亞洲周邊國家，目的何在，不懂的人才真是傻瓜。

八十一、台灣　何時成了「警察國家」？

所謂「律師來也沒用……來一趟要花很多錢」「不錄影要有什麼事，後果一切由你負責」極盡威脅誘導，欺負善良百姓、藐視人民權利，簡直違法亂紀！

（原刊九十五年三月十四日《聯合報》）

像台灣絕大多數的人一樣，我對三一九兩顆子彈的真相，始終抱懷疑態度。但也像大部分人一樣，從未看過那麼厚厚一冊的「不起訴處分書」，更沒有興趣去讀那滿紙荒唐的「結案報告」。直到星期天看見電視裡陳義雄家屬出來控訴，才大吃一驚，以民主人權自詡的台灣，居然有這種欺騙善良百姓、藐視人民權利的警察！

不管剛上任的警政署長侯友宜著急得一天裡連開兩次記者會，或者他直屬部下如何辯解偵辦過程中的缺陷，這個案子如果發生在美國，或任何以民主人權自許的國家，肯定會引起全國上下大譁，異口同聲地譴責辦案人員。為免陷入口水戰，本文不談案情真假，也不觸及黃衣男子是否陳義雄的爭執。只從調查程序著眼，我認為警方至少有三個重大的過失：

第一，陳義雄的兒子陳建州說，被刑警盤問時，他曾要求找律師，但是盤問他的刑警告訴他說：「律師來了也沒有用，律師來也只是坐在那裡，來一趟要花很多錢。」逼得陳建州打消了念頭。人民在應訊時，要求有律師在場是憲法保護的最基本人權。欺侮陳家經濟困難，拿這種話誘使一個沒有法律常識的年輕人放棄他應有的權利，毫無疑問是嚴重的違憲行為。若在外國，承審法官僅根據這一點，就可駁回訴訟，即使被告真是殺人犯，檢方這場官司也輸定了。侯友宜當時是刑事警察局長，怎可放任部屬如此胡作枉為，還要報請給予五十幾名官警特優獎勵之理？

其次，當時三一九專案小組，曾使用許多不當的手段，威嚇脅迫陳義雄家人。陳女陳伶君與行刺總統案有何關係？警方怎可把她戴上手銬，偵訊到半夜不放？警方說因為她「哭鬧」，更不成理由。請注意本文只討論第一線警方的行為，與陳家人後來在台南地檢署偵訊時的待遇無關。尤其侯友宜告訴陳妻李淑江說：「要不要錄影隨便你。我要回台北了，不錄影要有什麼事，後果一切由你負責。」這種故意含糊而顯帶威脅的話，豈是一個應有法律觀念的刑事警察局長該說的？這與他「連命都不要，會在乎官位？」像是出於同一個人之口的嗎？

最不可原諒的，是專案小組準備好了文稿，讓李淑江照唸，以便錄影作為她「自願供述」的證據。因為錄影時才初次看到稿子，李淑江讀不順，重複錄影了好幾次，勉強完成。對一個丈夫剛無緣無故地溺斃，只知道全家都被關在警局裡，前途茫茫，而又毫無社會經驗的寡婦，這種手段豈但不可取，簡直違法亂紀到了極點。另據報導，陳家人出面開記者會前，還受到警方高層的「關注」。如果報導屬實，別說在美國，任何國家發生這種竊聽並干涉人民自由的情形，司法機關都有義務提起公訴。

我要感謝「多管閒事」的張曦光，感謝「民間真相調查委員會」那批傻裡傻氣的成員們，若無他們協助陳義雄家屬北上控訴，我真的不知道我們大家居住的寶島，已經悄悄地變成喬治・歐威爾名著《一九八四》裡描繪的警察國家了。

八十二、理想與現實的落差：布希的難題

（原刊九十五年三月十三日《中國時報》）

二○○三年八月，我在本報寫過一篇文章，題目就叫〈美國也有本難唸的經〉。當時美軍打下伊拉克才四個多月，布希總統的施政滿意度，卻已從戰勝時的如日中天，滑落得令共和黨內人人為他擔憂。他雖在二○○四年成功連任，與當時相較，今天那本經難唸的程度，比那時更難上千百倍。為什麼會如此呢？

布希也並未墨守成規；兩年多來，他與圍繞在身邊的謀士們思考如何解決糾纏不清的中東局勢，毅然決定了兩個大方向：第一是去年六月，藉萊斯國務卿訪問埃及的機會，由她正式宣布：美國已放棄過去因循苟且，純自國家利益出發，支持那些產油但專制君主國家的政策，要使整個中東走向民主化，雖然可能得罪像沙烏地阿拉伯那樣的老朋友，也在所不惜。第二是在今年元月的國情咨文裡，由布希親自出來號召，要徹底戒掉美國人的「石油癮」，提出「能源安全」口號，要把美國倚賴進口石油的惡習，限時革除。

這兩項屏棄過去錯誤，重新出發的政策，不是說說當好玩的，布希總統確實有誠意去推動執行。問題在於：這樣做就能解決困擾美國已久、頭緒萬端的中東問題嗎？最近的發展卻顯示，理論歸理論，現實仍然是現實，布希崇高的理想要一蹴而幾，恐怕沒那麼容易。

人人都知道民主如何重要，但民主不是萬靈丹，實施民主首先要教育民眾。對生活在阿拉伯世界裡的

伊斯蘭信徒而言，他們的宗教信仰來自幾百年的傳承，不是一夕間就能被民主自由口號取代的；他們對以色列的憎恨，更不是美國能輕易改變的。換言之，伊斯蘭教國家實現民主後，不一定會使它們認同美國的中東政策；兩者間並無一定的因果關係。

你要民主嗎？我就給你民主。阿拉法特（Yasir Arafat）去年底逝世，元月二十五日巴勒斯坦選舉國會議員，恐怖組織哈瑪斯（Hamas，阿拉伯文「伊斯蘭抵抗運動」的縮寫）贏得一三二席，擊敗了阿拉法特留下的法塔黨（Fatah，意為「巴勒斯坦民族解放運動」），取得組閣權，使美國與以色列大吃一驚。但那次選舉確實符合民主原則，有歐盟與其他各國觀察員為證，美國只能暫停對巴勒斯坦的經濟援助。俄國馬上邀請哈瑪斯組團去莫斯科訪問，普丁總統親自主持雙方會談，對美示威的用意極其明顯。

美國在伊拉克推行民主，究竟有什麼效果，更加難說。去年一年中，伊拉克舉行過兩次大選：首次在元月十五日，選出制憲國民大會（National Assembly）議員，吵吵鬧鬧了十個月，終於制定了一部頗為前進的新憲法，如規定女性議員不得少於四分之一等等。根據這部新憲法，十二月十五日再舉行選舉，以產生二百七十五位任期五年的行憲國民議會議員。由於伊拉克國內通訊網尚未完全修復，糾紛迭起，拖到今年元月二十日，獨立選舉委員會才能正式宣布結果。

依照官方宣布數字，代表什葉派（Shiites）的伊拉克團結聯盟（United Iraqi Alliance，簡稱ＵＩＡ）贏得一二八席；代表庫德族的庫德斯坦民主愛國聯盟（Democratic Patriotic Alliance of Kurdistan，簡稱ＤＰＡＫ）五十三席；遜尼派（Sunnis）則分成兩股力量，伊拉克協議陣線（Iraqi Accord Front，簡稱ＩＡＦ）四十四席，而掌權的現任總理艾拉威（Ayad Allawi）的伊拉克全國名單（Iraqi National List，簡稱ＩＮＬ）只拿到二十五席，所餘都是只有幾席的小黨。

新政府從今年起將執政五年，到二〇一〇年十二月再重新選舉。雖然各黨席次已定，因為沒有一個黨超過半數，縱橫捭闔的談判至今猶未達成協議，伊拉克還沒有一個依新憲法成立的政府，可與美國平起平坐，甚至商量美軍分期撤出的問題。

憲法已經實施了，民主選舉也辦過了，美國陷入伊拉克泥淖中的那隻腳卻怎樣也拔不出來。因為不論是蓋達 (al Qaeda) 組織成員，效忠海珊的 Baath 黨（阿拉伯社會主義黨）餘孽，或從鄰近國家滲入伊拉克的敢死隊，這些人只是出於宗教狂熱，情願當自殺炸彈，不問青紅皂白地與老美士兵同歸於盡。他們的出發點是捍衛伊斯蘭教神聖不可侵犯的教義，根本不在乎什麼民主不民主。

美國天真地以為，民主在中東生根，阿拉伯人享受到自由、平等與人權後，會逐漸選擇不同的生活方式，從而釜底抽薪，改變伊斯蘭教狂熱的基本教義派，至少恐怖份子的人數不會再增加。從理論上說，這種情況不是不可能，但要等若干年後才會發生。正如中國老話「七年之疾，求三年之艾」，對今天的伊拉克是「遠水不救近火」，派不上用場。

相反地，周邊國家包括不懷好意的伊朗、敘利亞，乃至美國盟邦的沙烏地、約旦，都在等著看布希總統如何收拾這盤殘局。美國一日不撤軍，在伊拉克仍有不可輕侮的影響力，這也許就是行憲政府在巴格達難產的原因。但七拼八湊勉強成立的聯合政府，豈但不會有行政效率，更難贏得人民全心支持。

理想與現實終究是兩碼事，世人應該同情布希的難題，而非袖手旁觀，沾沾自喜地說：「瞧！這是老美的現世報。誰叫他去打伊拉克呢？」

八十三、美國印度「戰略夥伴」之勢初成

（原刊九十五年三月六日《中國時報》）

布希總統夫婦結束了印度與巴基斯坦行程後，本文見報時，已經回到華府了。短短六天在印度半島的訪問，不僅在美國國內引起爭論，外國政府的緘默或稱賞，更暗暗透露些敵視或友好之分。但如平心靜氣評估，布希此行的收穫比六年前柯林頓做總統時訪問這兩國，實質意義遠為重大。柯林頓當年只浮光掠影地製造了些電視畫面，未有任何突破，最多只能說他化解了過去若干誤會，為六年後布希之行鋪下路基而已。

先談印度。上週本欄就指出，美、印和解道路上有兩大阻力：其一是一九七一年印巴戰爭，印度大勝，巴基斯坦分裂為二，東部變成孟加拉後，巴國成為中共的死黨，印度乃向蘇聯靠攏；以致幾十年來美、印關係始終冷漠。其二是一九七四年印度成功引爆原子彈，逼使美國必須採取經濟制裁，對印度禁售敏感的核試與高科技設備。

這兩樁舊案已過了三十幾年，今日世局改觀，早該做適當調整，所以布希與印度總理辛赫三月二日的聯合聲明裡說，「兩國關係成功的轉型」將「在新世紀裡對未來國際制度有決定性與正面的影響」(will have a decisive and positive influence on the future international system in this new century)。

布希在印度多次演講裡，一再強調兩國現在是「戰略夥伴」，意義深長。柯林頓早時對中共也曾用過同樣一詞，卻毫無誠意，布希繼任後早已把它扔進垃圾桶了。一週來白宮網站裡連篇累牘有關訪印的各種公報與演詞，大標題永遠是「美國與印度：戰略夥伴」，好像深怕別人會忘記。兩相對照，可見柯林頓那時是假的，布希這次可是玩真的。

美、印雙方認真看待關係的轉變，所以經八個月冗長的談判，到三月二日才草簽最棘手的核能協議。這個協定本身因尚須送參議院審查通過，在白宮與國務院網站上，連條約的正式名稱都找不到。美官方向媒體透露的內容略為：原則上將民用與可供軍事用途的原子爐嚴格切割，分成兩塊處理。印度共有二十二座原子爐，八座將劃由國防工業管轄，其中兩座已知能製造核子武器原料。所餘十四座則將劃作民間和平用途，分期列管，到二〇一四年才完全納入國際原子能總署（IAEA）監督視察的範圍。

如此遷就現實情況的妥協辦法，難怪會引起美國內外各界批評，質疑布希為何對伊朗與北韓那樣強硬，而對印度又這麼軟弱。在國會裡，民主黨自由派和共和黨保守派議員難得立場一致，前者認為布希違背了禁止核武擴散公約（NPT）的精神，後者則擔憂這種做法等於鼓勵各國主動發展核武，不再怕國際制裁。長期反對核能研發、主張銷毀所有核武的民間國際組織的反感更深，白宮對這些批評都保持緘默。

美國副國務卿柏恩斯和印度外長薩朗八個月來的談判，因為牽連到好些個鮮為人知、卻關係重要的各國政府間的聯合小組，過程並不輕鬆。這些跨國小組包括核能供應集團（Nuclear Suppliers Group）、飛彈科技管制協定（Missile Technology Control Regime，簡稱MTCR）、國際合作熱核子實驗反應爐（International Thermonuclear Experimental Reactor，簡稱ITER）、致力研發零汙染燃煤發電設施的未來電廠（FutureGen）、與亞太零汙染及改善氣候夥伴小組（APEC Partnership on Clean Development and Climate）等等。大陸在不少個小組裡都是成員國之一。要使各會員國不反對印度加入，勢必曾有艱困的說服過程，只是不足為外人道而已。

北京在布希訪印巴過程中採取低姿態，未在前述任何一個跨國小組提出異議，可謂絕頂聰明。中共即將成為超級強權，國際關係複雜萬分，此次隨行的美國記者報導布希之行時，有少數過份渲染，指其暗含「聯印制中」之意，未免流於膚淺。印度雖也在崛起中，要與大陸爭一日之短長，還差得遠呢。

就戰略觀點言，大陸早已料到美國會師法對付蘇聯的故技。北京六年前就開始經營「上海合作組織」。中共去年在幕後唆使SCO，把美國藉阿富汗戰爭為詞，派在哈薩克、烏茲別克與土庫曼等國「臨時性」的空軍地勤人員請走。套句武俠小說用語，可謂高手過招，彼此心裡有數，對外不露痕跡。這些盛產油氣的中亞小國都在北京口袋裡，美國憑什麼重演老掉牙的圍堵政策？

星期五晚上，布希夫婦轉往巴基斯坦。原來也說要停留三天，以示在兩個死對頭之間，不分軒輊。但巴國大多數人民都屬於伊斯蘭基本教義派，反美情緒高漲，穆夏拉夫總統應付困難，所以日程縮短為二十四小時。

布希在一天裡，與巴總統兩度會談，下午會見巴、美兩國工商領袖並舉行聯合記者會，晚上出席國宴，舉杯互祝如儀。空軍一號夜半啟程返美，怕恐怖份子襲擊，機上還實施燈火管制，乘黑起飛，可見安全人員緊張的程度。

在巴基斯坦唯一值得注意的新聞，是布希坦言印、巴兩國情況不同，美國無從仿照印度之例與巴國簽署核能協議。這句話明顯是指二〇〇四年爆發的，巴國「原子彈之父」卡迪汗 (Abdul Qadeer Khan) 將製造核彈機密，私自售予伊朗、北韓等國的醜聞，穆夏拉夫也只能閉口無言了。

八十四、邱吉爾《世界危機：第一次世界大戰回憶錄》導讀

（原刊左岸文學出版該書全五卷首冊，九十五年二月出版）

這不是一部容易讀的書，因為它是為英國人，或廣義的西方人寫的，有些部分過於詳細，有些每個英國人都知道的事，反而語焉不詳。讀者如無對二十世紀初年，大英帝國典章制度與政治情況的瞭解，閱讀時會感覺有點吃力。不僅中國人如此，年輕的美國人讀這本七十五年前初版，此後不斷重新印行的書，恐怕也會有同感。

另一個原因，是大多數人只知道邱吉爾與羅斯福總統同為第二次世界大戰同盟國的偉大領袖，卻不清楚他在第一次世界大戰前，就已在政界嶄露頭角，擔負過內閣重要職務，因而對本書所敘內容，有時感覺相當陌生。

一

要讀本書，先要略知第一次大戰是如何引起的。

一九一四年六月二十八日，奧匈帝國的王儲費迪南大公爵（Archduke Franz Ferdinand，按本書第一編把他的名字寫作查爾斯 Charles，應為邱翁自己筆誤，譯者不便擅改原文；到第四編出版時，邱吉爾才在第

四章裡改正了這個錯誤）在今日屬於波斯尼亞 (Bosnia Herzegovina) 的薩拉耶佛 (Sarajevo) 城，被一名反對奧匈帝國在巴爾幹半島霸權，主張賽爾維亞 (Serbia) 人應完全獨立自主的愛國組織黑手黨 (The Black Hand) 份子刺死，這一槍真正改變了世界歷史。

當時歐洲各國為維持均勢平衡 (balance of power)，在外交關係裡締結有錯綜複雜的同盟制度。由於各方都誤判局勢，行刺事件因而引起一連串的外交恫嚇與過度反應，最後無法收拾，演變成到那時為止，世界史上最慘酷，死傷人數也最多的戰爭。

行刺案發生三週後，奧匈帝國向賽爾維亞提出最後通牒 (ultimatum)，措詞嚴厲，把賽國看成可以頤指氣使的屬國。奧國外交部原來判斷，賽國可能會拒絕如此侮辱國格的照會，給奧國對賽出兵的藉口。鑑於賽國與帝俄同屬斯拉夫民族，締結有同盟條約，奧國判斷即使對賽用武，俄國最多抗議一番，不致真正介入。但為預防事態演變，奧國知會結盟的德意志帝國，如萬一發生事故，希望德國能來支援。德皇威廉二世 (Kaiser Wilhelm II) 唯恐天下不亂，不但一口答應，還鼓勵奧國對賽國要更兇狠一些。

賽爾維亞委曲求全，覆照表示道歉，但奧國還不滿意，七月二十八日奧匈帝國對賽爾維亞宣戰。帝俄的沙皇尼古拉二世 (Czar Nicholas II) 並未立即介入，只下令陸軍動員；在當時情況下，需要六週才能完成戰備。德意志帝國將俄國的動員令視同對奧國作戰，搶先在八月一日對俄宣戰。法國是俄國的同盟國，因而在八月三日捲入漩渦，與德、奧間進入戰爭狀態。

法國捲入是德國求之不得的好消息。德皇立即在八月四日對法宣戰，命令大軍取道中立無辜的比利時，直搗巴黎。大英帝國與法國雖無盟約，卻依據條約對法國有「道義責任」。英國與比利時間，早在一八三九年曾締結條約，承諾保障比國安全。比王向英王求助，大英帝國當晚宣布對德開戰，因此也就和奧匈帝國成為敵國了。

遠在亞洲的日本帝國，根據日英同盟條約，在八月二十三日對德國宣戰。因而奧匈帝國也在次日對日本宣戰。義大利本與奧匈帝國結有盟約，此時卻聲稱條約文字規定只有在「防禦戰」時才有赴援的義務，躲在一旁。直到一九一五年五月，義大利國王伊曼紐爾 (Vittorio Emanuelle) 才加入德奧這一邊。

那時歐洲自認是世界中心，除英、法外，各國都奉行君主集權制度，掌權的首相都是貴族，無所謂民意不民意，才釀成大禍。戰爭膠著了三年，死傷慘重。一九一七年俄國發生革命，首先退出戰爭。奧匈帝國戰後解體，分成許多小國；德皇隨而遜位，才演變成今日以民主國家為主的歐洲，可稱為第一次大戰唯一的正面後果，但代價也未免太高了。

短短不及兩個月內，世界列強僅因結盟，不由自主地捲入了「終止所有戰爭的大戰」(the war to end all wars)，今日實難想像。這筆爛帳，西方每個人都記憶猶新。因而本書第一編第九章 "The Crisis" 與其後幾章裡，簡略地一筆帶過。讀者須瞭解這並非原作者的疏忽，實因當年的邱翁也無法想像，多年後有人竟然連這麼重要的歷史事實，都還需要被提醒。

二

大戰開始之前三年，即一九一一年，邱吉爾就是英王陛下的海軍大臣 (First Lord or the Admiralty)。當時世界上尚無「國防部」(Department of Defense) 那種含有維護和平之意的名稱，各國只有陸軍部 (Department of War) 與海軍部。英國是海權國家，陸軍較弱，海軍則稱霸世界。海軍大臣相當於今天的文職部長；海軍總司令則稱 First Sea Lord。

邱吉爾也並非永遠隸屬保守黨 (Conservative Party)。一九〇四年他轉為自由黨 (Liberal Party)，次年被任為殖民部政務次官 (Colonial Parliamentary Undersecretary)。一九〇七年，改任次長級的貿易委員會主席 (President of the Board of Trade)。一九一〇年他曾短期擔任內政大臣 (Secretary of the Interior)，次年才調任海軍大臣。歐戰尚未發生前，他有三年時間整頓稱雄七海的英國艦隊。本書其實從他主管海軍時說起，第一編〈一九一一到一九一四〉的前幾章都是他追憶如何應付海軍將領們要求增建「無敵戰艦」(dreadnaughts)，以對抗德國擴充海軍的內部爭辯，其實只為解釋他後來頓改前衷的理由。

要瞭解邱吉爾的性格，須從他的家世與出身講起。

邱吉爾的全銜是 Sir Winston Leonard Spencer Churchill, K. G.，其實邱翁自己只用 W. S. C. 作為簡寫，從不用名字中第二個字的 Leonard。後面的簡寫 K. G.，意為嘉德勳章 (Knight of the Garter) 得主。它創自十四世紀，承襲中古時代騎士的傳統，全英只限二十四人，必須等有人身亡才能補缺，是英國最高的榮譽。

他的遠祖馬伯羅公爵 (The First Duke of Marlborough, 1650–1722)，十七世紀末到十八世紀在英國史上赫赫有名。因為他臨陣倒戈，顛覆了史都華王朝 (the Stuarts)，而由橘朝威廉國王 (William of Orange) 繼位。邱吉爾著有《馬伯羅公爵的時代與志業》(*Marlborough: His Life and Times*)，至今仍被稱為傳記文學的經典之作。

不過幾代，到邱吉爾的父親蘭道夫勳爵 (Lord Randolph Churchill) 時，曾經顯赫一時的家道已大不如前。蘭道夫早年仍前程似錦，三十七歲就做到財政大臣 (Chancellor of the Exchequer) 兼下議院保守黨領袖。他到巴黎旅遊，遇見猶太裔美國富商、當年《紐約時報》的老闆 Leonard Walter Jerome 的女兒珍妮 (Jenny)，驚為天人。

據說她先懷了孕，未來的岳父給了一大筆錢，兩人就在巴黎英國大使館公證結婚，並未宴客。二次大戰後，美國國會破例通過法案，給予邱吉爾「榮譽美國公民」身分，就是因為他母親當年出生於紐約市 Brooklyn 區的 Henry Street 四百二十一號之故。美國移民法的嚴格是出了名的，至今尚未給過第二個榮譽公民。

兩夫妻回到倫敦，珍妮在社交界一炮而紅，吸引了不知多少拜倒石榴裙下的人。邱吉爾一八七四年出生於布蘭漢宮 (Blenheim Palace)，亦即馬伯羅公爵的府邸。蘭道夫卻走霉運，他與英國王儲威爾斯親王 (Prince of Wales) 據傳因敲詐發生衝突，約期比劍決鬥。這事傳到維多利亞女王 (Queen Victoria) 耳裡，決鬥當然取消了，倒霉的蘭道夫卻驟然被下放到愛爾蘭，政治生命從此結束。頹喪之餘，他酗酒荒淫，終於一八九五年去世，據說是染上梅毒。

邱吉爾很愛他的母親，但她忙於交際應酬，恐怕沒有太多時間留給子女。英國男孩子都由保姆照顧，稍長就送去私立學校住讀，對父母只有敬畏而少親愛。蘭道夫逝世十八年後，珍妮再嫁，丈夫比她小二十歲，四年後離婚；一九一八年又再嫁。但由於對邱吉爾的尊敬，許多傳記對這部分都略而不提。

家境雖已無復當年，邱吉爾到十四歲時，仍進了與伊頓 (Eton) 齊名的哈羅公學 (Harrow)。有些傳記說，蘭道夫某次到兒子臥房裡，發現滿屋都是玩具兵，問他想不想做軍人，邱吉爾馬上贊同。從哈羅公學初中部，他投考三次才獲錄取，進入皇家軍校 (Royal Military Academy at Sandhurst)。二十歲時卒業，被派到輕騎兵第四團 (The Fourth Hussar Regiment)，官拜少尉。

年輕的邱吉爾喜歡追求刺激，哪裡打仗他就去哪裡湊熱鬧。一八九五年他自告奮勇去古巴做連絡官，觀察西班牙部隊與古巴革命軍的戰事，順帶替報紙撰寫戰地通訊。回歸輕騎兵建制後，他在印度的西北邊省 (Northwest Frontier，今巴基斯坦一省)，和非洲的蘇丹都打過仗，因此負傷退伍。家居無聊，他寫了兩冊的戰史《長河之戰》(*The River War*)，與他第一部小說《薩維奧拉》(*Saviola*)。

三

邱吉爾為人矚目，是因為十九世紀最後一年，大英帝國在南非陷入慘烈的「布爾戰爭」(The Boer War)，他被倫敦《晨報》(*The Morning Post*) 聘為戰地記者去採訪。「布爾」一字在斐語 (Afrikaans) 裡指比英國人早兩百多年移民來的荷蘭裔農莊主人。這批白人農夫雖打不過裝備與訓練優良的英軍，卻發明了打了就跑的游擊戰術，與拘禁戰俘的集中營，因而在世界戰爭史裡占有一席之地。

記者邱吉爾從開普敦 (Cape Town) 搭火車到那他省 (Natal) 前線時，途中遭游擊隊襲擊；他已是老百姓了，卻下車指揮其餘乘客共同抵抗，最後仍被生擒，送到斐京 (Pretoria) 的集中營裡監禁。兩星期後，他爬牆逃逸，不往西走，反而往南到葡萄牙屬地莫三比克 (Mozamique)，再搭船回開普敦。回到英軍占領區後，他索性自動恢復軍籍，一面參加戰爭，一面為《晨報》撰寫戰地報導，使他在遙遠的母國聲名大噪。一九〇〇年他回到英國，第二年就在蘭開夏郡的奧德漢市 (Oldham, Lancashire) 競選，當選下議院 (House of Commons) 議員，年僅二十六歲。

那時做議員並無薪俸，邱吉爾只能靠賣文為生；第二年初次到美國巡迴演講，賺些錢維持開支。邱吉爾幼年在哈羅公學所受嚴格的古典教育，與他在軍中時努力自修讀書，此時發揮了作用。他思路敏捷，雄辯滔滔，在下議院的多年訓練，使他後半生成為響滿天下的演講家與名作家。

一九〇六年，他三十二歲時，與 Clementine Hozier 結婚，共生一子四女。他們夫妻的恩愛是有名的，但邱吉爾講究生活情趣，喜歡昂貴的衣著、進口雪茄煙與陳年白蘭地酒。他經常宴請賓客，錢老是不夠花，全靠太太節儉持家，勉強度日。

邱吉爾初入內閣是自由黨執政時期。一九〇八年，艾斯圭斯 (Herbert Asquith) 繼任首相，要他主管對外貿易，又做過短期的內政大臣 (Secretary of the Interior)，一九一一年轉任海軍大臣。此期間因應付德國海軍急速擴充，英國必須也加強造艦以資對抗，而自由黨把社會福利列為重要施政目標，一九一四年英國實行失業保險，開世界風氣之先。為爭取經費，他與時任財政大臣的勞合・喬治 (David Lloyd George) 結為好友，兩人推動對年入三千英鎊以上的富翁徵收特別稅，同時支應社會福利與造艦兩大用途。

本書第一編〈世界危機〉(World Crisis) 共二十一章，描述大戰開始前的英國與歐洲情勢，又以邱吉爾那幾年裡整頓海軍的努力為重點，對我國讀者而言，或許太囉嗦點。第二編〈一九一五年〉共二十四章，則從全盤戰局觀點，細述一九一五年三月，英國海軍強攻土耳其橫跨歐亞的達達尼爾海峽 (The Dardanelles) 要塞失敗，損失三條戰艦與七百名海軍官兵的始末。隨後英、澳、紐聯軍想攻取海峽咽喉的加里波里半島 (Gallipoli) 也慘遭敗績。倫敦政界一片檢討責任之聲，這本是他的主意，邱吉爾於是在十一月中旬引咎辭職，未被首相挽留。戰時決策經過必須保密，他也不能在下議院為自己辯護，這就是責任政治的精神。

四

政治人物一生中，起落浮沉在所難免；只有堅毅卓絕的人，才不會心灰意懶。邱吉爾雖然下台，大戰仍如火如荼地進行；他不願返鄉閒居，反而志願請纓，到法國最前線，以中校銜任皇家蘇格蘭第六步槍營 (The 6th Royal Scots Fusiliers) 營長，親嘗嚴冬期間壕溝戰的滋味。

他在前線不滿半年。歐戰開始後，各黨組織聯合內閣，他的朋友勞合・喬治身兼陸軍大臣 (Secretary of War) 與軍備大臣 (Minister of Munitions)，因不滿艾斯圭斯領導無方，祕密和保守黨結盟，一九一六年推翻後者，登上首相寶座。邱吉爾被召回倫敦，接任勞合・喬治原任的軍備大臣一職，督導武器彈藥的生產，尤重戰鬥機與坦克車，直至大戰結束。本書第三編〈一九一六至一九一八年〉共二十三章，詳述大戰最後兩年的歷史，附繪許多作戰地圖，對研究戰史的學者是很大的享受。與前兩編相較，這也是從英、法兩國立場，最能統觀全局的部分。

本書第四編以〈東戰場〉(The Eastern Front) 為主題，遲至一九三一年才出版，內容與其餘各編大異其趣。邱吉爾在此編序文中自己承認，撰寫這二十四章時，他放棄了英、法亦即西歐人的習慣觀點，改從東歐立場出發，敘述大戰的整個經過。他不懂德文或俄文，倚賴一位賀德恩中校 (Charles Hordern) 幫助他蒐集資料，翻譯文獻，所以這部分問世較遲。

正因為邱吉爾過去對東歐三大帝國－奧匈、德國與俄國－不太熟悉，他反而能用新鮮的眼光去看它們之間的衝突與互動，有如畫家在一幅巨大的畫布上可以盡興揮毫，不受拘束。這一編所敘述的內容也最富戲劇性，從哈普斯堡 (Hapsburg) 皇族日薄西山的命運，到沙皇尼古拉全家慘遭殺害，可能是這套大部頭書裡最有看頭的部分。

巴黎和會後，邱吉爾受任為陸空軍部次官 (Secretary of State for War and Air)，主要因為大戰過程證明了空軍在未來任何戰爭裡，必定占據很重要的地位。一九二一年，他升任殖民大臣 (Colonial Secretary)，主管所有海外屬地，這也是他一生不肯放棄大英帝國思想，尤其反對印度自治的原因。這幾年間，他大部分精力實際都花在與愛爾蘭獨立份子的談判上。

一九二二年，擔任公職二十一年的邱吉爾才存夠了錢，以四千八百英鎊的價格，買下在肯特郡 (Kent) 威斯特漢鎮 (Westerham) 附近鄉間的查特威宅邸 (Chartwell Manor)，作為住所。但因忙於工作，那年國會改選，他意外落敗。內閣制的國家，閣員必須由議員擔任，邱吉爾因而投閒置散了兩年，把查特威大事裝修。那所不算太大的私邸，現在每年四月至十月開放，每季至少有十五萬遊客前往參觀憑弔。

本書第五編〈大戰的後果〉(The Aftermath)，比第四編還早兩年完成出版，內容涵蓋巴黎和會的「三巨頭」、美國威爾遜總統 (Woodrow Wilson) 的「十四點」原則、成立國際聯盟、蘇俄內戰、波蘭問題、愛爾蘭獨立、土耳其變成共和國、亞美尼亞的悲劇與號稱保障歐洲和平的 Locarno 公約。邱吉爾自己在序文裡說，因為巴黎和會後已有太多書籍回憶那次談判的經過，所以他寧願側重外界的反應，以記錄「這許多不幸與悲劇」。全編二十章裡，正如作者所言，顯示最多的是「弱點，不滿，分裂，失望，不知道這些都是新生必經的過程」。

一九二四年，邱吉爾重新當選議員，獲首相鮑德溫 (Stanley Baldwin) 賞識，竟做了財政大臣。如果他不那麼擇善固執，這職位常被視作首相的候補人，但他勇於任事的老脾氣又發作了，不顧各方反對，他鼓吹並決定恢復戰前的金本位制，遭名經濟學家凱恩斯 (John Maynard Keynes) 嚴厲批評。其時大戰結束不久，國家元氣未復，這麼重大的改革，導致經濟萎縮，失業增加。一九二六年的大罷工，影響不僅英倫三島而已。一九二九年大選，保守黨失利，邱吉爾又失業了。

五

從一九二九年起，邱吉爾未擔任任何公職，達十年之久。除蟄居在家，繼續撰寫五巨冊的《第一次世界大戰回憶錄》外，他仍然不能忘懷政治。一九三六年愛德華八世 (Edward VIII) 不愛江山愛美人，要和美籍離過婚的辛浦森夫人 (Wally Simpson) 結縭的消息，轟動全球。邱吉爾是支持英王的，怎奈民情沸騰，英王被迫退位，兩人以溫莎公爵夫婦 (Duke and Duchess of Windsor) 名義終其生。猶太復國主義 (Zionism) 者鼓動在巴勒斯坦重新建國，也曾獲得邱氏的支持，但直到第二次大戰後才能實現。

邱吉爾在肯特郡的查特威寓宅裡，經常高朋滿座，談論時局，尤其德國威瑪共和 (Weimar Republic) 失敗，希特勒 (Adolf Hitler) 執政後整軍備武，特別是德國空軍 (Luftwaffe) 機數倍增，使他憂慮萬分。許多任職軍方與情報機構的舊友，包括牛津大學物理系教授林德曼 (Prof. Frederick A. Lindemann) 等，帶給他機密資料，使他不斷呼籲英國必須認清納粹黨的野心。但保守黨首相張伯倫 (Neville Chamberlain) 討厭他那張烏鴉嘴，更加不予理會。邱吉爾只能靠公開演講與在報端發表文章，企圖喚醒英國人加強警覺。

一九三五年，莫索里尼 (Benito Mussolini) 侵略阿比西尼亞 (Abyssinia，今改稱衣索比亞 Ethiopia)。次年，西班牙發生內戰，德、義兩國幕後支持佛朗哥 (Francisco Franco) 元帥，使邱吉爾對這位西班牙獨裁者從支持改為批評。繼之而來的納粹德國吞併捷克境內德裔人居多的 Sudetenland 危機，邱吉爾力主英、法與蘇聯共同申明反對立場，也未遭採納。

一九三八年，張伯倫與希特勒簽署慕尼黑協定，英國人才如夢初醒，發覺邱吉爾幾年來大聲疾呼的危機，真的就在眼前了。一九三九年九月，歐戰終於爆發，邱吉爾被邀東山再起，駕輕就熟地再次擔任海軍大臣。一九四〇年五月，他接下首相寶座，並兼國防大臣，以便指揮三軍。張伯倫要他同時接任保守黨黨魁，邱吉爾也有忠厚的一面，堅請張氏續任黨魁，直到那年十一月後者病逝，他才接下黨職。

第二次世界大戰六年中，邱吉爾領導英國力抗強敵，轉敗為勝；緊緊拉住羅斯福總統對付史達林，遏止共產主義擴張；蓋世功勳，無庸詞費。但歐洲戰事剛終止，工黨卻在大選中獲勝，艾德禮 (Clement Attlee) 接任首相；邱氏只能在下議院以反對黨領袖資格問政。一九五一年，他已經七十七歲，保守黨贏了大選，他又做了四年首相，到八十歲才以健康不佳辭職。其後幾次輕度中風，一九六五年一月二十四日，因腦溢血去世，享年九十歲。

六

邱吉爾一生所獲榮譽，不計其數。世界各國頒給他的最高勳章，著名學府送給他的榮譽博士學位，數都數不清。蓋棺論定，他無疑是大政治家，因為他改變了二十世紀的歷史。英國民眾在他生前，曾投票選他為「最偉大的英國人」。

他也是演說家，以「他們最美好的時光」(their finest hour) 形容捍衛英倫三島飛行員的英勇，指蘇聯在東歐垂下「鐵幕」(the Iron Curtain) 等等膾炙人口的辭句，都是他首創的。我個人覺得他那十幾本演講集，是學習英文最好的課本。

他更是文學家，寫過四十四本書；一九五三年獲得諾貝爾文學獎，瑞典皇家學會的施微之 (S. Swertz) 在授獎典禮上的演說，就是對他的文學素養最好的評價。有人甚至說他也可算是畫家，因為他的水彩畫確實顯示有點天份。

但他是歷史家嗎？邱吉爾的歷史著作一本本堆起來，比他五呎八吋（一七三公分）的身材還要高。大多數人讀邱氏所著第一次與第二次世界大戰的回憶錄時，是懷著崇拜的心情，把它當作世界偉人的回憶錄，去瞭解盤根錯節的國際形勢，或去品嚐他氣勢澎湃的英文。難怪本書一九三〇年代問世後，一般讀者與歷史學界的評論趨於兩極。稱讚的人固然遠多於有保留意見者；少數學者含蓄地用「選擇性的回憶」(selective memory) 或「他記得的真實」(the truth as he remembered it) 形容書中史實，意在言外。劍橋大學歷史系名教授雷諾茲 (David J. Reynolds) 說得好，邱吉爾或許是二流歷史家，他卻是第一流說故事的人。讀完全書後，我覺得邱吉爾當年執筆的動機，是為他自己未來歷史地位留下紀錄，可說一半是歷史，也有一半是回憶錄。

這種說法，並無損於本書的價值。今日世界裡，哪兒還能找到像邱吉爾這樣，曾親自主導歷史過程，然後又能用如椽之筆，把經過寫成歷史的人呢？

八十五、布希訪印巴　台灣鮮少人知

（原刊九十五年二月二十七日《中國時報》）

台灣今日最大的問題是只會關起門來做皇帝，對國際事務不聞不問。民進黨政府為阻止國人一窩蜂去大陸，提倡「南進政策」，要大家到所謂「金磚四國」之一的印度去投資，但不論企業家或老百姓都興趣缺缺。政府不知提供資訊，只會喊口號不做事，難怪效果等於零。

最現成的例子就是明天——二月二十八日——晚間，布希總統夫婦搭乘空軍一號專機將抵達新德里，初次官式訪問這個人口十一億，面積三百二十九萬平方公里的大國。印度報紙拿他此行與尼克森一九七二年大陸的破冰之旅相提並論；而上星期裡，台灣媒體報導的非常之少，又一次證明政府真是「置身『世』外」，說的是一套，做的卻是另一套。

美印雙方都把布希訪問看作大新聞。上週三（二十二日），民間組織的亞洲協會(Asia Society)在華府慶祝五十週年，由會長前美國無任所大使郝爾布魯克(Richard Halbrooke)主持，布希親臨致詞。白宮網站馬上貼出演詞全文，字裡行間多有耐人尋味之處。他一開頭便承認：美國與印度和巴基斯坦之間「由於冷戰與地區性緊張的原因」，過去邦交並非十分親密。

但他接著說，印度人口比美國多三倍也不止，其中且包括一億五千萬穆斯林。單就這點而言，印度已是全球第三大的伊斯蘭教國家，僅次於巴基斯坦與印尼。印度總統卡藍姆 (A. P. J. Abdul Kalam) 就是穆斯林教徒。美國人以前從未注意，聽了未免小吃一驚。

這番話其實只是美國今天要與印度加強關係的藉口。布希避而不言的是，過去美印修好有兩大障礙：第一是一九七一年的印巴戰爭，印度大勝後，巴基斯坦向大陸靠攏，印度則向前蘇聯傾斜，因而與美國疏遠。第二是印度自行發展核武，一九七四年成功試爆了第一顆原子彈，逼得美國必須對它執行經濟抵制，並限售敏感科學研究設備。

為準備布希訪印，美國和印度已經談判了快一年時間。去年七月十八日，美國主管政治事務的副國務卿柏恩斯 (Nicholas Burns) 終於在新德里與印度外長薩然 (Shyam Saram) 簽訂了名為「戰略夥伴的後續步驟」(Next Steps in Strategic Partnership) 的協議。這份文件主要在促使雙方開始談判，詳細制定印度運用核能的範圍，將發電的和平用途與核武的軍事用途嚴格分離。這樣做才能給美國一個下台階，從而准許印度向美購買僅供民間和平用途的核能與太空航行設備，與其它高科技儀器等。美國原希望談判能順利完成，讓布希訪問時可以和印度總理辛赫 (Dr. Manmohan Singh) 簽訂美印科技合作條約，炒熱一下氣氛。

兩國討價還價的細節，對外自然不會透露，但看來進行很不順利。新德里官方一再發言強調，印度堪稱「標準學生」，所有核試計畫並無不可告人之處；他們越這麼說，困難肯定越大。

布希在亞洲協會演說裡，提出五項「戰略夥伴」的合作領域：一、情治合作，共同反恐；二、透過美印去年簽署的「全球民主計畫」(Global Democracy Initiative)，支持世界各國民主運動，印度已承諾將提供五億六千五百萬美元援助阿富汗，另捐出五千萬美元修建喀布爾的國會大廈；三、共同為貿易自由努力；他說印航剛和波音簽約購買六十八架客機，總價一百十億美元，他也舉德州儀器公司二十年前就在印度設廠為例，呼籲印度取消外國人投資的限制，使經貿法令透明化，對美國農產品與服務業開放市場；四、在衛生與環保方面透過「亞太環保與氣象計畫」(Asia-Pacific Partnership on Clean Development and Climate) 與包括中、日、韓各國合作。

畫龍點睛，第五項領域才是美國最在意的重點。布希很客氣地說「美國願以實際並負責的態度，幫助印度解決其能源需求」，包括石油、電力、和使「印度的核能計畫符合國際保護標準」。說穿了就是要印度加入國際原子能組織，接受國際監控，這肯定就是談判擱淺的原因。

不管布希親自出馬，能否使談判起死回生，這場美印重修舊好的大戲，總要有聲有色地唱完它。布希夫婦將訪問三個地方，除新德里外，還有號稱印度矽谷的海德拉巴 (Hyderabad) 與印度穀倉的本遮普省 (Punjab)。印度左派人士自然不會缺席，毛共游擊隊早已宣布將在海德拉巴舉行反美大遊行。布希則將從十六世紀蒙兀兒帝國 (Mogul Empire) 故宮廢墟裡，向全印人民發表電視演說，作為此行高潮。

三月三日晚，布希夫婦將轉往印度死對頭的巴基斯坦，同樣訪問三天，以表示美國在印巴爭執中不偏不倚的立場。巴國境內多的是支持蓋達與海珊的激烈份子，最近丹麥漫畫侮辱先聖穆罕默德事件更使這些人怒氣沖天，暴亂中已死五人。所以布希的詳細行程至今祕而不宣，只知道他將與穆夏拉夫總統簽署一項投資條約，還將在警衛森嚴的國會裡發表演說。

這一個星期裡，最緊張辛苦的應該是美國特勤人員了。

八十六、菲律賓與扁政府　怎麼那麼像？

艾若育曾企圖影響開票、「政變失敗」說、第一先生幕後收賄等　在台灣似曾相識

（原刊九十五年二月二十七日《聯合報》）

四十年前，艾若育總統（Gloria Macapagal Arroyo）的父親 Diosdado Macapagal 做總統時，菲律賓的國家經濟與生活水準在亞洲高居第二，僅次於日本。今天卻有人拿菲律賓作為反面教材，動輒警告別讓台灣變成第二個菲律賓。荒謬的是，我們的政府在劫貧濟富，掏空經濟的道路上，正快速地向菲國學習，可能很快就要趕上了。

媒體這兩天報導了許多菲律賓「政變失敗」的消息。遺憾的是少有人去瞭解兩年來菲國政局的演變，更無人懷疑艾若育二十三日宣布的破獲軍人政變陰謀，究竟是真還是假。陳總統不也說過，二〇〇四年台灣曾有人想搞「柔性政變」嗎？郝柏村已在法院按鈴申告，尚待審理。你若相信艾若育，那你也該相信阿扁啊。

僅就個人條件而言，艾若育比陳總統強得多。她畢業於華府有名的喬治城大學，在菲律賓大學獲經濟學博士學位，曾在馬尼拉的亞松森學院做過十年經濟系主任。她年輕時對政治並無興趣，直到一九九二年才當選參議員。三年後競選連任時，因為她父親以清廉著稱，而菲國民眾痛恨貪汙，以一千六百萬票當選，

創菲國競選任何職位獲票最高紀錄，比她後來當選副總統與總統兩次的得票數還要高。

菲律賓憲法規定總統與副總統選舉分別舉辦，一九九八年她當選副總統，與她同黨的總統候選人反而輸在電影明星出身的艾斯特拉達 (Joseph Estrada) 手裡。那位高中都沒畢業的總統因為不懂治國，貪汙腐敗，在第二次人民革命 (EDSA II，指馬尼拉的 Edificio de los Santos Avenida 大道，每次人民集結示威的場所，後成為菲國人民以革命手段推翻政府的代名詞) 被趕走後，國會通過由她繼任。第一任時政績還勉強過得去，二〇〇四年五月連任後，她的噩夢隨即開始。

第一次人民革命指一九八六年，菲國人民湧上街頭，推翻馬可仕政權的故事，至今滿二十週年。馬可仕的夫人伊美黛 (Imelda Marcos) 窮奢極侈，使她丈夫身敗名裂。艾若育的丈夫，報紙封他為「第一先生」，同樣在幕後收受賄賂，遭一名參議員指控以假名在銀行開戶，把競選所收政治獻金移作私用，證據確鑿。這件事難道不讓你想起常遭外界質疑的台灣第一家庭？

在台灣，中央選舉委員會由民進黨一手操縱。艾若育沒這麼好運，因而企圖影響開票結果。二〇〇四年五月大選後，前菲調查局副局長爆料說，他握有艾若育總統與菲國中選會官員通電話的原始錄音帶，菲國上下大譁。艾若育最後只承認這是她「一時的判斷錯誤」(lapse in judgment)，但拒不接受做票的指控。當時台灣正為兩顆子彈鬧得天翻地覆，無人注意鄰國也發生相似的情形。

這樁被稱為 "Hello, Garci" 的疑案，持續發酵了一年多，使菲國人民對政府完全失去信任。反對黨在眾議院提出彈劾案，七十九票就可成案，移送參議院討論。去年九月辯論結果，執政黨千方百計阻擋，總算以一五八票對五十一票打消，但它也成為壓垮駱駝背上的最後一根稻草。內閣有十名部長提出辭呈，要求總統同樣辭職以謝國人。前總統艾奎諾夫人 (Corazon Aquino) 出來參加反對陣營，說她應該下台。曾任駐華大使的另一位前總統羅慕斯 (Fidel V. Ramos) 雖然表面支持艾若育，卻主張應立即修憲，將總統制改為內閣制，這樣兩面討好的說詞，對她仍有不利。

面對各方如此重大的壓力，艾若育還能撐多久，要看這幾天的演變。如果前兩天剛被冊封的羅薩勒斯樞機主教 (Gaudenco Cardinal Rosales)，或者軍方像前兩次人民革命時一樣宣布嚴守中立，艾若育就無法再戀棧了。菲律賓雖在許多方面落後，仍有值得我們學習的地方。

八十七、扁施故技　不見棺材不掉淚

美中貿易大戰醞釀開打　布希打算布胡會前給胡個下馬威
只是半路殺出個陳水扁　把美中綁到同一陣線…

（原刊九十五年二月二十三日《聯合報》）

上海有句俗語「不見棺材不掉眼淚」，形容一個秉性倔強的人，既不識時務，更不聽人勸，非到走投無路的絕境時，不肯認輸，然而為時已晚了。拿這句俗語來看陳水扁總統這十幾天的作為，可真貼切，一字不能更易。

白宮與國務院會同派遣韋德寧 (Dennis Wilder) 與夏千福 (Ford Hart) 聯袂來台，向阿扁傳達美國的關注，夠意思也夠客氣了。偏偏我們的總統吃了秤砣，鐵了心，還是拿那套「四不一沒有」的承諾有個前提，就是「大陸不武」，台灣才不獨，硬讓布希的專使碰了個大釘子，空手回美，交不了帳。李大維回來沒有，我不知道，但他曾否同行，無關宏旨。試想不管誰是駐美代表，陪坐在總統府會客室裡，聽了阿扁那番言詞後，他還能說什麼呢？

對美外交有點經驗的人，都看得出來：國內兩大日報同時刊出「美派密使會扁，勸阻廢統失敗」的頭條新聞，顯然是美方主動透露給台灣常駐華府記者的。截至前天，美國新聞界並未注意在台灣鬧得喧天的廢統論；華府網路媒體「納爾森報導」(Nelson Report) 昨天的消息，肯定也是「故意洩漏」的新聞。那則標題很俏皮，英文成語裡，特別遷就別人叫做“going the extra mile”，尼爾森報導標題因此說：「美國為陳水扁多走了一哩路：準確點說，應為一萬一千哩。」(US Goes the Extra Mile to Chen/11,000...to be precise.)

今後幾天《紐約時報》與《華府郵報》少不得跟進報導，甚或評論一番。等美國國內對陳水扁的反感成熟到一定程度，國安顧問與國務院才會正式建議布希總統，採取什麼對策，對阿扁以牙還牙。美國可以採取的手段多不勝數，而台灣手裡的底牌實在有限，這才是民進黨政府的困境。

只要用膝蓋想就可知道，廢統論出爐至今已逾三週，北京與華府間不知磋商過多少次了。美國派員來台，肯定曾先告知北京。從駐美大使回國升任外交部副部長的楊潔篪，前天趕赴華府，除了四月間布胡會的安排外，也是為了加強雙方聯繫合作，共同進行危機處理。

大陸很聰明，先是一語不發，讓美國打頭陣。等到昨天，陳雲林終於講話了，態度強硬，「廢統就是台獨升級」，沒有可以容忍的餘地。國台辦透過新華社發新聞，恐怕連訪談都是假的，寫好稿子交新華社發表就夠了。免得召開記者會時，台灣與香港記者問東問西，多麼麻煩。

台灣面對如此險峻的情勢，阿扁有方法解套嗎？我看不容易。是陳總統把自己劃地為牢，不但他人無從搭救，他自己也鑽不出來。過去還可派邱義仁、蔡英文、吳釗燮之流到華府解釋一番，現在他們再去美國，恐怕會吃閉門羹了。

如此鋌而走險的棋局，或說歹戲拖棚，今後幾星期裡，還會一直演下去。局勢變化莫測，阿扁能否熬過這一關，無人敢大膽預測。但有一點可以確定的是，他如此「不見棺材不掉淚」地硬拗，已經使華府和北京在共同處理台灣危機上，增加了彼此的互信與同盟感。最近美中貿易大戰正醞釀提前開打，布希打算在布胡會前先給胡錦濤個下馬威，但半路殺出個陳水扁，卻先把華府和北京綁到同一陣線去了。對台灣長期利益而言，造成了很大的傷害。

八十八、北京華府「貿易大戰」提前開打？

（原刊九十五年二月二十日《中國時報》）

美國是舉世唯一的超強，在大陸「和平崛起」過程中，中美間發生衝突只是時間早晚問題，最終難以避免。兩個月後，胡錦濤將以大陸國家主席身分應布希總統之邀訪美，各方寄望甚殷。美國朝野已經開始辯論：是該藉此機會加強雙方在各種錯綜複雜問題上的合作呢？還是索性攤牌，把重要的歧見一次解決，讓大陸真正成為國際社會負責任的一員？

就在上星期，半路殺出了個程咬金，可能使眾說紛紜的「中美貿易大戰」提前開打。這位李逵式的冒失鬼不是別人，就是具有大使身分，列席閣議的美國貿易代表署署長（US Trade Representative，簡稱USTR）波特曼(Rob Portman)。

他的前任佐立克，布希勝選連任後已調任首席副國務卿。去年四月，波特曼才被提名繼任捍衛美國對外經濟利益的談判代表，五月中旬就職。USTR是獨立機構，人員雖不過三百多，但他與布希父子關係深厚，老布希時代，他就做過總統的副法律顧問(Associate Counsel to the President)，嗣調白宮國會連絡組組長，與民主黨協調兩黨共同政策。

政黨輪替，柯林頓上台，波特曼回故鄉俄亥俄州競選，當了八年眾議員；靠他國際貿易專業律師的聲望，推動兩黨合作，通過多項修改賦稅法規與鼓勵儲蓄的措施，最後獲同僚票選為眾議院共和黨領袖會議(House Republican Leadership)的主席，也就是總黨鞭。他還兼了眾所艷羨的眾院預算委員會副主席，與主席共享執掌審核國家預算的大權。

小布希連任，他才等到貿易代表的位置。新官上任三把火，波特曼挑選美中貿易摩擦作為他的招牌大戲，我看是胸有成竹，並非隨手抓來的題目。這究竟是他個人的靈感，還是「體察上意」的結果，仍待觀察。

政府機關凡有重要施政，都會大張旗鼓地宣傳，中外皆然。二月十四日，波特曼提出《徹底檢討美國對華貿易政策報告書》，分別函送參眾兩院財政委員會的共和黨籍主席與民主黨籍副主席，然後舉行記者招待會答覆詢問，全文長達十七頁，顯示他對美中貿易爭執的所有細節，確能全盤掌握，不是亂蓋的。

美國人寅吃卯糧，已經不是新聞。去年美國貿易赤字達七千二百六十億美元，比前年暴增百分之十八，達到史無前例的國內總生產額的百分之五點八，其中當然有部分肇因於原油價格飛漲。美國對中共貿易的逆差，去年達二千零二十億美元。美國商務部老實不客氣地說，撇除油價因素後，只要美中貿易平衡，美國就沒有貿易赤字了。

傳統經濟理論上，政府原該努力維護本國幣值，因為它是國民信心與國際信用的表徵。唯有美國財政部卻努力想使美金在國際市場上貶值，以期增加出口並減少進口。問題出在所有亞洲國家，包括日本與台灣在內，都在幕後指使中央銀行不著形跡地壓低本國貨幣兌換率，全力捍衛美元的市場價格，俾有利於其國內經濟發展。這就是二十一世紀主宰國際關係的地域經濟學的詭異之處，完全推翻了傳統思想與觀念。

波特曼的報告書說，三年來美國對中國出口雖有增加，「我們對中國的雙邊貿易政策仍然缺乏對等性、持久性、與平衡性 (lacks equity, durability and balance)。調整美國對華貿易政策，此其時矣」。他又說「作為成熟的貿易夥伴，中國應該為它的行為負起責任，包括市場開放與保護智慧財產權等在內」。他最重的一句話是「美國將使用所有選項，來應付這場挑戰」(We will use all options available to meet this challenge.)。

此言簡直是在對中國宣布，一場貿易大戰即將開始。累積了豐富的國會經驗，波特曼廣泛徵詢過國會與其它政府部門、工商業者、與學者專家意見後，提出調整對華貿易政策的十大項目，包羅萬象，其中較重要的有：

一、USTR內部增設敦促中國履行WTO義務的專案小組 (China Enforcement Task Force)，任命一位專任法律顧問 (Chief Counsel for China Trade Enforcement) 領導。波特曼自己承認，這是史無前例的破天荒舉動。

二、擴充USTR承辦對中國貿易問題的人力，設立對華貿易談判顧問委員會（Advisory Committee for Trade Policy and Negotiations，簡稱ACTPN），以強化談判功能。同時加強在北京與其它方面政策與談判資源，由積聚二十年經驗，能操流利國語和廣東話的助理代表史鵲福 (Tim Stratford) 領軍，以追仿冒、保護智慧財產權為工作重點。

三、迄今美國是全球唯一曾向WTO控訴北京的國家，最近還幾乎提出第二次控訴，幸而大陸讓步，美國才臨時撤回。為期今後對大陸加強壓力，美國將與其它對華貿易的友邦在共同利益上協調合作，促使中國遵行對WTO的承諾。美國也將加強與亞洲其它國家的貿易，尤應透過APEC論壇，提升美國與亞洲的商務關係。

四、敦促中國繼續經濟改革，透過常設的美中聯合貿易通商委員會（US-China Joint Commission on

Commerce & Trade，簡稱JCCT）機制，會同國務院共同加強與中國政府間的高階層對話，促使北京正視變相出口補貼、農產品檢疫、制定國家標準，與早日制定反獨占法律等懸而未決的問題。

五、兩國總統會晤前，先由JCCT開會討論議題，並每半年一次舉行副部長層級的美中雙邊會談，檢討雙方已經同意過的貿易目標與執行進度。美國也將通盤擴充與大陸對話的範圍，包括自由進入市場、電訊業標準、金融服務業、開放醫療業、直銷與補貼、鋼鐵業建構、勞工、環保、透明化與法治等項。USTR將與國會和政府各部門通力配合，特別尊重參眾兩院所訂優先次序。

明眼人從以上各點就可看出，波特曼並非空言威脅。WTO對新會員有五年的緩衝期，大陸入會已有四年；下月WTO即將檢討大陸遵行世貿組織規則的程度，美中間也要舉行布胡會的「會前會」。北京那批新技術官僚，從鐵娘子吳儀、外經貿部長薄熙來以次，這兩個月可要忙壞了。

八十九、「跨越對立」被「台獨選項」土石流掩蓋

（原刊九十五年二月二十日《聯合報》）

在紐約經歷了二十幾英寸的大風雪，返台後翻看報紙，連日來盡是國民黨在深綠色報紙刊載「台灣的務實道路」廣告引起的口水戰，大多數報紙對十三日馬英九在倫敦政經學院的演講卻未見完整報導。

朋友問我意見，我找來馬市長那篇題為〈跨越對立〉(Bridging the Divide) 演講全文，讀後第一個感想是，今天台灣多數媒體為競食那塊日益萎縮的廣告大餅，沾染上國外多年前「只有壞新聞，才是新聞」的惡習。我們不但少有像《紐約時報》那樣以「留下紀錄的報紙」(a newspaper of record) 自居的權威日報，更令我擔憂的是在惡性競爭壓力下，媒體被迫以譁眾取寵為選擇報導題材的標準，離現代新聞學捕捉並記錄社會變遷的理想越來越遠了。

像馬英九那篇在倫敦對外國人與華僑聽眾，藉東亞和平新願景為名，說明國民黨在統獨問題上基本立場的講詞，不但文章太長；就國內觀點而言，難免流於老生常談，遠不如「台獨究竟是台灣人民的選項，還是國民黨的選項？」既有挑戰性，又必然會引起激辯，兩者的號召力確實無法相比。

這種處理手法其實是很膚淺的。國民黨過去領導人或者諱疾忌醫，或是太懶惰，從未站出來面對獨派，來場大辯論。僅就此點而言，馬英九倫敦演講也該受到更多的注意。

假若我是《紐約時報》的編輯，在處理這篇演講時，會把它分成幾條新聞來處理。

馬坦白承認「國民黨過去一些違反人權和背離法治的不當行為」，列舉二二八事件、白色恐怖，以及從五〇到八〇年代裡，國民黨「在政治、言論、媒體和出版自由方面的不當箝制」，以及「數千公民未經合法程序即遭拘捕、刑求、監禁、處決、或軟禁」。如果我沒記錯，國民黨歷任主席，即使李登輝也不曾如此大膽地承認過。這條新聞會使昨天的頭條「二二八研究報告出爐」，失掉大部分的光輝。

另一條報導，可以馬英九討論制憲正名運動缺失為主題。馬說「片面的分離主義行動只是一帖召喚劫難的藥方。實際將升高台灣內部的對立，重啟兩岸已停歇的內戰⋯更勢必動搖整個區域的安定與世界和平」。因為客觀且不帶煽動的言辭，比叫囂亂罵更能獲得別人重視。

第三條新聞是馬英九列舉兩岸關係發展的「驚人變化」，《紐約時報》也零碎地報導過，但總結二〇〇五年各項數字，仍有相當震撼力：一年裡有四百萬台灣人去大陸旅遊；雙邊貿易達七百十億美元，其中台灣享有順差四百九十七億美元，如無貿易往來，台灣反將有四百二十億美元的貿易赤字；台胞在大陸總投資額逾七百億美元，估計創造一千萬個就業機會；還有七十五萬台灣人長期住在大陸等等，台灣人雖然耳熟能詳，對老美仍有新鮮感。

最後一條新聞將專談國際空間問題。馬英九坦然面對綠營拿缺乏國際承認作為主張台獨的正當理由，不客氣地指出「世界上少有國家願意在這個極度敏感的問題上，不惜與中華人民共和國決裂，而承認一個獨立的台灣」。他同時強調「實現兩岸統一，必須取得台灣人民的同意」；條件是中華民國在台灣「作為一中架構下政治夥伴的對等地位，必須獲得承認」。

連戰榮譽主席去年四月的「和平之旅」，奠定了國民黨未來兩岸政策的基本方向。但睽違五十幾年後的初次接觸，只能先求大同而擱置小異。馬英九接棒了，兩岸人民期望殷切，他必須早日闡明立場，免生誤會。倫敦的演講，其實也是說給對岸聽的。

馬最後引孟子「仁者以大事小，智者以小事大」，期許「台灣有智，大陸有仁」，呼籲「給和平一個機會」，這種話需要很大勇氣才說得出來。如何把他這些委婉卻堅定的外交詞令，轉化成老百姓都看得懂的文字，是一個新聞記者有無真才實學的考驗。

九十、馬屁文化：外交忘了規矩

官員只知逢迎上意　違反國際禮儀　安排使節「跑龍套」：恍若回到乾隆帝時代

（原刊九十五年二月十三日《聯合報》）

人在國外，讀報載新任外交部長主持的春節歡宴駐台使節團，讓各國大使與代表們排隊半小時，等候領陳總統的紅包，不禁想起一七九三年乾隆皇帝與英國使臣馬戛爾尼（Lord McCartney）的往事。

曾涉獵中國外交史的人，無不知道這段膾炙人口的軼聞。馬戛爾尼在太和殿覲見乾隆皇帝前，清廷要他行三跪九叩首的大禮；馬氏堅拒不肯。最後協調以他覲見英王時的屈半膝為禮，僵局才算解決。乾隆給馬戛爾尼詔書的英譯文，充滿妄自尊大與愚昧無知，今天仍在網站上找得到，無庸費詞引述。它代表什麼意義？就是當時滿清上下，昧於國際情勢，只知逢迎上意，不懂如何辦外交，讓「四夷」看穿了這個老大帝國的腐敗與落後，種下其後一百幾十年飽受列強蠶食侵略的國恥。

民進黨執政快六年，前後幾位外交部長都不是科班出身，沒有一位曾在有邦交國家，做過能參與正式外交團活動的館長。黃志芳雖曾短期外放，職位不高，且只在不承認台灣是獨立主權國家的美國，停留過短暫時期。但台灣既自認為已開發國家，就該懂得外交禮儀，不可閉門造車，自說自話，弄些不三不四的規矩出來，貽笑大方。

我還記得前兩年在LP部長任內，把總統宴請使節團的正式晚宴弄得像時裝業的走秀。餐前例行的酒會尚待結束，就把使節們趕到走廊裡，排成長長的隊伍躲在幕後，等總統駕到後，再一一唱名，讓他們夫婦一對一對地，從舞台中央鋪著紅地毯的延伸道上走出來，向面前端坐的陳水扁與我國官員揮手，甚或鞠躬致意。據說還有一對某國使節，揮手致意後竟然找不到位子坐，令禮賓司當場出醜。

事後有位相熟的中南美大使告訴我，他的感覺與走秀的時裝模特兒差不多。在外交辭令上，這已經表示相當不滿了。我只能苦笑，不好意思問他，有沒有跟禮賓司提過？而且禮賓司長有沒有聽懂他的意思？

馬戛爾尼當時的官銜是公使（minister），二十世紀後期起國際上已無公使館，人人都升格為大使(ambassador)了。其差別是公使代表國家，而大使既代表國家，又代表派遣國的元首個人。即使在不承認階級的民主國家裡，對大使仍稱「閣下」(Excellency)，就是這個道理。大使既是該國元首的私人代表，駐在國理應以適當禮節相待。我們卻讓使節們像演京戲一樣地去「跑龍套」，豈但不敬，絕對有違國際禮儀。

外交部辯稱這只是唱名引見；殊不知國際慣例，只在外交團集體覲見國王或總統時，由禮賓司長站在元首或使節後方，輕聲向元首報告該使節姓名與所代表的國家，以免誤認；絕無像台灣這樣，高唱名號，讓全場都聽見的。把京戲裡那套做法搬上外交舞台，不知是哪位天才發明的，堪稱「馬屁文化」又一章。其用意只在製造台灣主權的假象，為他自己加官進爵鋪路，國際禮儀關他屁事。現在卻把責任推給總統府，說只是「奉命行事」，更不像話，難道整個外交部就沒一個人懂規矩嗎？

真使我擔心的是：新考取外交領事人員進部學習的年輕同仁，缺乏經驗，沒見過世面，容易把這種莫名其妙的做法，視為理所當然。此後如將錯就錯，年年如法炮製傳襲下去，真不知伊於胡底。

最近與仍留在部裡的一位老同事談起扁政府忽視專才，外交部士氣低落的問題，他嘆了口氣說：「哀莫大於心死。」我說：這不是幾個人或幾十個人的悲哀；這是兩千三百萬人的悲哀，是台灣的悲哀。

九十一、伊朗核危機　貓和老鼠的遊戲

（原刊九十五年二月十三日《中國時報》）

要瞭解伊朗正在玩的把戲，必須先知道聯合國下國際原子能總署（IAEA）許多繁複且高度技術性的規則。

民國六十八至七十年間，我奉派駐維也納，擔任駐奧代表處主任兼駐IAEA觀察員；後者使我具有官方身分，可經常出入多瑙河畔原子能總署的大廈，上自執行長（Director-General，大陸譯為總幹事），下至遠東地區的主管與常來台灣的視察員，都可往來酬應，並無約束。

說老實話，赴任前我真的不知道工作份量的三分之一會花在IAEA上。為什麼呢？當時在其它國際組織裡，美蘇兩強都是唱對台戲的，唯有在防阻他國硬行擠進「原子俱樂部」這件事上，兩國的利益一致。而台灣中科院的實驗性原子爐剛在美國強大壓力下拆除未久，清華大學教學用原子爐與台電的核能一廠兩部機則都在正常運轉，必須受IAEA的監督，不讓台灣有偷偷發展原子彈的機會。

IAEA管得真嚴格，清大與台電原子爐每半月都要提出詳細報告，其中放射性元素的存量，須達小數點下兩位，亦即零點零幾公克。能不能造假呢？全無可能。因為進入原子爐的所有出入口，都有IAEA用鐵絲加火漆印鎖住。外面四周則由IAEA架起同樣加鎖密封的攝影機或電視攝影機，二十四小時監視著。

照相機每十五分鐘自動拍一張相片，電視機則不停地盯著出入口。IAEA總部可隨時透過電話，抽查任何國家原子爐，看有無異狀。

遇有緊急事故，例如必須抽換燃料棒，甚或蒸汽外洩等意外之類，必須打開IAEA的火漆封鐵絲鎖，我就必須通知IAEA，雖深更半夜也無例外。接獲通知後，兩名視察員(inspectors)會立刻啟程，二十四小時內就可抵台，配合我方人員仔細檢查原子爐內外一切，證明並無造假情事後，再重新加封。我國被逐出聯合國後，已非IAEA會員國，不需繳納會費；但視察員從啟程那刻開始，他的薪水、出差費、機票，甚至休假與養老金的平均分攤數，均由我國負擔。我記得民國七十年時，每人每天要三千六百餘美元。

作為受檢國，我國每年初可審核視察員名單，對不友好國家如蘇聯、巴基斯坦，或東歐國籍者聲明不予接受。但每次IAEA派什麼人來，我方無權表示異議。從前曾有位法籍視察員來台，進入原子爐後忽然倒斃。美國與IAEA緊張到派法醫來台調查，證明他真的是發心臟病死亡，台灣並未學電視連續劇Mission Impossible動過什麼手腳，此事才罷休。為免故事重演起見，是我們提議IAEA以後還是派兩人同來，總不會兩個人同時發心臟病吧。因此，我在任時，每年經手付給IAEA的視察費，總要一百幾十萬美元，比許多當選IAEA理事的小國繳納的會費還多。

從以上經驗看來，伊朗過去只是在與IAEA玩老鼠和貓的遊戲。不同之處是德黑蘭這隻大老鼠，對貓兒的把戲早已嫻熟在胸，不但三天兩頭會跑出來偷點東西吃，還會挑撥幾隻貓兒的醋勁，製造牠們之間的矛盾。

被伊朗耍弄的貓兒不止一隻：美國是兇狠會抓老鼠的老貓，歐盟是隻想和大老鼠玩遊戲的小貓，IAEA則是早已吃飽只想睡懶覺的中貓。

嚴格而言，伊朗並未有過重大違反國際條約的行為。它不像印度或以色列，因為它從未加入過禁止核擴散公約（Nuclear Nonproliferation Treaty，簡稱NPT），因而發展核武不算違約。伊朗不但加入IAEA，還簽署了該約的附加議定書(Additional Protocol)，自動接受與前文所述同樣的各種限制。它堅持的立場是，伊朗作為主權國家，有權利研發核能「和平用途」，特別是用於發電方面的研究，表面看來，這也沒有錯啊。

伊朗手中最佳的武器是它蘊藏豐富的石油，歐洲各國必須仰賴伊朗比市價略低的長期供應合約。美國不斷指責伊朗祕密發展核武，但有四年前美國控訴伊拉克私自製造核子武器，占領後搜遍全境，卻始終無法找到證據，被全球恥笑之例在先，這次又拿不出有力的佐證，有苦難言。就像兇惡的大貓只能在老鼠洞外怒吼，腳爪卻伸不進洞裡。

歐洲國家為顧全美國的面子，兩年來一直由德、法、英三國出面，代表歐盟二十五國居中調停。大家都在演戲，其實只在拖延時間，使伊朗這隻老鼠的膽量越來越大。直到去年底，德國總理換了梅克爾，亟欲修補前任施洛德與布希總統交惡的關係，小貓的態度才開始有些微轉變，這次投票贊同將本案移送安理會的動機，則是伊朗通知IAEA要它在二月中旬前撤除監視的照相機與電視攝影機。

IAEA與它的執行長巴拉岱(Mohamed el-Baradel)去年剛得到諾貝爾和平獎，聲望正隆。國際原子能組織理事會由三十五國組成，其中不少第三世界國家，都反對美國的霸權作風。IAEA理事會討論原由歐洲國家提出的將伊朗核危機問題報告安全理事會案時，決議草案原有將中東設定為「禁止核子武器地區」(nuclear weapons-free zone)的字樣。大家都心知肚明，它暗指以色列；後者雖從未公開承認，但在強敵環伺下，肯定早就擁有核子武器以資自衛了。

如果照原提議文字通過，將是阿拉伯各國宣傳上的大勝利。美國在IAEA自然反對。但經大家勸說，兩害相權取其輕，最後將文字修改，含糊地說：「伊朗核武問題如獲解決，將有助於達成在中東地區廢除所有大規模殺傷性武器及其發送方法的最終目標。」二月四日IAEA正式通過本案，美國算贏了一場。

你以為聯合國會制裁伊朗嗎？這場核武危機就此解除了嗎？還早著呢。安理會要等到三月中旬，邀請巴拉岱列席，聽取他的口頭與書面報告後，再辯論如何處理伊朗核武問題。正是，欲知後事如何，且聽下回分解。

九十二、布希國情咨文「石油安全」知難行易

（原刊九十五年二月六日《中國時報》）

元月三十一日晚間九時，美國總統布希才對美國聯邦國會參眾兩院聯席會議發表一年一度的國情咨文演說。但那天早晨的巴黎《先鋒論壇報》刊出弗里曼(Thomas L. Friedman)的專欄，引了四十五年前故甘迺迪總統就職演說裡的名句，借箸代籌，替他擬了篇講稿。等到晚上全國電視聯播出來，弗里曼那一寶竟然押中，布希採取的政策路線，果然與他的建議相去不遠。同一天，弗里曼在《紐約時報》的專欄內容大同小異，只是題目變成「石油癮」，拿美國對石油的倚賴與毒癮相比，力勸戒除。

受伊拉克陷入泥淖的影響，布希近來的日子並不好過。左派大本營的「美國民權自由聯盟」（American Civil Liberties Union，簡稱ACLU）選在同日早晨又在《紐約時報》刊登全頁廣告，攻擊情治單位未獲法院授權前，就用電子監聽人民通訊。大字標題是：「總統先生，我們相信的美國可不是你的美國！」《紐時》全版廣告登一天至少要五十萬美元，其震撼力可以想像。

持平而論，布希國情咨文的內容並沒有什麼革命性的宣示。他先回應當天最新的消息，對黑人民權領袖馬丁・路德・金(Martin Luther King)的遺孀Coretta Scott King逝世表示哀悼。話入正題後，布希說在美國有「兩個政黨，國會有兩院，且有兩個人民直選治權（指行政與立法）制度」之下，永遠都會有不同的政見與辯論；但他呼籲「辯論可以有禮貌地進行，而歧見不應硬化轉為憤怒」，他願意盡他的力量做到君子之爭。

二〇〇五年時，布希剛獲選連任，意氣風發，公然聲稱這些選票是他的新「政治資本」，將善加利用，以達成競選時的政見諾言。剛滿一年，在內外交迫下，他變得很低調；只在提到伊拉克時，才堅持不能讓恐怖份子得逞，美國決不可回歸孤立主義的老路。布希一面強調將繼續與國會溝通，一面也誓言支持前線將士，不與敵人妥協。

他的演說以美國必須減低對進口石油的倚賴，作為全篇重點。他宣布的計畫除涉及反恐軍事與外交外，主要有兩項。其一是發展「新能源計畫」(Advanced Energy Initiative)，包括增加能源部研究經費百分之二十二，從提高冬季家用暖氣設施效率，例如建造零汙染的燃煤發電廠，太陽能與風力發電，安全又環保的核能發電等方向著手。在汽車耗油方面則多管並進，要發展油電兩用車，與燃燒氫氣的車種，大量增產乙醇與生化柴油，在六年內研發出可量產這些代用燃料的技術。他的目標是在二〇二五年，這些新產品能替代目前從中東進口石油量的百分之七十五，達到能源自給自足的目標。

其二是「提高國家競爭力計畫」(American Competitive Initiative)，又包括三部分：㈠立即將今後十年內，所有政府撥供基礎研究的經費增加一倍。㈡目前暫時性的，以減免稅捐作為鼓勵企業自行研發的措施，立法將之永久化。㈢美國應立即增加七萬名教師，專門教授學生在高中畢業前，提早選修大學程度的數學與科技課程 (advanced placement courses)；並增加三萬名這方面的大學教職，俾保持美國在科技研究上領先世界的地位。這兩年來，許多人都舉大陸每年畢業三十萬名工程師為例，警告說美國行將落在中國之後。所以《紐約時報》報導裡也說，這是受到中國與印度刺激，急起直追而採的措施。

他的演說最後常以希望作結，因此布希喊出「有希望的社會」(a hopeful society) 口號，把許多互不相關的問題都連結在一起：從禁止任何複製人類的研究，包括為試驗目的製造或植入胚胎，實驗人獸雜體

(human-animal hybrids)，乃至販賣人類胚胎或變更胚胎基因以申請專利等等行為，到嚴禁公職人員貪汙腐敗；從增撥經費援助紐奧良水災難民，到協助美國一百萬愛滋病患者，無所不容。最後的警句是「在形成史籍前，歷史是用勇氣寫成的」，與美國人民共勉。

白宮幕僚費好大力氣寫出來的這篇文情並茂的演說，雖有各大電視網全程轉播，在美國老百姓間似乎並未引起太大共鳴。依照慣例，民主黨在總統演說完畢後，立即在各大電視網作答辯。今年被選作答的是該黨籍維吉尼亞州新當選州長的凱恩 (Timothy M. Kaine)。他舉維州為例，說五年來由於兩黨在州議會開誠布公地合作，維州預算已從大量赤字轉為盈餘，這句話擊中了布希執政五年來，美國國家預算從柯林頓交卸時的盈餘，變成巨額赤字的要害。美國一般都認為維州比較保守，此外凱恩提到的健保給付與幼童教育等問題，也是共和黨的痛處，兩年後他很可能成為總統或副總統候選人之一。

執政黨總比反對黨難做，第二天的《紐約時報》說，布希的「能源安全」計畫，在提出第二天已遭受各方質疑。沙烏地阿拉伯是美國從中東進口石油的最大供應國，布希說要取代美國對中東石油的倚賴，沙國駐美大使圖爾基親王 (Turki al-Faisal) 答覆記者詢問時，直言「我不懂他這話是什麼意思」。

民主黨自身並未提出尋求資源安全的計畫，批評起共和黨計畫來卻振振有詞，套句中國成語，認為那是「七年之病，求三年之艾」。只有國會預算處曾提過一項辦法，頗有道理，那就是如將汽油稅率從現行的每加侖一角八分，提高至四角六分，預計汽油消耗量在今後十四年中，可減少百分之十。只要人民覺得汽油太貴，汽車廠為回應市場需求，會自動改向製造省油的小型車方向發展。但這樣做定將被汽車業與石油業者聯合起來反對，以布希家屬與石油業者分不開的關係，顯然過不了關。天下烏鴉一般黑，古今中外都差不多。

九十三、國王偏見　外交綠油油

破壞制度　「非我族類」的顧忌不勝枚舉　糟蹋外交

（原刊九十五年一月二十三日《聯合報》）

外交是一國對外的窗口，在外交部門工作的人常是該國最優秀的人才。歐洲早期的外交官多由貴族中選拔，因為他們受過最好的教育，能操各國語言，又深諳宮廷禮節。外交大臣更是國王倚賴甚深的重臣；兩國爭執難決時，他的意見常能影響決策。即使在民主時代，各國外交部長也常是元首與總理之下，最受重視的閣員。

民進黨執政以來，外交部長換了四位。新的外交部長傳將由黃志芳接任，許多現任或退休的外交部人員得知，無不大吃一驚。媒體強調他是蔡英文掌陸委會時的連絡處副處長，不幾年便爬到總統府副祕書長，現在將出掌國內外總人數逾千，有六十幾個使領館、代表處與辦事處的外交部，真比坐直升機還快，其餘就沒有什麼介紹，因為外界對他也實在所知無多。

我與黃先生從未謀面，對他個人並無任何意見。但站在專業立場，不禁疑惑：除了曾通過外交特考，做過程建人的祕書與北美司科長、專門委員等職外，他有什麼特殊寶貴的經驗？對如何突破當前外交困境，他有何特別見解？

就事論事，民進黨政府對外交愚昧無知，貽笑國際，破壞制度，損及台灣實質利益，已為國人所公認。根本的問題究竟在哪裡呢？

雖然修憲後外交、國防與兩岸關係應由總統主導，其真意是重大政策由總統決奪後，交由外交部執行，而非件件事都由總統府自己去橫衝直撞。真正的原因，是阿扁認為外交部人員都是國民黨留下的「封建餘孽」，他不能也不願信任。其實職業外交官理應保持行政中立，不會挑戰或違抗政府的訓令；這種「非我族類」的顧忌既無根據，也沒有必要，但近六年來從印尼到中南美，因這種偏見而生的案例，多得不勝枚舉。

最近也最荒唐的就是利比亞狂人格達費 (Muammar al-Qaddafi) 的兒子賽義夫 (Saif) 被國安會副祕書長張旭成邀來台北訪問，府方自以為大功一件，冒失地安排陳總統由外交部長陪同正式接見，並由阿扁親口宣布兩國將互設代表處。二十四小時後，李肇星和格達費本人在利國首都正式會談，格達費重申利比亞只承認一個中國，反對台灣獨立。這麼響亮的一個耳光，全世界都聽見了，卻未見府方有任何檢討或反省。

美國駐外使節也有並非職業外交官而屬於政治任命的，但都是派到無關痛癢的國家，人數也從不超過駐外使館館長總數的三分之一。反觀台灣，近六年後的今天，駐外使節除華府李大維與歐盟程建人外，已是一片慘綠，在日本尤其顯著。但這些綠色館長真有什麼建樹，或者和鄰近什麼國家達成建交了嗎？任誰都知道答案。

治國應以人民福祉為最高考慮，而非以少數人的意識形態為依歸。扁政府把台灣的外交，糟蹋到這般地步，職業外交官欲哭無淚還是小事，國家如何生存下去，才是大家必須正視的危機。

九十四、包道格離台　下一站徬徨何處？

（原刊九十五年一月二十三日《中國時報》）

還有兩天，AIT台北辦事處長包道格（Douglas H. Paal）就要結束三年半的任期，回華府去了。無論識或不識，外交圈、政界與媒體對他的批評都傾向兩極化。有人從個人經驗出發，認為此人眼高於頂，恃才傲物；也有人從大處論斷，說他已善盡執行美國對台政策的職責，因而得罪了不少我國政要。兩者都有幾分對，但也都不完全正確。

使人詫異的，是不論喜歡或討厭包道格的人，似乎對他過去的經歷，尤其來台前惹下的是非，都瞭解不深。媒體長篇累牘的報導，更偶有與事實不符之處。他來得不情不願，走得也算不上載譽而歸。國務院發言人麥考馬克說他「做得好極了」，只是抵擋媒體詢問的外交辭令而已。

論學歷與經歷，不能否認包道格要比美國一般駐外使節優秀。他曾就讀布朗、史丹福與哈佛三所名校，但未獲博士學位。服役海軍期間，他到過越南與日本，種下日後以遠東為專業的遠因。考進國務院後，一九八〇年他曾短暫服務於美國駐北京大使館，然後調到駐新加坡大使館三年。一九八四年調回國務院，任職政策計畫司，兩年後因緣際會，進了雷根總統時代白宮的國家安全會議，做到亞洲事務資深主任。老布希繼任總統後，他升到總統特別助理，可云一帆風順。

政黨輪替，白宮主人換成民主黨的柯林頓，包道格只好離開公職，成立所謂「亞太政策中心」(Asia Pacific Policy Center，簡稱APPC)，在華府伺機再起。就是這個貌似非營利性研究機構，實則接受外間委託從事公關工作的APPC，後來給他惹出許多麻煩。AIT網站上他的履歷，說APPC是個「非營利性教育機構」，出版有關美國對亞洲關係的小冊，並與人「合辦國際會議」；此外包氏個人並「為若干美國公司提供諮詢服務」，與事實有點出入。

迷你型的智庫在華府本就很難維持，包道格找上了聲名狼藉的史導特 (Anthony Stout)，後者慷慨地提供辦公場所與開辦費用，雙方一拍即合。APPC那時的國外主顧以新加坡與馬來西亞政府為主。史導特在馬來西亞的金主是目前身陷囹圄的前副總理安華 (Anwar Ibrahim)。安華一心想提前接班，所以雇用美國公關公司為他營造聲望，其中最成功的就是包道格替他辦的「太平洋對話」(Pacific Dialogue) 會議，每年從美國邀請兩黨參議員與工商鉅子，到吉隆坡與亞洲各政經領袖開會，一切由馬國政府招待，連續四年之久。

仍掌大權的馬哈地總理 (Mohamed Mahathir) 察覺到安華的野心，把他抓起來以雞姦定罪。審判中曾任職馬來西亞央行的穆拉特 (Abdul Murad) 作證說，他曾奉安華之命，先後幾次轉交給包道格一千萬美元。此後兩年，APPC收入銳減，有一年只靠新加坡大使館的十六萬六千美元公關費度日。

包道格雖加入小布希競選活動，卻未進入競選總部核心的小圈圈。共和黨再度執政，他又因在老布希時代，與萊斯相處得不太愉快，未能重回國安會任職。

仗著舊日的老關係，包道格轉而想弄個駐外大使的差使，又高不成低不就。大國如日本、中國輪不到他。他先鎖定韓國，在報端與學術會議裡提出一系列對北韓的批判，最後這位置被希爾 (Christopher Hill) 搶走。退而求其次，他才以AIT駐台代表為目標。

包道格的活動力很強，二〇〇〇年春天，他在《國際前鋒論壇報》(ＩＨＴ)寫了一系列有關台灣政治的文章。陳水扁當選後，設在紐約名為民間機構，實受國務院補助的美國外交政策全國委員會(National Committee on American Foreign Policy)特別選派四人組團，來台灣與大陸訪問，以民間「第二軌道」(Track 2)為名，瞭解兩岸緊張局勢，尋求化解之道。該團由前東亞事務助卿羅德(Winston Lord)領隊，包道格排名第二，依次才是該會主席施瓦伯(George D. Schwab)與圓桌討論會主持人柴高利亞(Donald S. Zagoria)。此行使包道格認識了我國朝野各黨領袖，減少了陌生程度。

但他的任命又遭受自由主義派反對，拖了一年才發表。其實華府無論「藍軍」或「紅軍」都曾批評他。二〇〇二年二月，有九十年歷史的政論性雜誌《新共和》(*The New Republic*)在一篇調查詳盡的報導裡，戳穿了包道格的底細。這篇由馬謝爾(Joshua Micah Marshall)署名的長文，原由《紐約時報星期週刊》簽約委託，最後改由《新共和》刊出，文筆尖銳，不留情面。文中指出：包氏在文章裡寫過，布希在競選時對中國大陸的抨擊，只是「選舉標語」(campaign slogans)。布希就職後說如果大陸攻台，美國將「不計代價」(whatever it took)保衛台灣後，包氏竟然在對上海一項研討會用視訊演說時，直指布希「說錯了話」(misspoke)。

對包道格殺傷力最大的，莫如該雜誌透露，ＡＰＰＣ曾與尼克森中心(The Nixon Center)討論合併可能，結果沒有成功。文章暗示說，這所退休總統紀念圖書館的負責人對包道格的操守，不甚放心。又說包氏所以獲任ＡＩＴ駐台代表，主要是因為這個白手套機構人員的任命，無須經參議院同意之故。假如真是如此，頗有才華，在台三年半間無愧地卸下大使之名的包道格，回美後出處如何，他的朋友們難免會替他擔心。

九十五、地緣經濟　主宰二十一世紀國際關係

（原刊九十五年一月十六日《中國時報》）

在二十一世紀的今天談國際關係，人人都知道地緣經濟（geoeconomics）已經取代地緣政治（geopolitics）成為主宰力量。但此詞可有兩種解釋：在西方國家，地緣經濟學的大師是曾任美國國防部與國務院顧問、現為華府戰略與國際研究中心（CSIS）資深學者、著作等身的魯瓦克博士（Edward N. Luttwak）。他從戰略觀點出發，把地緣經濟視為國家整體策略的一環。換句話說，它與地緣政治同為一個國家可以使用的手段，只是位階高於後者而已。

我一直很欽佩魯瓦克，尤其他那本已譯成各國文字的名著《戰略學：戰爭與和平的邏輯》（*Strategy: The Logic of War and Peace*），可與馬基維利或克勞塞維茲相提並論。但如就本題而言，我不得不同意俄國以聶克勒蘇（Alexander Neklessu）為首的一批經濟學者的解讀。他們認為在全球化影響下，地緣經濟早已脫離了國家政策的範疇，成為任何個體、公司或行業的指導原則，甚至可與國家政策背道而馳。這種革命性的想法，顯然與魯瓦克較為狹窄的解釋有異。

這兩派思想無以名之，國際間至今似乎也沒對這兩種觀念的差別，有過認真的學術性辯論。為行文方便起見，先杜撰兩頂帽子，姑且稱之為「美國派」與「俄國派」吧。

今年才過了幾天，但無論在台灣或國外，已經發生了實際事例，顯示兩種觀念在基本意義上不可避免的衝突。擺在我們眼前的就是聯電投資大陸和艦科技公司案。一月九日，扁政府為鞏固台獨基本教義派票源，實踐「積極管理」的假開放政策，對曹興誠、宣明智提起公訴，所執行的就是魯瓦克的理論，將地緣經濟視為政府可以使用的一種手段。但對許文龍投資大陸，甚至表態支持反分裂法，則視如不見，依然續聘為資政。政府這種自相矛盾之處，連南部傳統支持綠營的人都很清楚，無庸辭費。十二日晚上，陸委會在立法院嚴審預算時遭殃，經費被刪六千萬元，其餘凍結一半，「中華開發基金」三千六百萬元全刪，只能算是滿清時代的「陪斬」而已。

但如改從實際效用來看和艦案，明顯的結論是「上有政策，下有對策」。曹興誠與宣明智雖然在檢方舉行記者會宣布提起公訴前，先主動辭去正副董事長職務，卻立即被聘為「榮譽職」的正副董事長，照樣出席今後的董事會議；換湯不換藥。這豈不證實了俄國派的理論，全球化是擋不住的潮流，國家與國家間的界線越來越模糊，利潤掛帥，政府根本管不住。而且若非台灣的大小企業各顯神通，紛紛循地下管道去大陸打拚，台灣經濟早就垮掉了。

離台灣較遠卻更有意義的案例，是今年元旦起，俄國停供天然氣給烏克蘭事件。普丁總統討厭日益傾向西方、一心想加入歐盟與北大西洋公約組織的烏克蘭總統尤申科 (Victor Yushchenko)；為要對他施加政治壓力，突然將供應烏克蘭的天然氣價格，從每一千立方公尺五十美元，調漲到二百三十美元。烏克蘭當然拒絕接受。俄國號稱民營，實際仍受政府控制的天然氣公司 Gazprom，二〇〇四年出售天然氣收入達一百八十億美元，奉命停止經輸氣管繼續供應烏國。這是純粹美式地緣經濟的想法，拿它作為國家政策的手段，以為我掐住了你的喉嚨，不怕你不投降。

問題出在普丁作決定時，忘了從今年起俄國因主辦世界上最富有的八國會議，他將成為G8主席；而今年會議主題之一，正是「能源供應的安全」(energy security)。俄國所產的天然氣一半以上供應給歐洲各國，由於地理關係，輸氣管線必須先通過烏克蘭，再連接東西歐國家。自從元旦停供烏克蘭後，通往西歐各國輸氣管的壓力大減，歐洲國家大起恐慌，紛紛提出抗議，俄國政府才猛然警覺得罪不起這些真正的大主顧，不但因小失大，還對俄羅斯聯邦的國際貿易信用產生重大損害。

以大雪籠蓋的德國為例，所需百分之三十的天然氣來自俄國。施洛德總理剛下台，立即接任新成立的一家公司董事長，準備耗資數百億馬克，在波羅的海(Baltic Sea)海底，興建一條可同時輸送原油與天然氣的管線，從俄國直通德國，不再經過第三國領土，確保今後供應無缺。繼他出任總理的梅克爾在東德長大，原就不太喜歡俄國人。因此德國新任的經濟部長葛羅斯(Michael Glos)說，他原想與Gazprom談判增加供應量，這樣一來，德國必須考慮其它能源了。

英法兩國也有同樣反應，其餘歐洲國家更吵翻了天。因為Gazprom雖聲稱只停供烏克蘭每天一億二千萬立方公尺天然氣，但是在那條管線上輸送到波蘭、匈牙利、斯洛伐克、羅馬尼亞、克羅埃西亞，到奧地利、義大利和法國的天然氣數量，都因管壓減低受影響，最嚴重者減少達百分之四十。歐洲今冬嚴寒，這些國家人民的憤怒可想而知。

俄國的強硬態度只維持了三天，第四天就找台階下了。表面上普丁做到了提高對烏克蘭的售價，實際上差價由中間商RusUkrEnergo公司吸收。該公司宣稱它將以從中亞土庫曼與哈薩克買來的天然氣供應烏克蘭，因為進價也只五十美元。俄國有了面子，烏克蘭則獲得裡子，又一次證明地緣經濟不理會國家政策，只由全球化的市場機制決定。

九十六、布希與陳水扁 誰是「跛鴨」總統？

（原刊九十五年一月九日《中國時報》）

英文俗語所謂「跛鴨」(lame duck)，有三種解釋：十八世紀在英國，意指股票族拖欠號子帳款無力歸還的人；十九世紀傳入美國後，方指競選失敗的總統或國會議員，在十一月初投票後至次年元月卸任前，不滿兩個月時間裡，嘗盡世情冷暖的政客；直到近年，才有人把依據美國一九五一年通過的憲法第二十二修正案規定，以兩任為限的總統在第二任所餘期間內，發號施令往往窒礙難行的現象，形容他是「跛鴨」總統。

近兩週來，美國平面與視聽媒體最熱門的題材，就是《紐約時報》爆料說，布希總統曾密令國家安全局(National Security Agency，簡稱NSA)，無須先取得法院許可，竊聽有恐怖份子嫌疑者的電話，這道行政命令已違反國會通過的「涉外情資監視法」(Foreign Intelligence Surveillance Act)。我這次來美度耶誕與年假，收看電視或廣播電臺評論或叩應節目時，天天有人在辯論布希總統是否已成「跛鴨」或有違法行為，樂此不疲。

年底前三天，以捍衛人權為宗旨，有八十五年歷史的美國自由人權聯盟(American Civil Liberties Union，簡稱ACLU)斥巨資在《紐約時報》刊登全版廣告，把尼克森與布希兩人照片並列，指責兩人同樣都向美國人民說謊。然後大字問道：「當這位美國總統向我們撒謊，並且違法時，我們該怎麼辦?」讀時令人怵目驚心。

白宮當然不接受這樣的指控。元月四日，副總統錢尼在保守派的傳統基金會演說，國防部長、國務卿、參謀首長聯席會議主席等巨頭在後面一字排開，以壯聲勢。錢尼一口咬定說，行政部門為保護美國人民的生命財產，依據憲法有權監聽疑為恐怖份子的電話。巧在當天的《紐約時報》也在頭版刊出報導，說明竊聽是情治機構三年前自動採取的措施。此舉且曾被民主黨眾議院領袖貝洛西 (Nancy Belosi) 去函表示關切，兩事都遠在白宮正式下令之前。錢尼以愛國情操為布希辯護得振振有辭，自由派這第一炮，似乎並沒有打響。

但ACLU死咬不放，元月五日，它又在《紐約時報》刊出全頁廣告，針對白宮的辯解說：「假如布希總統可以自己訂出刺探美國人民的規則，我們何須再討論什麼「愛國法」(The Patriot Act) 呢？」可見反對布希政策的人，非把他打成跛腳，不肯罷休。

美國繼承西方文明與清教徒的傳統，對當政者品格誠實的要求極為嚴格。當年尼克森被迫辭職，雖由水門事件引起，實際的原因是他密令FBI竊聽政敵電話，又在特別檢察官勒令交出白宮錄音帶時，少掉了十八分鐘的關鍵錄音，被認定向人隱瞞真相，因而身敗名裂。國會事後在一九七八年通過涉外情資監視法，可說受水門事件餘波蕩漾所致。

但在台灣，說謊者無論是總統或部會首長，或是立法委員，大家都心無悔意，連臉都不會紅，一副無事人的模樣，真是「笑罵由他笑罵，好官我自為之」。這是國民道德尚未建立公認標準的問題，暫時不提，且專討論布希與陳水扁兩人，究竟誰是跛鴨，誰尚未跛腳？

先談布希，年底前後爆料炒得正熱時他態度強硬，不否認《紐約時報》報導，但強調自九一一事件以來，美國事實上處於戰爭狀態中。作為三軍統帥，根據國會最近通過再度延長施行期限的「愛國法」，他有權下達這樣的祕密命令，以保護人民生命財產。

我查遍美國十二月份裡，十幾家最負盛名的民調機構與媒體，包括《華盛頓郵報》、CNN、蓋洛普、

NBC、《華爾街日報》、美聯社與《紐約時報》等，各家所公布的全國人民對布希施政的支持度，總平均仍高達百分之四十六；不滿意度才百分之五十點八。如拿這個數據與我離台前，阿扁的支持度曾跌到百分之十二點六相比，高低立判。布希既未跛腳，真正跛腳的該是阿扁才對。

與朋友談這問題，有人提醒我說，別忘記兩國政治制度有很大的差異，嚴格說來，布希掌握的行政權力，比陳水扁有形無形操縱台灣整體社會的實權，小得太多。台灣七度修憲，完全忽視了行政與立法權互相制衡的原則，賦與總統任命閣揆之權，他因而能直接影響部會首長人選，卻不必負用人錯誤的責任。與美國制度裡，豈但各部部長，連次長和司長級的人事，須經參議院舉行公聽會同意後，總統才可發布人事命令，有天淵之別。

政治制度是否完善，是決定民主憲政能否落實的前提。美國有二十四個台灣所謂的「獨立機構」，在美稱為聯邦管理機構(federal regulatory agencies)，包括聯邦儲備理事會、證券與市場管理委員會、毒品管制總署、民航總署，乃至環保總署等，它們的正副首長必須經參院同意才能任命。這些人不參加閣議，不直屬行政系統，只依法執行職務，完全不顧白宮意志，貴為總統也拿他們無可奈何。在台灣哪裡做得到？又有誰敢這樣做？

從今日仍能掌握的權力來看，不可避免的結論是陳水扁尚未跛腳。民進黨內部雖已掀起一片撻伐之聲，他仍可不顧民意，硬拗到底。布希只能在旁乾嚥口水，羨慕不已。這要怪李登輝時代，國民黨與民進黨聯手通過的修憲案，造成這樣一個「四不像」的憲法怪獸。

要談二〇〇七年修憲，使台灣變成一個「正常的國家」，則如何改造現行制度，回歸民主真諦，防杜再有胡作妄為、有權無責、誠信掃地、一意孤行的領導者出現，才是當務之急。

九十七、新年元旦　試測二〇〇六世界局勢

（原刊九十五年一月二日《中國時報》）

年底前本專欄從台灣角度，選出了去年的十大新聞，似乎頗得讀者認同。那麼在二〇〇六年的第一天，試圖從台北看天下，猜測今後一年內最可能發生的情況，應該也有助於國人從「世局一盤棋」的出發點去思考，因世界觀擴大而更瞭解台灣當前的處境。

不論什麼狀態下，預測未來都是很危險的事；只看那位因迷信算命，換了兩個丈夫的女算命師，就是活生生的榜樣。重大天災如去年底的大海嘯，與喀什米爾大地震，或人造禍害如九一一事件等，大羅神仙也難預知。因此本文必須縮小範圍，僅以有關政治經濟的國際與國內事務為限。若要問今年哪位影歌星會走紅，或林志玲會不會結婚，對不起，還是另請高明吧。

在國際舞台上，台灣早已被邊緣化。我們完全無力影響別人，只有被人影響的份兒，已是不爭的事實。試測世局，只能先從國際開始，範圍由大而小，最後才輪到台灣。

一、全球經濟成長趨緩

如果今冬各地持續嚴寒，對燃油需求大增，只會促使原油價格上漲，更加增各國窮人的負擔。全世界

能源供應本就捉襟見肘，如果油價續漲，上探每桶七十甚或七十五美元，資源爭奪戰會更激烈，從而使本已傾斜的既有經濟秩序，變得更有利於已開發國家，而不利於貧窮國家。

二、大陸成長仍冠全球

世界經濟發展仍不平衡下，雖然已開發國家會更富，窮國會更窮，若干正急速發展的經濟體如中國大陸、印度與巴西等仍會以兩位數字繼續成長。影響所及，國際間要求歐美先進國家放棄對本國產品有形無形補貼的聲浪會愈高，「南北對話」將再循上月香港WTO部長會議的折衷協議方式重上桌面。

三、聯國影響力減　難擺脫五強操縱

去年九月聯大高峰會後，安南祕書長聲望一落千丈，他所倡導的改革無一成功。美國新任常駐代表波頓大使巧妙地融合各國意見，取得議事主導權。直到聖誕節前夕，聯大才暫行通過了祕書處兩年的預算共三十八億美元；但通過附帶決議，只准在今年底前動用九億五千萬元，以應發放薪水等眉急用途。其餘款項須待安南提出如何改革祕書處內部組織與工作程序的具體可行方案後，再行撥付。安南第二任任期明年底屆滿，受伊拉克石油換糧醜聞牽累，他也不可能再連任了。

四、歐盟修憲續停頓　其它區域組織優劣互見

歐盟面臨的現實問題，是法、德、荷、比等位居歐洲核心各國的人民，對盤踞布魯塞爾的那批國際公務員喪失了信心，認為他們只想到統合等大事，忽視了納稅供養他們的老百姓的實際利益。這不是今年可

以解決的問題，相形之下，同為區域組織的東亞高峰會（EAS）反因尚未走到這一步，進展會比較快。此外區域如非洲同盟（AU）與美洲國家組織（OAS）則仍將原地踏步，毫無寸進。

五、拉丁美洲仍左傾　成美隱憂

正因為OAS毫無功效，中南美各國廣大基層民眾對美國的反感，勢將繼續加溫。去年最令老美頭痛不已的是委內瑞拉的查維茲總統。上月玻利維亞大選，當選總統的莫拉瑞斯屬於「社會主義運動黨」。他公開崇拜已故的反美英雄切・格瓦拉（Ché Guevara）和古巴的卡斯楚，聲言要將石油業收歸國有，准許人民自由種植大麻煙，好賣給美國人。他也反對美洲自由貿易區，今年勢必有更多中南美政客只求當選，效法他的榜樣。

六、伊拉克民主進程雖慢　美不會貿然撤兵

台灣有太多評論家受美國自由主義輿論的感染，把伊拉克看作第二個越南，認為白宮難以抗拒國內少數政客與輿論界的撤兵要求，其實局勢並無如此悲觀。沒有錯，十二月十五日伊拉克的國會議員選舉，已經過了半個月，開票結果還計算不出來。中東其餘國家，尤其伊朗與敘利亞，對美國而言仍如芒刺在背。但美國在中東部署的軟硬力量，沒人敢公開挑戰。今年布希會從伊拉克撤出少量部隊，但他定將堅持既定政策，等到伊拉克新政府有能力維持治安時，再考慮下一步怎麼走。

七、展望美期中選舉　共和黨仍將獲勝

二〇〇六是美國期中選舉年，依照過去經驗，執政黨總會選輸。但我敢大膽預測，除非發生無法預見的天災人禍，到十一月投票時，共和黨頂多只會小輸，仍將保持參眾兩院的多數黨地位。理由很簡單，美國中西部與南部的老百姓思想仍然很保守，只要日子好過，他們從不理會《紐約時報》或《華盛頓郵報》怎麼說。

八、日本外交處境困難　前景難卜

美國輿論評估遠東政策得失時，一致認為去年唯一成功之處，是與日本的聯盟關係加強了。能拉住日本共同應付崛起的中國，減輕華府在遠東的負擔，自然有利於美國的國家利益。小泉首相矢言他今年九月會退休，意圖繼任者自將爭先恐後地繼承他的強硬路線。問題在中共已經用「持久戰」一詞形容中日關係了，日本能否抵抗大陸雙重的磁鐵式吸引力與泰山壓頂式的外交壓力，還待時間證明。

九、兩岸關係渾沌　北京態度是關鍵

汪道涵謝世，給了胡錦濤重新安排主持兩岸關係人選的機會。雖無內線消息，我的大膽估計是他可能跳過錢其琛等順序排隊的大老們，起用能替他執行機動而靈活的對台政策，年僅五十來歲的幹部出任斯職。不管是誰接任，今年兩岸關係實質上必然出現鬆動。春節包機順利結束後，開放大陸人民來台觀光勢不可擋，民進黨想攔也攔不住。三通下一步該怎麼走，國親只消輕輕一推，就可坐享其成。

十、民進黨內鬥　反而最難預測

民進黨內鬨互相指責，已演變成生死存亡之爭，使局外人目瞪口呆，無從插嘴。過去人家常說台灣政局混亂，今日更亂上幾千百倍，難免令人懷念前幾年，亂得還不太離譜的時候。無論陳總統找誰組閣，那人只有到立法院挨罵的份，做不出什麼政績來，因而也無關重要。阿扁豈但已成跛鴨，看來簡直是燒鴨店裡掛著的烤熟的鴨子了。

好書推薦

◎三民叢刊227

如果這是美國——一位退休外交官看臺灣　陸以正　著

面對每天沸沸揚揚的話題，您的感想是什麼？是事不關己的冷漠？還是無法判斷是非的茫然？一位終身奉獻外交事務的外交官，以駐外三十五年的經驗，告訴您「如果這是美國……」

◎三民叢刊264

橘子、蘋果與其它——新世紀看台灣舊問題　陸以正　著

「換人做做看！好不好？」但是怎麼看？怎麼比？是被媒體左右而陷入「八卦」迷陣？還是沉醉在「政治秀場」的氣氛中搖擺？陸以正先生以其畢生奉獻於新聞工作與外交事務的宏觀視野，告訴你如何由內行人的門道來看新世紀中的舊問題。

◎三民叢刊67

蛻變中的臺灣經濟　于宗先　著

八〇年代後期，世界情勢發生了劇烈的變化，臺灣經濟也出現蛻變的現象。本書為臺灣經濟蛻變的時代刻下影像，更為今後的經濟發展，指出努力的方向。

◎三民叢刊64

民主與兩岸動向　　余英時　著

以歷史學者的眼光，本書為臺灣民主發展、大陸民主運動及兩岸關係提出懇切的評述。在中國歷史新階段序幕初啟之際，不僅是歷史的見證，亦可作為探測未來發展的依據。

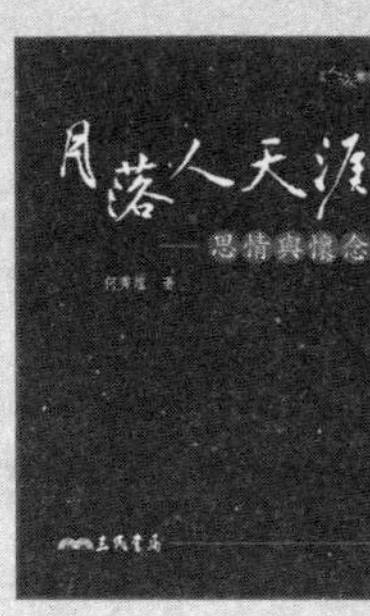

◎人文叢書　文學類1

月落人天涯——思情與懷念　　何秀煌　著

三十年前，作者經由書信的往返，結識了沈宣仁先生——他細心、熱忱而積極。成為工作夥伴後，更進一步瞭解了沈氏——他深具中國傳統讀書人的自許以及現代教育家的遠見。而如今，哲人已遠，典型猶在。藉由本書的一字一句，作者刻劃沈氏的行事風格，細數沈氏的理想堅持，闡揚沈氏的教育願景，充分流露出無限的崇敬與追思——而這正是本書成書的目的。

◎人文叢書　文學類2

行與言　　桂　裕　著

本書名之曰《行與言》。「行」，指的是作者訪察歐美諸國的見聞隨筆，桂教授於行程中參訪各地的司法、教育機構及風景名勝，與當地專家學者多所交流，並將心得感想及收集的資料形諸文字，對於了解當時的社會概況與今日的法律源流，都有極其重要的價值。「言」則是作者論文及講稿的選粹，文中不但對中國傳統思想與孔子學說作深入的評析，並賦予其時代意義，也對言論自由與民主的關係作了闡釋。全書精闢透徹、含意深遠，耐人咀嚼。

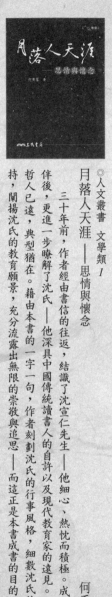